CON LAS BOTAS PUESTAS

CLÍO

CRÓNICAS DE LA HISTORIA

Dedicado a mi padre, Blas Fernández Moreno, que, seguramente, desde el cielo está viendo alguna buena película de Charlot en una butaca preferente. Una de esas localidades que solo se encuentran disponibles para las buenas personas.

Dedicado a toda la familia, amigos y compañeros.

José Manuel Fernández López

CON LAS BOTAS PUESTAS

La historia del soldado a través del cine

edaf

www.edaf.net

MADRID - MÉXICO - BUENOS AIRES - SANTIAGO
2020

Con las botas puestas

EDITORIAL EDAF, S. L. U.
Jorge Juan, 68. 28009 Madrid, España
Tel. (34) 91 435 82 60
Fax (34) 91 431 52 81
http://www.edaf.net
edaf@edaf.net

ALGABA EDICIONES, S.A. de C.V.
Calle 21, Poniente 3323,
Colonia Belisario Domínguez
(entre la 33 Sur y la 35 Sur)
Puebla, 72180, México
Telf.: 52 22 22 11 13 87
jaime.breton@edaf.com.mx

EDAF DEL PLATA, S. A.
Chile, 2222
1227 Buenos Aires, Argentina
Tel/Fax (54) 11 43 08 52 22
edaf4@speedy.com.ar

EDAF CHILE, S. A.
Coyancura, 2270 Oficina, 914
Providencia, Santiago de Chile
Chile
Tel (56) 2/335 75 11 - (56) 2/334 84 17
Fax (56) 2/ 231 13 97
comercialedafchile@edafchile.cl

Primera edición: enero 2020

ISBN: 978-84-414-4010-4
Depósito legal: M-38.152-2019

IMPRESO EN ESPAÑA — PRINTED IN SPAIN

Gráficas Cofás, Pol. Ind. Prado Regordoño, Mostoles (Madrid)

ÍNDICE

Fotograma de Botón de ancla, *dirigida por Ramón Torrado y protagonizada por Antonio Casal, Jorge Mistral y Fernando Fernán-Gómez, una muestra clásica del cine bélico español de la década de 1940.*

El cine y la guerra

A MODO DE PRÓLOGO, y mientras esperamos que comience la proyección principal, hablemos de lo que vamos a encontrar en las páginas siguientes.

La evolución histórica de la guerra, de la milicia y, en definitiva de los soldados, siempre o casi siempre ha sido visionada a través de dos ejes: el histórico, capaz de mostrar el devenir de la evolución de la sociedad, y el militar, propenso a destacar las operaciones importantes durante las guerras o conflictos. Nunca se ha intentado ver la evolución del combatiente desde otro punto de vista, como por ejemplo el cinematográfico. Aquí el recorrido puede parecer más corto, ya que la influencia de las películas es bastante reciente en comparación con la extensión de los ejes histórico y militar. Existe un género cinematográfico llamado cine bélico, encargado de hacer comprender al espectador todo lo relativo al fenómeno de la guerra.

El cine, en su corta existencia, ha sido capaz de plasmar en poco más de cien años de vida las guerras y conflictos que han sacudido el mundo desde

Casablanca *se basó en una obra no producida titulada* Todo el mundo viene a Rick's, *de Murray Burnett y Joan Alison, maestros de un colegio de Nueva York. Aterrizó por casualidad en el escritorio de un analista de historias de Warner Brothers el 8 de diciembre de 1941, el día después del ataque japonés a Pearl Harbor.*

la Antigüedad hasta bien entrado el siglo XXI. Un gran número de conflictos (aunque no todos) mundiales, civiles, coloniales o fronterizos han quedado inmortalizados en el celuloide como exponente de la condición humana. Como ejemplo, veamos un botón de muestra: la película *Casablanca* (1942) está encuadrada plenamente en la Segunda Guerra Mundial, se encuentra asociada a esa guerra, y uno de los muchos efectos que produce es el de cercanía a la causa aliada.

Podemos presuponer que cada guerra del siglo XX ha tenido su *Casablanca*, principalmente para acercar a la opinión pública y al público en general al objeto de conseguir el esfuerzo de todos para obtener la victoria. Pero veremos que no siempre ha sido así. No ha habido ninguna película como *Casablanca* encuadrada en la guerra de Vietnam.

El reconocimiento del género bélico comienza en el año 1927, en Hollywood, cuando se instaura la ceremonia de entrega de los Óscar al objeto de premiar los méritos cinematográficos. Ese año, *Alas* (*Wings*, 1927) obtuvo la estatuilla a la mejor película.

En apenas tres años el panorama cinematográfico experimentó un cambio espectacular: la implantación del sonido en las películas. En 1930 Hollywood otorga la distinción de mejor película a un filme de corte antibelicista, *Sin novedad en el frente* (*All quiet on the western front*, 1930), dirigida por Lewis Milestone y basada en la novela de Erich María Remarque.

De izquierda a derecha, Buddy Rogers, Clara Bow y Richard Arlen, protagonistas de Wings. *La película se inicia con una cita referente a la Primera Guerra Mundial, junto con una dedicatoria: «A los jóvenes guerreros del cielo, cuyas alas están plegadas sobre ellos para siempre».*

Además de la llegada del sonoro como avance cualitativo, en esta década las salas (los cines) comienzan a convertirse en una forma de esparcimiento. Durante los años treinta, los Estados Unidos lideraron la producción de películas. Muchas de ellas, desde el punto de vista bélico o de aventuras, se situaron en escenarios lejanos o exóticos. Podrían citarse muchas producciones de esta época, sirva como ejemplo *La carga de la Brigada Ligera* (*The Charge of the Light Brigade*, 1936).

Durante los años cuarenta, con la llegada de la Segunda Guerra Mundial, el cine de corte colonial quedó relegado a un segundo plano. Se consideró de suma importancia algo tan vital para ganar una guerra como la propaganda y, después de ella, la explotación del éxito con la difusión del triunfo. Respecto a la propaganda, el cine va a constituir un mecanismo fundamental para elevar la moral y el sentir de las naciones. Fuera de este ámbito quedará el rigor histórico o la limitación a la hora de contar las cosas. En los dos bandos enfrentados en la Segunda Guerra Mundial se empleará la misma técnica respecto al cine: «No mostrar derrotas, solo victorias».

Concluida la guerra comenzó la vuelta a los géneros de antes, la difusión del triunfo y con él otro tipo de propaganda que llevó al mundo a hablar entre otras cosas de un conflicto totalmente distinta: la Guerra Fría. Siguió habiendo películas de gran importancia y, por ello, es difícil resaltar solamente una a modo de ejemplo característico. *El puente sobre el río Kwai* (*The Bridge on the River Kwai*, 1957) describe la historia de la construcción de un puente por parte de prisioneros de guerra ingleses de

Fotograma de la versión de 1936 de La carga de la Brigada Ligera. *El relato de Michel Jacoby, dirigido por Michael Curtiz para Warner Brothers, no tiene prácticamente nada que ver con la realidad de la guerra de Crimea.*

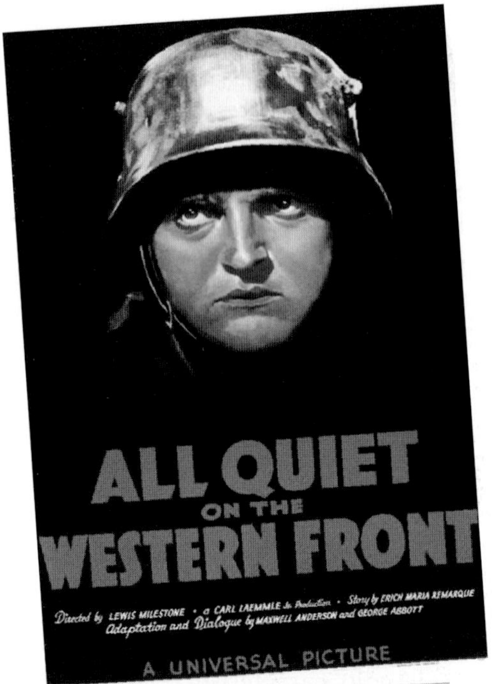

Sin novedad en el frente *y* El puente sobre el río Kwai, *muestras del cine relativo a la primera y segunda guerras mundiales, respectivamente.*

un campo de concentración japonés durante la Segunda Guerra Mundial. Pero detrás del argumento, que puede parecer tópico de una realización bélica, se esconde el verdadero conflicto entre dos militares de carrera que pretenden cumplir las órdenes recibidas al pie de la letra.

Con independencia de los premios que obtuvo, o de su banda sonora, hay que señalar que es una película especial. Es para ver y reflexionar sobre la forma de mostrar el mando, el ejercicio del mismo y la tenacidad por cumplir la misión encargada, algo que puede llegar a convertirse en una auténtica obsesión.

Durante la década de los años sesenta se prodigaron las llamadas superproducciones, que contrastaban con los diversos cambios generacionales y con guerras como la de Vietnam, que dejaron profundas secuelas. Los objetivos históricos desaparecieron para dar paso a producciones de esparcimiento, interés y dedicadas al análisis de las operaciones militares. Sirva de ejemplo *El día más largo* (*The Longest Day*, 1962), basada en la novela del mismo título escrita por Cornelius Ryan.

A partir de los años setenta se producirá un decrecimiento en el número de realizaciones y seguirán sin aparecer películas que cuenten la guerra de Vietnam, excepto títulos como *Apocalypse Now* (1979).

En la década de los ochenta, el género bélico, igual que le ocurrió al *western*, pareció próximo a su desaparición. Sin embargo, comenzaron a realizarse películas sobre la guerra de Vietnam (diez años después de concluir el conflicto). Hollywood volvió a recordar las secuelas de la contienda premiando *Platoon* (1986), en la que su director, Oliver Stone, muestra la descomposición de una sociedad a través de su Ejército.

La década de los años noventa se caracterizó por una vuelta atrás coincidiendo con el 50 aniversario de la Segunda Guerra Mundial. Muchos países rememoraron los «50 años» de algunas batallas, como por ejemplo ocurre en *Salvar al Soldado Ryan* (*Saving Private Ryan*, 1998), cuya técnica de rodaje significó un resurgimiento del género.

El siglo actual comenzó caracterizado por el empleo masivo de los medios de animación digital que permiten la recreación de grandes ejércitos en la pantalla generados a través de diseños informáticos. Los acontecimientos del 11-S cambiaron nuevamente el escenario mundial provocando un repunte del género bélico y dando paso al predominio de las series de televisión.

La intención de esta obra es observar la evolución del soldado a través de los tres ejes citados: histórico, militar y cinematográfico.

Torrelodones, Madrid,
15 de junio de 2019

Apocalypse Now, *una historia de la guerra de Vietnam, y* Salvar al soldado Ryan, *ambientada en la Segunda Guerra Mundial, rodadas ambas con gran despliegue técnico.*

1

Egipto. Lo antiguo y remoto

A la izquierda, cartel del estreno de Cleopatra *en España. Abajo, Richard Burton y Elizabeth Taylor en el set de rodaje, en Roma, en 1962. Aunque fue destrozada por la crítica, la película resultó un éxito de taquilla: obtuvo la mayor recaudación de 1963.*

Cleopatra *(1963)*

Considerada una de las películas más caras de toda la historia del cine, fue estrenada en 1963. El rodaje comenzó en 1960, con un presupuesto inicial de 2 millones de dólares. Llevó realizarla cuatro años, llenos de contratiempos y sobresaltos.

Inicialmente se construyeron los decorados en los estudios Pinewood de Gran Bretaña, y nadie cayó en la cuenta de que en la época de la película, el clima en el antiguo Egipto no era el mismo que en esa zona de Inglaterra, caracterizada por la humedad y el frío. Eso provocó que en las primeras grabaciones, los actores y actrices hablaran exhalando vaho, debido al mal tiempo reinante y a los ligeros trajes utilizados para adecuarse al vestuario egipcio de la época. Algunos cogieron catarros y resfriados, pero el más importante fue el de la actriz Elizabeth Taylor que desembocó en neumonía y la hizo enfermar gravemente. Tuvo que ser evacuada de urgencia al hospital y, para poder salvarle la vida, le practicaron una traqueotomía. En algunas escenas se aprecia la cicatriz de la intervención.

Por la enfermedad de su protagonista, el rodaje quedó paralizado durante seis meses. En ese tiempo, se trasladaron todos los decorados y el set de grabación a los estudios de Cinecittà de Roma, lo que aumentó de manera exponencial los gastos de producción de la película.

El coste de vestuario, en cifras, fue espectacular: 26 000 trajes, de los cuales solo Elizabeth Taylor llegó a utilizar 65 diferentes. Entre ellos, el mítico vestido dorado confeccionado con piezas de oro de 24 quilates con el que la reina egipcia debía hacer su entrada triunfal en Roma. Solamente el vestuario de la actriz costó alrededor de 200 000 dólares de la época.

El rodaje de la película unió a Elizabeth Taylor y al protagonista masculino, Richard Burton. Sus escenas subidas de tono, muchas de las cuales no estaban en el guión, dieron mucho que hablar a la prensa rosa del momento.

La prolongación en el tiempo del rodaje disparó los costes de producción, que pasaron de los 2 millones de dólares iniciales a 44 millones.

Por fin, en junio de 1963, 20 th Century Fox pudo estrenar la película. Obtuvo gran éxito de crítica y público, pero su recaudación apenas alcanzó los 24 millones de dólares, lo que lanzó a la empresa camino de la quiebra. Cuando todo apuntaba a la desaparición de la mítica productora, un filme con un presupuesto de solo 8 millones de dólares la salvo de la ruina: *Sonrisas y lágrimas*. Recaudó 286 millones de dólares en pocos meses y permitió corregir los excesos de la «manirrota» realización de *Cleopatra*.

Aspecto histórico

En las clases de Historia se iba de la Prehistoria a las primeras civilizaciones simplemente tras pasar la página, aunque el profesor aseguraba que habían transcurrido miles de años. Siempre hacía hincapié en que todas las civilizaciones se situaban cerca de los ríos. Fuese el imperio que fuese, siempre había un río muy conocido —el Nilo en Egipto o el Tíber en Roma—, o un mar lo suficientemente penetrante como para regar todo el país —como el caso de Grecia—. Tras la página de la Prehistoria, unas breves líneas hablaban de lejanos pueblos de la Antigüedad y, de golpe y porrazo, aparecían dos civilizaciones: Mesopotamia y Egipto.

Ambas civilizaciones compartían proximidad geográfica y daban lugar a una zona denominada Creciente Fértil, dada la forma de luna creciente que mostraba la región que ocupaban. También las dos culminaron con la aparición de la escritura, aunque haya sido Egipto la que más honda huella ha dejado a lo largo de la historia.

Es difícil afirmar que exista alguien en el mundo que pueda decir que no conoce nada de Egipto. El perfil de sus pirámides es célebre en todo el planeta. Múltiples y sesudos expertos saben recitar sin detenerse las dinastías, los faraones, los dioses y un sinfín de cosas de la conocida como civilización egipcia.

Llama poderosamente la atención el hecho de que su devenir haya sido contado por analistas de otros lugares, decididos fervientemente a transmitirnos la historia de este apasionante país. Afortunadamente, desde finales del siglo XX el Gobierno egipcio lleva a cabo una auténtica revolución en aras de ser él mismo el cronista de sus propios hechos, sin injerencias ni visiones extranjeras.

El eje histórico de Egipto en la época antigua se articula en nueve etapas:

—Unificación

Hacia el año 3000 a.C. se tiene constancia de la unificación de Egipto bajo el rey Narmer —llamado en muchos textos Menes— y de la aparición de la escritura.

—Época tinita

Desde el año 2955 al 2635 a.C.; comprende la I y II dinastía.

—Imperio Antiguo

Desde el año 2635 al 2155 a.C.; comprende de la III a la VI dinastía. Durante este periodo se construyeron las pirámides de Keops, Kefrén y Micerinos.

—Primer periodo intermedio

Desde el año 2155 al 2060 a.C.; comprende desde la dinastía VII a la XI. Época de gran agitación política y social.

—Imperio Medio

Desde el año 2060 al 1785 a.C.; comprende las dinastías XI y XII, y con ellas diversos reyes tanto de la zona norte como del sur del país.

—Segundo periodo intermedio

Desde el año 1785 al 1554 a.C.; comprende desde la dinastía XIII hasta la XVII. Se caracteriza por la invasión de los hicsos.

—Imperio Nuevo

Desde el año 1554 al 1080 a.C.; comprende desde la dinastía XVIII hasta la XX y, con ellas, un periodo de resurgimiento.

—Bajo Imperio

Desde el año 1080 a.C. al 332 a.C.; comprende desde la dinastía XXI hasta la XXXI, con reinados conjuntos y diversas invasiones. La última y definitiva, la de Alejandro Magno (332 a.C.).

—Periodo ptolomeico

Desde el a 332 a.C. al 30 a.C., se instaura la dinastía macedonia con Alejandro Magno. La continúa uno de sus generales —Ptolomeo—, que da nombre a esta etapa. Finaliza con la conquista del territorio por Roma, treinta años antes del nacimiento de Cristo.

Las pirámides de la llanura de Gizeh, construidas con bloques de piedra revestidos de caliza, como criptas reales para los faraones desde el año 2700 a.C, fotografiadas en 1856 por Francis Frith. Rijksmuseum, Ámsterdam.

Aspecto militar

Los pueblos primitivos en los remotos orígenes de la humanidad luchaban principalmente por la subsistencia vital. No había ejércitos, banderas o estandartes. Todos los ciudadanos eran guerreros y se confiaba en el esfuerzo individual. Se peleaba a base de audacia y valor, de forma que cada combatiente se preocupaba de atacar al enemigo más próximo y defenderse del más peligroso. El lento progreso de la humanidad hizo converger el combate individual hacia una dirección donde aparecieron la coordinación de esfuerzos y el empleo adecuado de las armas.

Tres milenios antes de Cristo, en el delta del Nilo, se realizaron escenas de guerra que aparecen representadas en jarrones, mangos de cuchillos y palas de esquisto. El cuchillo de Yebel el Arak, una hoja de sílex de 30 siglos de antigüedad, es una prueba de ello. Muestra la llegada de invasores en un barco y cómo golpean a los habitantes con gruesas mazas.

En diversas palas de esquisto están representadas escenas de dos tipos; unas relativas a la caza y otras sobre expediciones guerreras. La más famosa es la pala del rey Narmer, que muestra la lucha por la unificación del Alto y el Bajo Egipto. En una cara podemos contemplar cómo Narmer derrumba con una maza a un enemigo, y en la otra, al rey, conducido por porteadores, que observa los cadáveres de varios jefes rivales decapitados. Narmer —Menes— marca, como se ha indicado, el comienzo de la historia oficial del Egipto unificado en el año 3000 a.C.

Una de las primeras manifestaciones de hechos conocidos de carácter bélico que hayan sido representados es la batalla de Karkar, el año 854 a.C. El rey de Asiria, Salmanasar III, hizo grabar el relato de su victoria sobre un obelisco. La imagen da a entender que el monarca asirio empleó parte de sus fuerzas sobre el flanco izquierdo del enemigo; es, pues, un esbozo de maniobra.

A la unidad étnica de los egipcios se opuso un mosaico de razas: sumerios, semitas, hurritas y elamitas, a los que se juntaron los indoeuropeos: hititas, frigios, celtas, medos y persas. Todos implementaron mejoras aplicadas al ámbito bélico.

La principal fue que construyeron para luchar y desplazarse un tipo de carro más ligero y rápido. Reemplazaron por dos ruedas con radio las cuatro ruedas macizas de una sola pieza que se utilizaban y sustituyeron el asno por el caballo para su empleo en el combate.

En Egipto, bajo el poder de los faraones, se desarrolló un gran funcionariado de índole militar. El ejército obedecía a un visir, que era a su vez auxiliado por jefes de dos clases: los directores de la infantería y los directores de los arsenales.

Los primeros comandaban la infantería, que era enteramente de línea. Su armamento consistía en escudos de madera recubiertos de pieles de buey o hipopótamo y lanzas de punta de cobre. Durante su evolución, la infantería egipcia completó sus armas iniciales con grandes escudos que podían ser fijados de forma vertical sobre parapetos de tierra para cercar los campamentos, y extendió el uso del carcaj.

Los segundos se encargaban de una incipiente intendencia dedicada a avituallar al ejército, transportada por hombres o asnos.

Las tropas se dividían en dos clases: permanentes, como la Guardia del Faraón, y mercenarias, como las formadas por arqueros libios y nubios. Dentro de ambas existían dos tipos de soldados o guerreros: los reclutas —*zamu*—, de origen nacional y que formaban una élite o casta militar, separados plenamente de la vida civil, y un pequeño grupo de soldados mercenarios —*mazoi*—, de origen nubio.

También nos ha llegado noticia de la existencia de otros mercenarios, los *shadanas*, armados de grandes espadas triangulares, famosos por su bravura y fidelidad.

En esta época lejana ya se tiene constancia de la existencia de premios, distinciones y condecoraciones para generales y soldados valerosos. En unos casos son «armas de honor», en otros, colgantes lucidos como «oro de premio real».

La entidad de estos ejércitos era de 10 000 a 13 000 hombres. Se amplió hasta los 20 000 bajo el reinado de Ramsés II, tercer faraón de la dinastía XIX. Al final de la dinastía XIII se produjo la invasión de los hicsos, que llegaron con carros, caballos de guerra, armaduras ligeras y armas de bronce. Los hicsos ocuparán Egipto durante un siglo y medio. Una larga guerra de independencia dirigida por Tebas dio lugar al Imperio Medio, durante el que se reorganizó el ejército. Sus miembros llegaron a poseer la tercera parte de las tierras cultivadas.

Las innovaciones técnicas dieron lugar a una nueva casta de guerreros que combatía sobre carros tirados por uno o varios caballos. Cada uno llevaba tres soldados: cochero, arquero y escudero. Estos «carristas» se preparaban mediante el estudio —como los escribas—, y acompañaban siempre al faraón. Tal fue su importancia, que un oficial superior del cuerpo de carros que hubiera realizado estudios de escriba bastante avanzados, podía llegar a los puestos más altos en la administración civil, en las colonias, en la diplomacia o en el sacerdocio.

El ejército se nutría de levas para constituir el servicio activo y para formar una reserva. El objetivo era encuadrar a los soldados en unidades de los cinco grandes cuerpos armados, bajo el emblema y patronato de los dioses: Amón, Ra, Ptah, Fra y Seth. Cada unidad estaba compuesta de 10 000 infantes que entraban en combate precedidos, flanqueados y seguidos por carros. Iban formados en grupos de 100 hombres alineados de frente, con 100 filas de fondo.

Cada jefe de división disponía de un pequeño grupo de asesores —un incipiente Estado Mayor—, formado por edecanes, escribas, intendentes, sacerdotes y portainsignias.

En cuanto a los avances en el armamento, hay que destacar la aparición del arco a partir del año 2300 a.C. y el uso militar del hierro, el caballo y el carro, que se sitúa alrededor del año 1600 a.C. A partir del 500 a.C. se comenzó a emplear el elefante como animal de transporte y ataque.

Los faraones combatían personalmente con las nuevas armas de bronce. El uso de carros ligeros del tipo asiático, fabricados a partir de piezas de madera ensamblada con fibras y astas aglutinadas, les llevó a organizar la cría de caballos.

Bajo la dinastía XX, Egipto se rindió ante la invasión asiria. Eso propiciará la búsqueda de apoyos en el mundo griego. Se sucederían periodos de preponderancia persa y griega hasta la llegada definitiva de Alejandro Magno el año 323 a.C.

Aspecto cinematográfico

Muchas películas se han enmarcado en el antiguo Egipto. Se las denomina —junto con las de la mitología e historia griegas, el antiguo Oriente, las bíblicas y las de

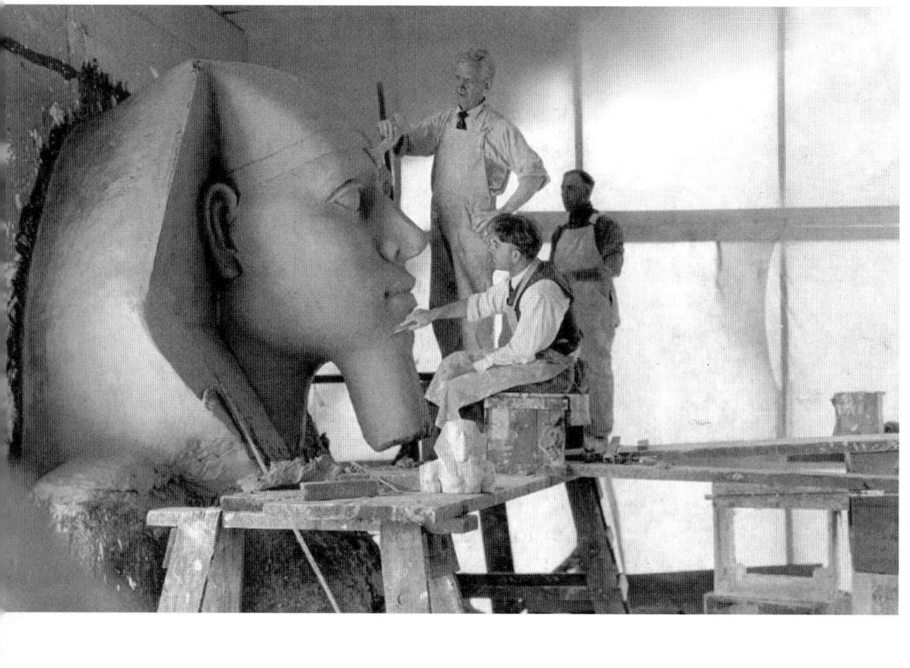

Miembros de producción de los estudios Paramount trabajan en los decorados de la pélicula Los Diez Mandamientos, *rodada en Estados Unidos en 1923. Años después, al rodar su segunda versión, Cecil B. de Mille se desquitó y construyó en Egipto toda una ciudad, que en la actualidad está siendo rescatada por los arqueólogos.*

romanos— *péplum*. Es un término que proviene del griego, acuñado por un crítico francés en 1962, que describe el subgénero de producciones realizadas entre mediados de la década de los años cincuenta y mitad de los sesenta, ambientadas en la antigüedad clásica.

Lo cierto es que no hay ninguna película que pueda considerarse bélica a la hora de contar las vicisitudes del combatiente egipcio. No obstante, muchos críticos hablan de un subgénero sobre el tema iniciado por el director Cecil B. De Mille con una primera versión en cine mudo de la película *Los Diez Mandamientos* (*The Ten Commandaments*, 1923). Fue un gran éxito gracias a una serie de escenas que De Mille rodó en California, donde las dunas de Guadalupe-Nipomo se convirtieron en el desierto de Egipto. Más de treinta años después, en 1956, realizó otra versión con actores de la talla de Charlton Heston —como Moisés— y Yul Brynner —que encarnaba al faraón Ramsés—. En algunas escenas bélicas participaron cerca de 12 000 extras, lo cual da idea de la majestuosidad de esta producción, muy recordada por las secuencias del paso por el mar Rojo.

En 1954, con la aparición del cinemascope, se reactivan las producciones sobre temas históricos. Destacable es *Sinuhé el Egipcio* (*The Egyptian*, 1954), dirigida por Michael Curtiz sobre la famosa novela de Mika Waltari, que narra la historia

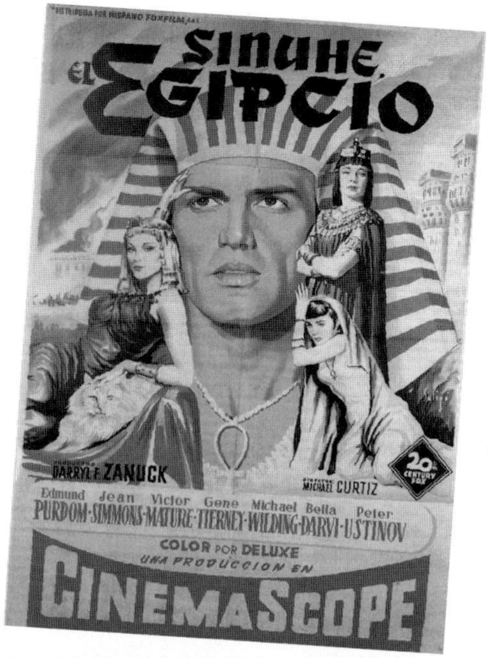

Cartel de Sinuhé el Egipcio, *estrenada en Nueva York en agosto de 1954.* Se *rodó en Cinemascope, sistema utilizado entre 1953 y 1967 para ampliar las zonas de filmación.*

de Sinuhé, un médico egipcio que vive durante la dinastía XVIII. La película relata su nacimiento, como lo abandonan en las aguas del Nilo y su adopción por un modesto médico. En el tramo final, Sinuhé buscará sus raíces en la corte del faraón Akenaton.

En 1955 el director Howard Hawks dirigió la excelente película *Tierra de faraones* (*Land of the Pharaohs*, 1955), filmada íntegramente en Egipto. En ella se narra la historia de la construcción de la pirámide de Keops.

Seis años más tarde, en 1961, el director Fernando Cerchio dirigió la

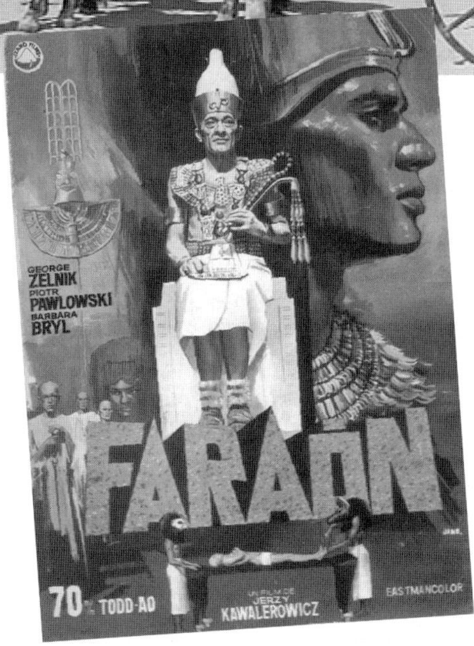

Escena de Faraón, *en la actualidad coloreada y remasterizada en alta definición por el Instituto Polaco de Cinematografía. Se necesitaron casi 3 años para hacer la película y se filmó en tres continentes: Europa, Asia y África. Las escenas de marcha de las tropas se grabaron en Uzbekistán, utilizando a 2000 soldados soviéticos. El Nilo, en el que Ramsés XIII navega, es el lago Mazury Kirsajty, que fue replantado especialmente con palmeras para este propósito. Solo algunas de las imágenes fueron tomadas en lugares históricos de Egipto, incluido Luxor. Allí, uno de los mayores enemigos del equipo fue el calor en el set de rodaje, que alcanzaba con frecuencia los 50 °C.*

producción *Nefertiti, reina del Nilo* (*Nefertiti, Regina del Nilo*, 1961), basada en una historia muy similar a la de Sinuhé el Egipcio.

A pesar de que no existe ninguna película que sea claramente bélica sobre las primeras civilizaciones —principalmente en lo referente a Egipto—, hay que reseñar una.

FARAÓN

Título original: *Pharaoh*.
Director: Jerzy Kawalerowicz.
Intérpretes: Jerzy Zelnik, Andrzej Girtler, Krystyna Mikolajewska, Piotr Pawlowski, Leszek Herdegen y Stanislaw Milski.
Guión: Jerzy Kawalerowicz y Tadeusz Konwicki.
Montaje: Wieslawa Otocka.
Música: Adam Walacinski.

Fotografía: Jerzy Woljcik.
Nacionalidad: Polonia. Color, 182 minutos. Año 1965.

Al comenzar, con un encuadre prodigioso, casi propio de la directora alemana Leni Riefenstahl, contemplamos cómo un explorador egipcio corre hacia retaguardia entre las filas de soldados y gastadores para postrarse ante el sumo sacerdote que acompaña al joven faraón. El soldado, sin levantar la cabeza del suelo, informa de que la vanguardia se ha detenido porque hay un escarabajo en el camino de avance. El faraón quiere seguir en línea recta, pero al ser un animal considerado sagrado, el sacerdote impone el respeto a lo divino y convence al joven monarca para que lo esquive.

Como consecuencia de esta decisión «militar», todo un ejército da un rodeo de noventa grados para evitar al animal sagrado. Rodada con modesto presupuesto, está ambientada en Egipto durante la época del faraón Ramsés XIII. Fue nominada al Óscar a la mejor película extranjera en 1966.

Esta producción polaca está considerada como la mejor película sobre Egipto en la Edad Antigua. Reconstruye con bastante verosimilitud la pugna por el poder entre el faraón y la clase sacerdotal, que controlaba gran parte de las riquezas.

Otros títulos encuadrados en esta misma época son:

Número	Título	Año
01	*Cleopatra*	1934
02	*David y Goliath*	1961
03	*El sepulcro de los reyes*	1960
04	*Erode il grande*	1958
05	*La historia de Ruyh*	1960
06	*Los amantes de los dioses*	1961
07	*Salomón y la reina de Saba*	1959
08	*Sansón y Dalila*	1949

2

Grecia. Del mito de Aquiles a la gloria de Alejandro

Cartel alemán para la promoción de Troya. *Su coste de producción fue de 175 millones de dólares, un gasto enorme para una taquilla mundial de solo 481 millones de dólares. Tres años después de su estreno, se lanzó en los cines el montaje del director planeado por Wolfgang Petersen, que desde el principio se había alejado mucho del poema épico de Homero. Tenía unos 200 minutos, era media hora más larga que la versión original.*

Orlando Bloom —protagonista como Paris— y la, por entonces, desconocida actriz alemana Diane Kruger —Helena—, desencadenantes de la guerra de Troya.

Troya *(2004)*

Wolfgang Petersen rechazó dirigir la película *Gladiator* con la idea de que las películas de romanos estaban pasadas de moda. Al contemplar el éxito obtenido por la cinta, se arrepintió, porque se autodefine como un director «con ganas de guerra».

Cuando poco después le ofrecieron dirigir *Troya*, no lo dudó ni un minuto. En cierta manera era una historia análoga a la que había rechazado y se basaba en batallas, guerreros e historias de amor.

El rodaje se desarrolló con muchos incidentes. El primero, le obligó a meter en cintura a Brad Pitt. Por exigencias de la grabación, el actor tuvo que dejar de fumar, lo que le acarreó un permanente estado de mal humor. Para complicar más las cosas, el equipo de dirección artística le sometió durante varios meses a ejercicio físico intensivo para incrementar su masa muscular entre 3 y 5 kilogramos, a fin de que pudiera interpretar con cierta convicción el personaje de Aquiles con un cuerpo como el del antiguo guerrero. A pesar del entrenamiento intensivo, Brad Pitt se lesionó durante el rodaje cuando interpretaba a su personaje. Por ironías de la vida, sufrió una tendinitis en... el talón de Aquiles.

Para las escenas en el interior de Troya el equipo de producción construyó un set de decorados en Malta. Allí el rodaje estuvo lleno de problemas y sobresaltos: un especialista se hirió de manera fortuita y falleció días después de forma inesperada; robaron un ordenador del equipo de montaje, y se extendió el rumor de que la película iba a ser pirateada antes de llegar a las salas de exhibición.

Para colmo de desgracias, un periodista de la prensa rosa se infiltró en la grabación y tomó sin permiso fotos de Brad Pitt vestido con la armadura de Aquiles mientras hablaba por su teléfono móvil. Las instantáneas se extendieron por las redes de todo el mundo y provocaron todo tipo de bromas.

Aspecto histórico

La verdad, no voy a empezar por hablar, como en cualquier libro que uno pueda sostener entre sus manos, de interrogantes de la historia como ¿qué era la Hélade?, ¿dónde estaba Grecia?, ¿cuáles eran los límites del Peloponeso?, ¿en qué año ocurrió esto o aquello?

Me parece bien que existan libros que expliquen todo eso, pero este no va a ser así. Quiero contar lo que me sugiere, lo que me hace sentir o pensar que fue o era la Grecia antigua. No soy ningún académico, tampoco un acrisolado experto, hablo con usted, lector conocido o desconocido, de lo que puedo llegar a entender. Imagino gente montada a caballo, personas con grandes túnicas y capas, con brazos y piernas musculosas y, en definitiva, con unas ideas básicas y simples de la propia existencia. Mi brújula toma amplias referencias que el cine ha mostrado, mejor o peor, pero, de alguna manera, me ha permitido tener una visión estereoscópica consistente entre lo leído y lo reflejado por las películas.

Por ese motivo voy a intentar plasmar lo que a mí me sugiere Grecia en su historia antigua. Sería absurdo pretender trazar un mapa o un resumen de algo que ya ha sido contado en infinidad de ocasiones por historiadores con mucha más capacidad que la mía. Ellos tienen mucho más conocimiento que yo para describir los detalles de todo lo que ha acaecido y saben explicar perfectamente lo que nos ha legado esa civilización.

Para darle más énfasis les invito a subir en un coche a través de tiempo. Iremos en ese imaginario vehículo hasta Grecia, retrocediendo centurias y centurias. De camino, vamos a poner las luces largas, como un signo de nuestro deseo de ver más allá…

Es algo parecido a lo que nos ocurría cuando éramos pequeños. En la escuela nos mostraban un mapa —mapamundi, que decíamos entonces— de una parte del mundo antiguo; primero empezábamos con Mesopotamia, rápidamente pasábamos a Egipto, vistas las pirámides alcanzábamos Grecia y, finalmente, Roma creaba un imperio inmenso mediante fieros legionarios con plumeros de color rojo chillón que nadie sabía para que rayos servían sobre sus cascos o yelmos.

Es curioso, cuando era pequeño tenía la sensación de que la historia era como una ruleta. En ella tenías que moverte de sitio en sitio. Parecía como si un flexo fuese iluminando el mapamundi, profusamente coloreado, deteniéndose en cada país o en cada civilización. Cuando te sumergías en alguna, no pasabas a la siguiente hasta que acabaras con ella, y eso tenía un nombre: examen, y no «control», como dicen ahora.

Era como un carrusel. Venían unos que ganaban a los otros, construían templos y pirámides. Llegaban otros, los vencían en tal o cual batalla y, claro, hacían mausoleos. Pero siempre aparecían otros más listos, más fuertes, o vaya usted a saber, que dominaban a los anteriores. Era un trasiego de reyes y emperadores mezclados con fechas, que hacían un lío a cualquier chico de mi edad.

Como decía, si ponemos las luces largas, la imagen que podríamos distinguir es la llegada de un pueblo: los aqueos, de origen indoeuropeo, que hablaban la lengua griega de forma arcaica y venían con algo debajo del brazo, no un pan precisamente. Ese algo era la Edad de Bronce, lo que significa que sus útiles y sus armas, en definitiva, estaban hechos con un material concreto: el bronce. Los aqueos, más que invadir, se asientan. Van buscando zonas cálidas, lugares en donde el hombre pueda realizar las tareas que no son propias de la guerra, como la recolección, la caza o la pesca y, en suma, llevar un tipo de vida cada vez menos salvaje. Pero, insisto, enfocamos, iluminamos, a una península para unos llamada Grecia, para otros Hélade y para algunos el Peloponeso.

La llamemos como la llamemos, será ahí donde surja una preponderancia aquea que va a traer como consecuencia la existencia de focos o asentamientos que destacarán sobre otros anteriormente establecidos.

Puerta de los leones, *entrada de Micenas. El yacimiento arqueológico está situado 90 kilómetros al sudoeste de Atenas, en el nordeste de la península del Peloponeso.*

Cartel de la película Hércules, Sansón y Ulises, *cinta italiana de 1963, que en una sola obra, muy a la manera de Hollywood y sin ninguna base histórica, une mitos griegos y hebreos.*

Hasta nosotros han llegado nombres como Micenas, minoica o cretense, para designar este esbozo de civilización. Bajo estas denominaciones tenemos que intentar entender lo que podían ser esos núcleos constituidos a base de cientos de personas con rasgos o características comunes. La cultura micénica es una muestra de estos incipientes núcleos que han llegado hasta nosotros con una fuerte carga de ritos referidos al culto a los dioses o a los sacrificios para conocer lo que el destino podía o no deparar. Los restos que se han encontrado datan del año 2700 a. C., principalmente proceden de la ciudad de Micenas. Pero los aqueos no serán los únicos en echar pie a tierra en el Peloponeso. Otro pueblo también recalaría en la península: los dorios.

Para distinguir a los dorios basta decir que están muy asociados a una guerra muy importante y que van a traer debajo del brazo, o mejor dicho sobre el brazo, armas; pero no de bronce, sino de hierro. Eso les va a dar preponderancia, pero sobre todo van a tener protagonismo en un lugar que ha sido datado por un gran cronista; Homero: Troya. En su obra *Ilíada* nos describe el conflicto bélico en ese enclave, que también ha sido profusamente llevado al cine. Desde el punto de vista cronológico se desarrolló aproximadamente entre los años 1193 al 1184 a. C. Homero no se limita a contarnos la guerra en general o los pasajes más importantes de ella, como los enfrentamientos entre Héctor y Aquiles o el desembarco de los mirmidones y su ataque con un ímpetu fiero. Nos narra también el regreso de los combatientes. Dedicará a ello otra obra, mitad real y mitad mitológica: *Odisea*. En ella, el protagonista, Ulises, vuelve a Ítaca, su hogar, después de haber combatido en Troya. Podríamos pensar que esta idea, la de volver a casa, la del retorno, es original del siglo XX, cuando, por ejemplo, los soldados regresaron después de la Segunda Guerra Mundial o al concluir la Gran Guerra, pero no es nueva.

Es un sentimiento, una añoranza, una situación que siempre ha estado presente en el hombre. Volver a sus orígenes, a su modo natural, a su hábitat; en definitiva, a su arraigo. Bueno, pues todo eso también nos lo cuenta Homero. Ese es el motivo por el que hay que detenerse a hablar de Troya y de lo que significó. Fue una guerra con condicionantes políticos, militares y también de índole amorosa entre un príncipe troyano, Paris, y una reina espartana, Helena. La guerra de Troya pasó, y con ella todo el poderío dorio.

Después del conflicto, se producirá un estancamiento en la cultura griega de casi 300 años. A partir del siglo VIII a. C. se crea un nuevo marco casi comunitario con la aparición

Cartel de la película El regreso de Ulises. *Producción francesa de 1909.*

de las ciudades-estado. Son aquellas que representan algo más que un grupo de personas que se unen alrededor de una plaza. Son las polis. Tienen cada una sus leyes, sus gobiernos, sus reyes y sus ejércitos. Un denominador común en toda Grecia será su fragmentación. No existirá un concepto de la unidad nacional, van a ser muchas unidades nacionales. A veces trabajarán juntas y otras lo harán por separado.

Si seguimos un poco con nuestras luces largas, si somos capaces de comprender que cada ciudad-estado tenía su concepto, sus propias leyes distintas de unos a otros, podremos entender por qué, cuando se produce la llegada de un invasor, reaccionan de manera diferente.

¿En qué momento ocurre esto? Fundamentalmente hay un siglo que es clave dentro de la Grecia antigua, el v a. C., también llamado de Pericles. Sobre todo, es una centuria en la que se van a suceder muchas transformaciones en el ámbito de toda la península y en sus límites territoriales. Por un lado, hay que decir que los límites se quiebran. Hay hostilidades en la frontera que separa el mundo griego y el persa. Todo comienza con una sublevación provocada por un exceso de impuestos al que somete el poderío persa a las zonas fronterizas. Eso lleva como consecuencia el envío de una expedición de castigo para imponer la autoridad persa en toda la península griega, y todo se traduce, finalmente, en la llegada de un ejército.

El ejército persa es diferente al griego, como más adelante veremos. Con un contingente de 15 000 hombres, pone el pie el año 490 a. C. en la hoy mítica llanura de Maratón. El desembarco es desastroso: lo hace primero la infantería, despliega y combate, y no le da tiempo prácticamente a tomar tierra a la caballería. Las cifras asustan: 15 000 persas luchan frontalmente contra 10 000 atenienses al mando de Milciades. Los persas son derrotados, y un ateniense, Filípides, que había sido ganador en los recientes Juegos Olímpicos, emprende una veloz carrera hasta Atenas para informar del triunfo. Su proeza ha quedado inmortalizada en la prueba de resistencia denominada «maratón», existente en las modernas Olimpiadas. Este conflicto con los persas, concluido en Maratón, se llamará Primera Guerra Médica.

Pero, la presión persa continuará, y diez años después se repetirán las hostilidades. Si en la batalla de Maratón Atenas se enfrentó con lo que pudo reclutar entre los ciudadanos atenienses a la espera de que Esparta se sumara a la lucha, en la Segunda Guerra Médica eso no ocurrirá. El único capaz de frenar inicialmente a los persas, o hacer de tapón, será el ejército espartano. Por desgracia, en Esparta imperaban unas reglas, como en cada una de las ciudades-estado, que indicaban que no se debía de combatir en las fechas consideradas como festivas. Eso, que puede parecer hoy día una idiotez, en aquel tiempo se llevaba a rajatabla.

Hay un rey espartano que tiene un concepto de Estado superior a lo normal, como es Leónidas. Con su guardia personal de 300 soldados iniciará en el año 480 a. C. una acción de obstrucción en las Termópilas. Es lo que hoy podríamos entender como un obstáculo reservado. Durante dos días aguantará el envite de las tropas persas. Incluso llevará a cabo golpes de mano y acciones de hostigamiento. Aunque,

Leónidas en las Termópilas. *El cine, como la pintura, siempre han intentado recrear una imagen de los héroes griegos como mezcla de hombres y dioses. Obra de Jean Louis David realizada en 1814.* Museo del Louvre, París.

sobre todo, va a conseguir algo muy importante en una batalla o en una guerra: ganar tiempo. Eso permitirá la reorganización de las líneas y que Atenas y el resto de Esparta se sumen a la lucha. Los griegos fueron traicionados por Efialtes de Tesalia, quien mostró a Jerjes un paso por el otro lado de la montaña. Enterado Leónidas, decidió que el grueso de las fuerzas griegas, compuesto sobre todo por atenienses, se retirase, mientras él cubría su repliegue con sus espartanos y 700 soldados de Tespis. Su sacrificio llevará a batallas de desgaste y también de ámbito naval sobre todo en Salamina, Platea y Micala, en donde nuevamente será derrotado el ejército persa, tras intentar envolver a su enemigo por tierra y por mar. La segunda derrota persa en menos de diez años frenará sus invasiones y sus deseos expansionistas.

Las guerras médicas son importantes porque marcan un antes y un después. Cuentan la dispar concepción existente en dos zonas de un mismo lugar: la visión ateniense del mundo y la espartana. No eran las únicas ciudades-estado que existían, había otras como Tebas o el reino de Macedonia, pero, aunque diferentes, su concepto del orden de batalla era siempre el mismo: masas de hombres que chocaban unas contra otras. Con posterioridad a estos enfrentamientos nos ha llegado un

Kílix del siglo v a. C. conocido como Copa de Edimburgo, *elaborado en Atenas por el Pintor de Triptólemo en torno al año 480 a. C. El guerrero erguido representa a un hoplita griego, y el caído a un enemigo persa.* Museo Arqueológico Nacional de Atenas.

apasionante relato de ámbito bélico realizado por Jenofonte en su obra *Anábasis*, también conocido como *La expedición de los 10 000*. Narra la expedición de un ejército griego —compuesto por multitud de etnias— que apoya las pretensiones al trono del príncipe Ciro en contra de su hermano.

Vencido el enemigo exterior, comenzaron luchas internas, normales cuando no hay un poder cohesionado. Se van a traducir en diversas guerras. No podemos calificarlas como civiles, pero sí son de una importancia tal que los historiadores las han llamado guerras del Peloponeso. En ellas se alternará la hegemonía de Atenas y la de Esparta, hasta que emerge un tebano llamado Epaminondas. Tomará el concepto clásico de combate y lo hará evolucionar medio cuarto de vuelta en lo relativo a la forma de despliegue. Diseñó una formación muy parecida a la de las masas de infantes que chocan por presión y combate, aunque, en vez de ser cuadrada, tomará la forma de un trapecio que actuará de manera oblicua al frente con el efecto de una cuña. Se denominará «orden oblicuo» o, simplemente, «orden de Epaminondas».

Viene a decirnos con su maniobra que, en vez de atacar de frente, hay que hacerlo en diagonal, como un cuchillo, rebanando y fraccionando la masa compacta enemiga. Este revolucionario concepto se introducirá el año 371 a. C. en la batalla de Leuctra, y el ejército tebano diezmará, partirá en auténticos jirones, las formaciones de infantes espartanos. Hasta ese momento, Esparta poseía el ejército más potente y consolidado.

Esto se va a traducir en que el orden oblicuo será importado por todas las formaciones militares de las ciudades-estado. Y esas guerras internas en las que están inmersas se verán afectadas de este cambio conceptual. No solamente Tebas o Esparta, sino también Atenas y Macedonia.

Entre las zonas menos desgastadas por las luchas fratricidas se encuentra Macedonia. Uno de sus reyes, Filipo II, aprovechará la debilidad del resto de las ciudades-estado, fruto de las guerras internas, para extender su hegemonía sobre Tebas primero y Atenas después. Se impondrá a sus adversarios en una batalla de gran importancia a orillas del río Queronea el año 338 a. C., lo que actualmente podría parecer algo imposible.

Filipo II obtiene la victoria porque alguien con excelentes dotes de mando conduce la caballería de manera magistral: su hijo Alejandro. No es un jefe militar cualquiera, es algo más, es carisma montado a caballo, es la inteligencia aplicada al orden militar, es la filosofía que ha aprendido por medio de maestros como Aristóteles. Es todo un jefe militar. Alejandro III, todavía jovencísimo, sucederá a su padre, asesinado víctima de las intrigas palaciegas. Despuntará desde el año 338 a. C., tras lo sucedido en Queronea, hasta el año 323 a. C., cuando fallece de manera temprana en pleno auge.

Durante esos quince años reunificará toda la Hélade bajo su mando e iniciará una expedición hacia Asia para doblegar al Imperio persa, al que derrotará en Gaugamela a pesar de disponer de unas fuerzas cinco veces superiores —250 000 soldados frente a 40 000—. Posteriormente invadirá y conquistará Egipto, y también parte de la India. Creará un imperio, y no será un conquistador, sino un aglutinador. Va a unificar tanto en lo militar como en lo cultural, social y político las zonas bajo su hegemonía. Potenciará la capitalidad de Babilonia, sin olvidar que es macedonio. Su imperio no perdurará porque, fundamentalmente, detrás de él, sus generales lo fragmentarán y no sabrán conservarlo unido.

La figura de Alejandro Magno no es mítica solamente por el hecho de la jefatura militar, lo es también por la visión que tuvo de lo que era el mundo conocido. Cómo concibe las batallas, cómo días antes de su muerte efectúa reuniones de lo que hoy podríamos denominar Estado Mayor, cómo dirige personalmente las operaciones, cómo es un jefe que manda desde primera línea y,

Detalle del mosaico de Alejandro, realizado en el siglo I en el suelo de la Casa del Fauno, en Pompeya. Muestra al líder griego a lomos de su caballo Bucéfalo, en combate contra el rey Darío III de Persia durante la batalla de Issos.

además, tiene la sensibilidad de ser un soldado más. Todas estas facetas han llegado hasta nosotros precisamente por sus cronistas, y no debemos olvidar que, aparte de fusionar civilizaciones, fusionó la cultura griega. La pérdida de Alejandro supuso la pérdida de Grecia, porque aparte de la fragmentación de su imperio se producirá un estancamiento que, finalmente, la llevará a ser absorbida por el Imperio romano en el año 146 a. C. Roma someterá a todas las provincias del Imperio macedónico, importará parte de la cultura griega y seguirá considerando a Alejandro Magno como alguien más que un rey.

Si hiciéramos un resumen y cambiásemos las luces de largas a cortas, veríamos que desde ese año 2700 a. C. en el que aparecen los vestigios de la civilización minoica, hasta el año 30 a. C. en que el Imperio ptolomeico de Egipto se convierte en provincia romana, prácticamente transcurren 2600 años. Un intervalo de tiempo del que nos han llegado muchas referencias que abren diversas líneas de la historia: Troya, Aquiles, Héctor, Agamenón, Leónidas, Termópilas, Maratón, Leuctra y Alejandro. Nombres que vienen a indicar cómo evolucionó el ser humano en ese foco llamado la Hélade.

Aspecto militar

Varias características definen los aspectos castrenses de las ciudades-estado griegas:

—El militar no es profesional. No hay ejército ni cuadro de mandos permanente. Los soldados y los jefes son ciudadanos movilizados en caso de peligro. El magistrado, convertido en general en jefe, dedicará toda su inteligencia a esta misión eventual, será una improvisación del momento y casi siempre su experiencia no será transmitida.

—El número de fuerzas es reducido. Atenas, Esparta, Tebas o Macedonia movilizan ejércitos que oscilan entre los 5000 y 10 000 hombres. Alejandro Magno, al unificar Grecia, consigue aumentar esta cifra hasta los 40 000 soldados. El armamento se reduce a las armas individuales para un combate cuerpo a cuerpo. La superioridad del armamento consiste en el mejor temple de la espada o la dureza de la pica.

—No hay estrategia. Lo único importante es la batalla. Es un choque por el que se trata de aplastar al enemigo. El problema estaba en encontrar una formación poderosa, resistente, que permitiera arrollar al contrario sin ser arrollado por él, ya que las diferencias en armamento no tenían gran influencia en el resultado del combate.

—La única táctica es la formación. La posición en la que los hombres se colocaban para chocar contra el enemigo. Hoy en día prestamos mucha atención al tipo de armamento como elemento principal de la potencia de una unidad, en cambio, los griegos dedicaban esa importancia a la formación táctica y le conferían al armamento un valor secundario.

Tradicionalmente los griegos eran enemigos de los persas, que formaban sus guerreros en masas compactas de hileras de 10 hombres. La formación griega para oponerse a este tipo de bloque fue la falange. Estaba constituida por un conjunto de hileras paralelas, sin intervalos entre ellas. En la cabeza y en la cola de cada una iba un jefe. Las hileras, que con el tiempo aumentaron hasta llegar a 16 hombres, estaban compuestas por un número igual de soldados. Es decir, 4096 distribuidos en 16 filas de 256, de la siguiente forma: 4096 = 16 filas de 256, ya que 16 = 2 x 2 x 2 x 2; y 256 = 2 x 2 x 2 x 2 x 2 x 2 x 2 x 2.

La extensión del frente estaba en función de los efectivos disponibles. Solo se combatía en la primera fila, las demás actuaban por presión. Los combatientes intentaban avanzar o resistían el empuje, y las bajas producidas se sustituían por

Vaso griego pintado en el que se muestra un guerrero hoplita. Lleva un casco de metal, peto y grebas. Va armado con escudo y lanza. Los hoplitas griegos tuvieron gran demanda como mercenarios en Lidia, Babilonia y Egipto.

los soldados que estaban situados en las posiciones posteriores.

Si los bloques que se enfrentaban eran iguales en número y, por tanto, de igual frente y fondo, el choque se traducía en una serie de combates individuales, simultáneos y, fundamentalmente, frontales.

La decisión de la batalla dependía del valor y la resistencia individuales. Era, pues, una prueba de fuerza moral y física. Si una de las fuerzas era superior en número, su frente desbordaba al contrario. Las alas, que no tenían enemigo frontal, envolvían a las partes indefensas del dispositivo enemigo, que eran los costados y la retaguardia. Atacaban con la intención de romper la formación. La victoria se obtenía por el abandono de la lucha y la fractura de las filas. Los restos de las unidades derrotadas eran abatidos por el grupo dominante, que permanecía cohesionado.

En general, en todos los ejércitos de la Grecia antigua podían distinguirse tres tipos de soldados.

—Los hoplitas: lo que podríamos llamar la infantería pesada. En ellos importaba mucho la fuerza y corpulencia. Levaban casco, coraza, escudo, polainas y una lanza de 4 a 7 metros de longitud llamada *sarisa*, con dos puntas de hierro. Constituían la base del ejército.

—Los peltastas: la infantería ligera o de línea. Su equipo y armamento lo formaban un pequeño escudo redondo lla-

Detalle de caballería griega en el friso del Partenón de Atenas. Pericles nombró a Fidias como director de las obras. Las realizó entre los años 448 y 432 a. C. Fidias fue uno de los artistas más importantes del mundo clásico, llevó la escultura a una perfección y armonía inigualables

mado pelta y una pica de 1,80 metros que empleaban en los flancos y en la persecución. Eran más ligeros que los hoplitas, pero con menor consistencia

—Los psilitas: arqueros y honderos. Su trabajo era hostigar y atraer al enemigo. Eran combatientes muy ligeros de peso y de armamento.

—Los catafractas: Formaban escuadrones de 64 jinetes pesados que llevaban cota de malla, casco, polainas, escudo, espada y pica.

La primitiva falange estaba formada por los tres tipos de infantería, sin caballería. La escasez de pastos en la península helénica hacía muy costoso el mantenimiento de este tipo de arma. No obstante, para enfrentarse a los ejércitos llegados de Oriente hubo que incorporar caballería también en las formaciones.

Epaminondas introdujo un cambio cuantitativo en la configuración de la falange. En vez de colocar a los hombres con el mismo fondo (recordemos que 16 soldados era el de la falange tradicional), elevó hasta 48 (multiplicó 16 x 3) el correspondiente al ala de ataque, que era la izquierda. Con ello el centro y la derecha quedaban atrás y más debilitados. Para sustraer estas partes más débiles de la formación del combate, presentó un frente oblicuo al enemigo, en lugar de en paralelo, adelantando la izquierda y retrasando el centro y la derecha.

A fin de aumentar todavía más la eficacia de su masa de ataque, organizó una unidad especial de combatientes selectos y juramentados, que atacaban a su vez el flanco derecho y causaban una mayor desmoralización en las filas enemigas. Alejandro Magno obtuvo sus grandes victorias sobre los persas al adaptar las novedades de Epaminondas a la falange. Durante el desarrollo de la batalla, la falange avanzaba por escalones. Empezaba por la derecha, el más próximo al enemigo; a continuación, cargaba la caballería pesada contra el ala izquierda y el efecto lo explotaban los peltastas de la infantería de línea. A la vez, entraban en contacto y combatían las masas de hoplitas para reiterar el esfuerzo y aumentar el frente de contacto. Se concluía con un envolvimiento desde la izquierda por parte de la caballería ligera.

Ante este desarrollo de la batalla, el bloque persa no solía resistir, pese a su gran masa. La infantería de línea aprovechaba el desconcierto producido por la carga de caballería para penetrar en el bloque como si fuese una cuña de acero, de tal manera que las pesadas formaciones de hoplitas asemejaban golpes de martillo dedicados a ablandar el frente hasta que todo el bloque se abría.

Alejandro Magno demostró en sus diferentes victorias poseer una rápida intuición para elegir el momento de asestar el golpe, y rapidez y audacia en su ejecución frente a efectivos muy superiores en número, lo que le acrecentó su fama como genio militar de todos los tiempos.

Los nombres de tres combatientes brillan con luz propia en la historia de Grecia en la Edad Antigua: Aquiles, Leónidas y Alejandro.

Aquiles era el hijo del mortal Peleo, rey de los mirmidones en el sureste de Tesalia. La *Ilíada* es el relato más famoso de sus hazañas en la guerra de Troya. La épica homérica solo abarca unas pocas semanas del conflicto y no narra la muerte de Aquiles. Comienza con su retirada de la batalla tras ser deshonrado por Agamenón, el comandante de las fuerzas aqueas. Tal como había anticipado Héctor en sus últimos momentos de vida, Paris mató más tarde a Aquiles. Según Estacio, Aquiles murió por una flecha en el talón; según otros textos lo mató un cuchillo clavado por la espalda.

Leónidas, que significa «hijo de León», fue rey de Esparta, miembro de la familia de los Agiadas. Su acción en las Termópilas fue un ejemplo de lo que unos pocos hombres decididos pueden hacer para no someterse a la tiranía.

Gracias a la resistencia de Leónidas y sus hombres, el ejército griego pudo escapar de la trampa. Con su sacrificio, Esparta, antes reticente a alinearse junto a Atenas, se implicó de manera decisiva en la lucha contra la invasión persa.

Jerjes mandó un mensaje a Leónidas que lacónicamente decía: «Leónidas, entrega tus armas». El rey espartano respondió: «Ven a buscarlas».

Alejandro, al frente del ejército, se impuso con claridad sobre sus enemigos, merced a una excelente organización y adiestramiento de las tropas, unido a su valor personal y genio estratégico. Recorrió victorioso el Asia Menor (batalla de Gránico, año 334 a. C.), Siria (batalla de Issos, año 333 a. C.), Fenicia (asedio de Tiro, año 332 a. C.), Egipto y Mesopotamia (batalla de Gaugamela, año 331 a. C.), hasta tomar las capitales persas de Susa (también el año 331 a. C.) y Persépolis (año 330 a. C.). Conquistadas las ciudades persas, licenció a las tropas que le habían acompañado durante la campaña y se hizo proclamar emperador.

Con la conquista del Imperio persa, Alejandro descubrió el grado de civilización de los orientales, a los que antes había tenido por bárbaros. Concibió la idea de unificar a griegos y persas en un único imperio en el que convivieran bajo una cultura de síntesis (año 324 a. C.). Para ello integró un gran contingente de soldados persas en su ejército, organizó en Susa la «boda de Oriente con Occidente» (matrimonio simultáneo de miles de macedonios con mujeres persas) e incluso se casó con dos princesas orientales: la princesa de Sogdiana y la hija de Darío III. Su temprana muerte a los 33 años, al parecer víctima del paludismo, le impidió consolidar el imperio que había creado y relanzar sus conquistas. El imperio no sobrevivió a la muerte de su creador. Se desencadenaron luchas sucesorias entre los Estados resultantes para mantener el ideal de Alejandro de trasladar la cultura griega a Oriente, al tiempo que dejaban penetrar las culturas orientales en el Mediterráneo.

La muerte de Alejandro el Grande en un grabado de 1899. Según un diario astronómico babilónico, murió entre la tarde del 10 de junio y la tarde del 11 de junio del 323 a. C. a la edad de treinta y dos años. El suceso ocurrió en el palacio de Nabucodonosor II, en Babilonia.

Aspecto cinematográfico

El cine ha sido capaz de hacer atractivo y popular el pasado. Para algunas generaciones las salas de cine han sido auténticas aulas de Historia. En ellas, las pantallas de proyección han sido «pizarras» singulares en donde alternaban personajes de la talla de Aquiles, Leónidas, Alejandro Magno, Aníbal o Julio César.

En las *péplum*, egipcios, griegos, cartagineses o romanos representaban por igual a forzudos héroes que peleaban con dioses vengativos, a fieros legionarios con plumero en la cabeza o a héroes empleados a ultranza en la defensa de mujeres, casi siempre medio desnudas. Se trataba, pues, de una civilización caracterizada por la ausencia de pantalones, un mundo de piernas al aire, túnicas de bella estampa, y vestidos seudotransparentes, para alegría del público masculino. En este tipo de cine el aspecto físico jugaba un papel fundamental a la hora de identificar a los personajes. Por tal motivo, los héroes siempre eran jóvenes, bellos y de cuerpos musculosos. El *péplum* consiguió su espaldarazo internacional con la película *Hércules*, dirigida en 1958 por Pietro Francisci.

Cartel de promoción de El león de Esparta, *estrenada en Italia como* L' Eroe di Sparta. *Realizado por la empresa Deamcis, su diseño se repitió, con ligeras variaciones, decenas de veces.*

La mayoría de estas producciones contaban con guiones deficientes, apresuradamente rodados y, a veces, pésimamente interpretados, ya que los actores y actrices no eran sometidos a pruebas previas, e incluso trabajaban simultáneamente en dos o más producciones. Eran filmes físicos y sensuales. Utilizaban el color y el cinemascope de manera muy distinta a la de Hollywood. Muchas de las mejores escenas se deben a Mario Bava, un operador de cámara que años más tarde se trasladaría al cine de terror. Bava fue el artífice de imágenes llenas de atmósfera y colorido, combinando los tonos rojos y púrpuras. También hay que significar el talento de los diseñadores de decorados y vestuario, que trasladaban

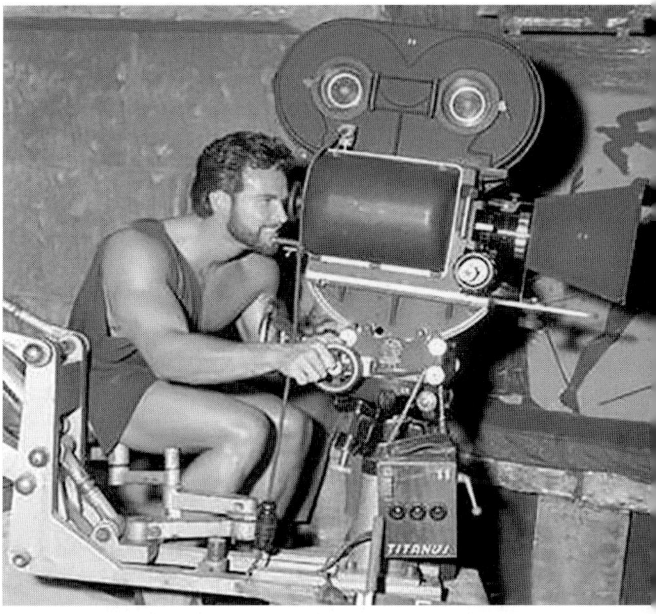

Arriba, Steve Reeves, culturista profesional, durante el rodaje de Hércules. *Para capitalizar el éxito de la película los productores recurrieron a los títulos más sensacionales para atraer al público; las pantallas rebosaron de héroes musculosos, damiselas en apuros con poca ropa y tramas históricamente inexactas. Abajo, Rossana Podestà, diva del* péplum *durante cerca de diez años. Sus escasos conocimientos de inglés, que obligaban a que fuera doblada, la relegaron a películas rodadas en Europa.*

su buen hacer de película en película. A pesar de la belleza visual, las historias narradas eran, con frecuencia, tan poco auténticas como las epopeyas de Hollywood. El subgénero reflejaba también la ambigua actitud del mundo antiguo hacia sus propios mitos, sobre todo en relación con los dioses, claramente humanizados y siempre dispuestos a hacer el amor, lo que les alejaba del realismo y puritanismo de Hollywood, más próximo a los valores del cristianismo que a los del paganismo.

En 1962 el *péplum* había alcanzado su apogeo cuantitativo, pero no cualitativo. Sin embargo, a mediados de la década de los años sesenta, comenzó a perder pujanza y dejó paso a los últimos géneros de moda, como las películas de James Bond o los *Spaghetti Western*. No hay ninguna película que recoja fielmente el devenir de los tres soldados griegos más famosos de la Antigüedad: Aquiles, Leónidas o Alejandro. A pesar de estas limitaciones, se pueden destacar como importantes las siguientes:

Cartel de Ulises *firmado por Ramón, seudónimo de Rafael Raga Montesinos, afamado artista que formó parte de los servicios de propaganda de la República, durante la Guerra Civil.*

Ulises

Título original: *Ulysses*.
Director: Mario Camerini.
Intérpretes: Kirk Douglas, Silvana Mangano y Anthony Quinn.
Guión: Franco Brusati y Mario Camerini.
Montaje: Leo Cattozzo.
Música: Alessandro Cicognini.
Fotografía: Harold Rosson.
Nacionalidad: Italia. Color, 100 minutos. Año 1954.

Una producción que recoge con bastante fidelidad uno de los textos más antiguos de la humanidad, la *Odisea*, de la que constituye la mejor adaptación cinematográfica.

Puede parecer una crónica anunciada sobre una historia conocida, pero si hacemos un ejercicio de asimilación a tiempos menos remotos y más cercanos a nuestra existencia y mentalidad, vemos que la Antigüedad se repite también en nuestros días. La película retrata el regreso de un combatiente a casa.

Se diferencia muy poco de la idea que extraemos de cintas como *Los mejores años de nuestra vida* (1946), *El cazador* (1978) o *En el valle de Ellah* (2005). El denominador común de todas ellas es la dificultad de la adaptación de los que vuelven de la guerra.

La producción narra el accidentado viaje de retorno de Ulises, rey de Ítaca, tras diez años de guerra contra Troya. Como consecuencia del encuentro con un cíclope, y su enfrentamiento, los dioses se enfurecerán y le alejarán de su camino de vuelta. Mientras, en Ítaca, su mujer, Penélope, se prepara ante su ausencia para aceptar a un nuevo rey como esposo. El filme divide la narración en cuatro partes bien diferenciadas: la exploración en la tierra de Ceres; la estancia en el reino de los feacios; la aventura en la isla de los Cíclopes y el episodio de las sirenas. Destaca la escena en la que Ulises es tentado por promesas

Kirk Douglas, junto a Silvana Mangano y el director Mario Camerini en el set de Ulises, *en julio de 1953, en Roma. Douglas interpretó el papel de Ulises y Mangano el doble papel de Circe y Penélope.*

de inmortalidad. La actriz Silvana Mangano interpreta a una voluptuosa Circe, cubierta por velos verdes, que trata de tentar a Ulises (interpretado por Kirk Douglas) para que desista de su viaje y no vuelva con Penélope (también interpretada por Silvana Mangano) ofreciéndole a cambio vida eterna.

Una película realizada en la época dorada del cine con mayúsculas, resuelta con sencillez, brillantez, claridad y buena fotografía. Soberbia Silvana Mangano y grandes interpretaciones de «gigantes» de la pantalla como Kirk Douglas y Anthony Quinn, que recrean la obra de Homero con un ritmo que no decae, y a todo color. Realización para deleitarse con la adaptación del relato, y para disfrutar, si se aprecia, de la épica en toda su extensión.

HELENA DE TROYA

Título original: *Helen of Troy*.
Director: Robert Wise.
Intérpretes: Rosanna Podestá, Jacques Sernas, Cedric Hardwicke, Stanley Baker, Harry Andrews y Brigitte Bardot.
Guión: Hugh Gray y N. Richard Nash.
Montaje: Thomas Reilly.
Música: Max Steiner.
Fotografía: Harry Stradling Jr.
Nacionalidad: Estados Unidos. Color, 110 minutos. Año 1955.

Uno de los muchos carteles internacionales utilizados para la promoción de Helena de Troya. *—en este caso, alemán—. Warner Bross, que había dedicado tres años y 6 millones de dólares a su producción, logró que la película se distribuyera y estrenara de forma simultánea en cincuenta países, el 26 de enero de 1956.*

El director Robert Wise fue en sus inicios el montador de la mítica cinta *Ciudadano Kane* (1941). Más tarde, como consagrado realizador, dirigió grandes películas de la historia del cine como *West Side Story* (1961) o *Sonrisas y lágrimas* (*The sound of music*, 1965).

Con un talento así no es de extrañar que esta película tenga encuadres magistrales, propios de uno de los mejores directores de la historia del cine. Podemos contemplar a los dos jóvenes, Paris (interpretado por Jacques Sernas) y Helena (encarnada por Rosanna Podestá), centros de atención de la guerra antigua más conocida por la humanidad. Se aprecia esa mezcla de mitología y sensualidad tan brillantemente lograda por las cámaras y los decorados en una película norteamericana rodada en Italia.

La banda sonora destaca bajo la batuta del gran Max Steiner, artífice de la partitura musical de *Lo que el viento se llevó* (*Gone with the wind*, 1939).

Buena realización en donde predomina más el ámbito amoroso que el propiamente bélico, aunque son destacables las persecuciones con carros, las secuencias de la introducción del caballo de madera en la ciudad de Troya y el descenso de los atacantes.

La importancia de esta producción se encuentra en la fecha de su realización, anterior a la aparición de las películas *péplum*, en el tratamiento de la historia y la maestría en su dirección. El cine de esa época parece hecho con tiralíneas.

Como curiosidad, la aparición de una joven actriz que luego llegaría a ser un icono mundial: Brigitte Bardot.

TROYA

Título original: *Troy*.
Director: Wolfgang Petersen.
Intérpretes: Brad Pitt, John Shrapnel, Brendan Gleeson, Eric Bana, Orlando Bloom, Sean Bean, Julie Christie y Peter O´Toole.
Guión: David Benioff.
Montaje: Peter Honess.
Música: James Homer.
Fotografía: Roger Pratt.
Nacionalidad: Gran Bretaña-Estados Unidos-Malta. Color, 163 minutos. Año 2004.

El inicio de la película fija la atención sobre un guerrero: Aquiles, el de los pies ligeros, que apenas mira con desdén al poderoso Agamenón

Fotografía de producción de Troya. *Filmada en localizaciones de Malta, la isla, que alberga en Kalkara los denominados Estudios de Cine del Mediterráneo, ha sido desde 1980, con* Popeye, *de Robert Altman, el lugar preferido de rodaje de muchos directores estadounidenses.* Troya *utilizó en sus exteriores los conocidos paisajes de la Laguna Azul y las murallas del fuerte Ricasoli, como ya había hecho en el año 2000 Ridley Scott en* Gladiator.

Brad Pitt —Aquiles— y el director Wolfgang Petersen, durante el rodaje de Troya. *Con independencia de sus muchos problemas detrás de escena, la película se convirtió en el mayor éxito de taquilla de Petersen. Recaudó casi quinientos millones de dólares en todo el mundo.*

mientras agarra con firmeza su escudo y la espada.

Clava su mirada en su oponente, el imponente Boagrius, contra quien cualquier adversario temblaría; pero él no. Sin pensarlo, emprende veloz carrera hacia el gigante. En su mirada se percibe la frialdad del guerrero que sabe lo que tiene que hacer en cada combate. Ambos ejércitos contemplan la escena y en unos segundos el gigante se tambalea con la mirada pérdida de quien conoce, aunque sea por un instante, su final. Luego, cae muerto al suelo. Aquiles solo ha necesitado un golpe para vencer a su enemigo. Todos quedan perplejos y apenas pueden reaccionar ante lo que acaba de ocurrir.

El rey de Tesalia se acerca a Aquiles, en sus ojos se refleja el asombro, el respeto y la admiración. Agamenón muestra satisfacción, pero también ira. Aquiles es el único hombre que no le rinde pleitesía y sabe que jamás lo hará. Este vibrante comienzo, que deja impresionado a cualquier espectador, es el inicio de una magnífica película de Wolfgang Petersen. Una producción ambiciosa que no tuvo la repercusión merecida. Troya es la guerra de todas las guerras, sus míticos personajes son la representación de todos los protagonistas de cada uno de los conflictos que se han sucedido en la historia. Nos muestra la ambición de querer poseer lo que se codicia y cómo buscar la torpeza del que lo posee, para arrebatárselo.

Un reparto impresionante, en el que cada actor encarna su papel de forma magistral; no solo por la interpretación, sino por lo que cada personaje representa. De un lado, Agamenón es la codicia y el poder. Del otro, Héctor representa la rectitud y la nobleza. Príamo, interpretado por un excelente Peter O´Toole, es la serenidad y la sabiduría. Él, a pesar de saber lo que puede suceder, lo espera con regia humildad, la misma que muestra cuando va a reclamar el cuerpo de su primogénito, su heredero, su querido hijo Héctor y, ante Aquiles, se arrodilla para suplicar benevolencia. Este no solo le concede lo que pide, le muestra además todo el respeto que nunca ha tenido por Agamenón ni por ningún otro hombre.

Es una de las escenas más emotivas y, curiosamente, la única donde Aquiles se muestra humano y vulnerable.

En medio de ambos bandos se encuentra el trío amoroso, formado por Menelao —el hombre herido al que le roban la mujer, es un hombre simple y rudo—, Paris —el joven príncipe que arrebata el tesoro más preciado de Menelao, es la juventud y la insensatez— y Helena, la mujer más bella del mundo griego, que representa la perfección de la naturaleza. No resulta extraño que un hombre inmaduro cometa, por estar enamorado, una grave afrenta como la de Paris. El amor puede con todo, incluso con la razón. Son las dos historias que se narran en la película, ambas fluyen de manera paralela y una sirve como excusa a la otra.

En otra dimensión se encuentra Aquiles. Representa al guerrero perfecto, al que vence en todas las batallas, al que todos los hombres admiran, incluso los poderosos, al que conoce su profesión a la perfección, al que no se postra ante nadie. Pero también encarna la insatisfacción permanente del que desea algo y no puede conseguirlo.

Su madre simboliza a todas las madres que han visto partir a sus hijos hacia la guerra, con el sentimiento de saber que no lo volverán a ver jamás, pero que no pueden hacer nada para evitarlo. Es ella quien, con el corazón destrozado, expresa la clave de su ansiado anhelo: «Si vas a la guerra, serás recordado siempre, pero nunca regresarás de ella».

Un dato acerca del rodaje de esta superproducción es la aparición de casi 20 000 soldados al mismo tiempo cuando en realidad solo hubo 1500 extras «de verdad». El resto están simulados por ordenador. Entre los verdaderos hay 250 levantadores de pesas búlgaros reclutados en una academia deportiva de Sofía, a los que el equipo de producción puso en primera fila para que las tropas parecieran más impresionantes en los planos cortos.

Tras muchos siglos, solo Aquiles conserva lo que quería: ser recordado por la historia como el mejor guerrero de todos los tiempos.

Troya es la historia de todas las guerras y Aquiles es el soldado que jamás regresa de ellas.

La batalla de Maratón

Título original: *La Battaglia Di Maratona*.
Director: Jacques Tourneur.
Intérpretes: Steve Reeves, Myléne Demongeot, Sergio Fantoni, Daniela Rocca, Philippe Hersent y Albert Lupo.
Guión: Alberto Barsano y Ennio de Concini.
Montaje: Mario Serandrei.
Música: Roberto Nicolosi.
Fotografía: Mario Bava.
Nacionalidad: Italia-Francia. Color, 90 minutos. Año 1959.

El ateniense Filípides —vencedor de los juegos olímpicos—, se pone al servicio de Atenas en la lucha contra Darío, rey de los persas. El jefe de las milicias atenienses es Milciades, el cual, cuando Darío se acerca a la ciudad, quiere combatirlo abiertamente, para lo que solicita la ayuda de Esparta. En Atenas hay un grupo de traidores, encabezados por Hipias, que intentan pactar en secreto con el rey persa una paz a costa de obtener privilegios en el nuevo orden. Esta fracción intenta atraer a Filípides

Cartel italiano para la promoción de La batalla de Maratón, *una coproducción entre la compañías italianas Titanus y Galatea Film y las francesas Lux Compagnie Cinématographique de France y Societé Cinématographique Lyre. La fotografió de manera totalmente impersonal el conocido naturalista Bruno Vailati, antes de dedicarse casi en exclusiva a la realización de documentales marinos. De hecho, son de él las escenas submarinas en las que la Guardia Sagrada coloca espinas de coral y combate junto a los barcos persas. Quizás porque Vailati y Tourneur se dedicaron a ignorarse mutuamente durante todo el rodaje, diez días antes del estreno Mario Bava se vio obligado a repetir escenas en las que se veía a varios extras fumar frente a cámara.*

para someterse pacíficamente a la ocupación persa.

Rechaza la propuesta para permanecer fiel a Milciades. Se dirige a Esparta a pedir ayuda y escapa a un ataque que le han tendido los sicarios de Hipias. Entretanto, Darío llega a Maratón y Milciades, en contra de toda doctrina, ataca con su escaso potencial.

Bien rodadas las escenas navales, sobre todo la defensa del puerto por la Guardia Sagrada. Destaca el lanzamiento al agua de los pilotes para enterrar en la dársena con objeto de hacer encallar a los barcos enemigos. Asimismo tienen buena realización las secuencias del paso de la caballería persa.

Lamentablemente la película no ha resistido bien el paso del tiempo, fruto del avance de los efectos especiales. Incluso en algunos momentos parece difícil de digerir, debido a la pérdida del rigor histórico.

EL LEÓN DE ESPARTA

Título original: *The 300 Spartans.*
Director: Rudolph Maté.
Intérpretes: Richard Egan, Ralph Richardson, Diane Parker, Barry Coe y Donald Houston

El ejército persa en El león de Esparta. *En la película, rodada en Grecia, junto al lago Vouligminis, las unidades persas estaban formadas por cientos de soldados del Real Ejército Heleno, bajo el mando de un oficial que daba las órdenes micrófono en mano.*

Cartel publicitario de El León de Esparta, *obra del ilustrador británico Tom Chantrell realizada en 1962. El asesor militar de la película fue el comandante Cleanthis Damianos. Paul Nord fue responsable de los aspectos históricos.*

Guión: Gian Paolo Callegari y Remigio del Grosso.
Montaje: Jerry Webb.
Música: Manos Hadjidakis.
Fotografía: Geoffrey Unsworth.
Nacionalidad: Estados Unidos. Color, 114 minutos. Año 1962.

«Caminante ve y di a Esparta que sus hijos han muerto por defender sus leyes». Este es, según la leyenda, el último mensaje enviado por Leónidas a Esparta antes de sucumbir en el desfiladero de las Termópilas, y se reproduce en el filme.

La película cuenta la historia de del griego Leónidas, rey de Esparta durante el siglo V a. C. Durante casi dos horas de proyección asistimos al devenir de las ciudades-estado griegas ante la invasión persa que sufre el extremo oriental de la civilización europea en plena Edad Antigua. Podemos contemplar la firmeza del soberano espartano, que junto con un reducido grupo de trescientos guerreros que forman su guardia personal consigue detener la invasión persa. El heroísmo y capacidad de resistencia que despliega junto a sus tropas le permiten hacer frente al ejército invasor en las Termópilas y proporcionar un tiempo valioso al resto de las polis griegas para establecer un frente común que consiga definitivamente repeler el ataque. En la producción el actor Richard Egan encarna de manera convincente a Leónidas, mientras Ralph

Richardson da vida a Temístocles de Atenas.

Tiene mérito la realización de la película hace cincuenta años, cuando no existían los medios informáticos que hoy día permiten representar grandes contingentes de tropas de manera digital. Todo el eje de la producción gravita sobre la defensa numantina —en este caso espartana— que realizan los hombres de Leónidas con el fin de ganar tiempo y arrastrar con su ejemplo al resto de los griegos. Antes de iniciarse los combates, uno de sus capitanes advierte al rey de la desproporción de su contingente frente al persa. El oficial le hace ver que los trescientos hombres se enfrentarán a una lluvia de flechas capaz de ocultar el sol. Ante esta aseveración Leónidas responde: «nuestro ejército luchará en la sombra».

Fruto de las diferentes concepciones de la guerra, se muestra el uso de diverso armamento y equipo de la época. Así, observamos a la guardia del rey persa, los Inmortales, y su escudo de forma romboide, que ofrecía menos movilidad que el escudo pequeño, redondo y ligero de los espartanos, denominado pelta. También es destacable la puesta en escena de la caballería persa, con sus limitaciones debido a la falta de movilidad por las diversas mallas que cubrían al equino. Contemplamos los carros persas de ataque, de uno o dos ocupantes, que una y otra vez son diezmados por la disciplina de la infantería espartana en perfecta formación de falange. Incluso están claramente delimitados los apartados de misión, terreno, enemigo y medios de lo que sería el estudio moderno de una operación militar. Es una película bélica que muestra el sentido del deber de este monarca espartano y cómo la técnica de la guerra no entiende de números ni proporciones.

ALEJANDRO EL MAGNO

Título original: *Alexander the Great.*
Director: Robert Rossen.
Intérpretes: Richard Burton, Fredric March, Claire Bloom, Barry Jones, Harry Andrews, Stanley Baker y Peter Cushing.
Guión: Robert Rossen.
Montaje: Ralph Kemplen.
Música: Mario Nascimbene.
Fotografía: Robert Krasker, Theodore J. Pahle.
Nacionalidad: Estados Unidos-España. Color, 103 minutos. Año 1956.

Realización inspirada en la vida de Alejandro III, rey de Macedonia —Alejandro Magno—. Tras su nacimiento, atribuido a los dioses en el año 356 a.C., el protagonista, papel interpretado por Richard Burton, crece bajo las enseñanzas de su maestro Aristóteles —el actor Barry Jones— y estrictas sesiones de gimnasia que le preparan desde muy joven para ser un experto guerrero.

Cartel promocional de Alejandro el Magno *utilizado en México. Robert Rossen rodó una película de más de tres horas, con un intermedio, y se sintió enormemente decepcionado cuando los productores decidieron cortarla a 141 minutos, 38 más de los 103 con que se estrenó en España.*

Sus relaciones familiares son tensas debido a la lucha de poder entre su padre Filipo II —encarnado por Fredric March— y su madre Olympia —papel que desempeña la actriz Danielle Darrieux—. La cinta muestra con claridad el auge de la figura de Alejandro, sobre todo a raíz de la victoria de las tropas macedonias frente a las atenienses en la batalla de Queronea. Se aprecia en este combate el contraste entre la crueldad de Filipo II y la magnanimidad de Alejandro, que es aclamado por los vencidos, lo que genera celos en su propio padre. El asesinato de Filipo II propiciará la elección de Alejandro para dirigir las tropas macedonias; será capaz de llevar a la batalla numerosos ejércitos sin ser nunca derrotado. La conquista del Imperio persa se muestra de manera palpable, así como diversas leyendas que han llegado hasta nosotros, como la del nudo gordiano. En una secuencia aparece Alejandro —Burton— detenido ante la cepa de un grueso poste en el que se encuentra enmarañado un haz de diversos nudos de cuerdas. Uno de sus ayudantes le traduce lo que cuenta, fruto de la cultura popular, un anciano del lugar: «Aquel que desate el nudo será el conquistador de toda Asia». Alejandro lo contempla y con un rápido golpe de espada corta las cuerdas de un tajo.

También está bien narrado el incidente en que las vanguardias de las tropas de Alejandro alcanzan la carroza del rey Darío, que yace moribundo por la traición de uno de sus hombres. Alejandro pregunta a los soldados que se han rendido quién ha dado muerte a Darío. Uno de ellos se identifica, con la idea de que va a ser premiado, y quedad sorprendido cuando Alejandro ordena su ejecución, ya que, según le explica, un soldado nunca debe traicionar al soberano al que ha jurado servir. Una buena producción, con eficiente dirección de Robert Rossen, en la que quizás se echan en falta algunas escenas de las múltiples batallas ganadas por el mítico guerrero.

ALEJANDRO MAGNO

Título original: *Alexander.*
Director: Oliver Stone.
Intérpretes: Colin Farrell, Angelina Jolie, Anthony Hopkins, Val Kilmer y Jared Leto.
Guión: Oliver Stone y Laeta Kalogridis.
Montaje: Thomas Nordberg, Alex Márquez, Gladys Joujou y Yann Hervé
Música: Vangelis.
Fotografía: Roberto Prieto.
Nacionalidad: Estados Unidos-Holanda-Alemania-Gran Bretaña.
Color, 175 minutos. Año 2000.

Sobre la base de la novela histórica *Alexandros*, de Valerio Massimo Manfredi, discurre esta coproducción internacional del director Oliver Stone sobre la vida del conquistador Alejandro Magno. El filme tiene un comienzo que cautiva el interés del espectador: Ptolomeo —interpretado por Anthony Hopkins—, uno de

La actriz Angelina Jolie y el director Oliver Stone, durante una pausa del rodaje de Alejandro Magno. *En 2014, en el décimo aniversario de la película, se presentó* Alexander: the ultimate cut. *Un nuevo y definitivo montaje del director de 207 minutos que intenta rehabilitar la terrible reputación que la película ha tenido desde su lanzamiento inicial.*

Colin Farrell, en el papel de Alejandro Magno, pasa revista a las tropas antes de la batalla. Hubo otro proyecto sobre la vida de Alejandro paralelo al de Oliver Stone, dirigido por Barz Luhrmann e interpretado por Leonardo Di Caprio. Su rodaje, iba a ser en Marruecos, pero se desechó por falta de presupuesto y la coincidencia con el título de Stone.

los generales de Alejandro, ya anciano, cuenta sus memorias desde Egipto. El plano del anillo que cae del dedo cuando fallece Alejandro da una pista de la plasticidad de las imágenes en muchos momentos de la producción.

Posteriormente la narración comienza a perder vigor y asistimos a innumerables escenas bajo mortecinas lámparas de aceite en donde contemplamos la influencia de la madre de Alejandro, sus enseñanzas acerca de las serpientes y las dudas que le asaltaban. La historia del auge de Alejandro continúa narrada en muchos pasajes por la voz de Ptolomeo. Su infancia muestra las dos vertientes de su educación. Por un lado, el arte de la sabiduría, con filósofos de la talla de Aristóteles, que aparece durante una corta intervención de la mano del actor Christopher Plummer. Por otro, el arte de la guerra mediante ejercicios de adiestramiento.

El episodio del enfrentamiento con su padre por la adquisición de su legendario caballo, Bucéfalo, y el afecto que desde ese momento le profesó quedan registrados de una forma bastante clara, aunque sobran muchas imágenes tanto de ese momento como de la batalla final donde el equino es abatido. También queda plasmada desde el primer momento su homosexualidad, que desvía la atención en vez de aproximar al espectador a su importancia como figura política y militar. Asimismo se hacen patentes sus divergencias con Filipo II y sus desacuerdos por el trato que recibe su madre.

Una parte importante y muy bien realizada es la recreación de la batalla de Gaugamela. Podemos contemplar la falange macedonia, la arenga de Alejandro a sus tropas antes del ataque y, sobre todo, el avance de la infantería hoplita mientras la caballería que él manda ataca en un movimiento de flanco al grueso del ejército persa para intentar dar muerte al rey. Le sobran muchos minutos a este filme, muchas escenas de silencios, miradas, abrazos, y falta concreción en los diálogos. Merece la pena verla para intentar hacerse una idea del Egipto ptolomeico, los jardines de Babilonia y el genio político y militar de Alejandro, así como sus delirios expansionistas. Podría haber sido una excelente película, pero ha pasado sin pena ni gloria.

Otros títulos que pueden reseñarse son:

Número	Título	Año
01	*El coloso de Rodas*	1961
02	*El león de Tebas*	1965
03	*El valle de los hombres de piedra*	1962
04	*Fabiola*	1948
05	*Furia de titanes*	1981
06	*Hércules*	1958
07	*Hércules y la reina de Lidia*	1958
08	*Jasón y los argonautas*	1963
09	*La guerra de Troya*	1961
10	*La Odisea*	1997
11	*La reina de Saba*	1952
12	*La venere di cheronea*	1957

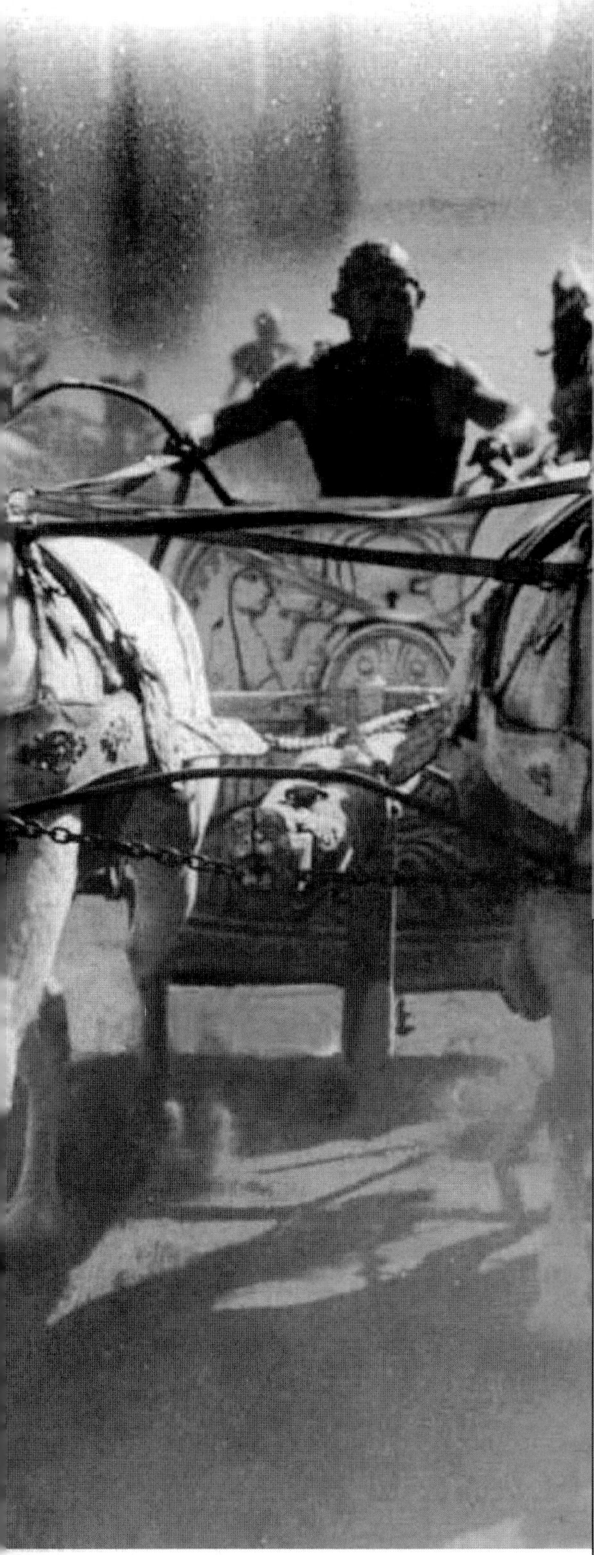

3

SPQR. La invencible Roma

Arriba, cartel con el que se anunció en Francia Gladiator. *En realidad, Cómodo, el emperador representado en la película, era conocido como «el gladiador», pues hacía frecuentes apariciones en la arena para, entre otros retos, acabar con animales salvajes. Su afición le supuso a Roma una cantidad exorbitante de dinero por cada aparición, lo que eventualmente devaluó la moneda e influyó en la caída de Roma. En su bravuconería sádica, convertía en «gigantes» a discapacitados puestos unos encima de otros, y los asesinaba de manera individual. Según cuenta Edward Gibbon en* Historia de la decadencia y caída del Imperio romano, *publicada en 1737, una vez mató a cien leones en un día, y a tres elefantes otro. Su arrogancia no tardó en volver al pueblo contra él. Fue envenenado, y cuando vomitó para intentar salvarse, lo estrangularon. Abajo, Cómodo y Máximo —Joaquin Phoenix y Russell Crowe—, en una de las escenas de la película.*

Gladiator *(2000)*

Después de casi cuarenta años, alguien se atrevió a dirigir una película ambientada en la antigua Roma. Era un reto para muchos directores, porque solamente la recreación de vestuarios y la construcción de edificios hacían palidecer a los más atrevidos productores, y todo ello sin tener claras las posibilidades de éxito en taquilla.

Tuvo que construirse en Malta, con yeso y madera contrachapada, una réplica que representaba una tercera parte del Coliseo de Roma para las escenas de las luchas de gladiadores. Las otras dos terceras partes se añadieron a base de efectos de ordenador. La obra física y digital tardó más de tres meses en concluirse. Su coste fue cercano al millón de dólares.

El actor Russell Crowe interpretaba al general hispano Máximo. Durante el rodaje estuvo siempre quisquilloso con el texto. Tanto, que el equipo de guionistas hubo de reescribir parte del mismo para satisfacerle. Si los cambios no le gustaban, se iba fuera del set enfadado. Inicialmente se negó a decir la famosa frase «En esta vida o en la próxima, tendré mi venganza», y según comentó el escritor William Nicholson, Crowe le dijo: «Sus líneas son basura, pero yo soy el mejor actor del mundo y puedo hacer que incluso la basura suene bien».

Las heridas en la cara de Crowe, después de la escena de la batalla contra los germanos, son reales. Se las hizo cuando su caballo se asustó y lo empotró contra las ramas de un árbol. Los puntos de sutura en la mejilla son claramente visibles en la escena en la que le dice a Cómodo que tiene intención de volver a casa.

Al comienzo de la película, cuando las legiones romanas atacan a los germanos, junto al general Máximo vemos un perro que le contempla fijamente. El animal tenía que «actuar» de forma agresiva y desafiante para parecer un lobo. El perro —desgraciadamente para él— aparece bastante risueño y en actitud mansa, por lo que, al no interpretar bien el papel de lobo, fue «despedido» y no apareció más ni en la película ni en el rodaje.

Aspecto histórico

Con la fragmentación del mundo helénico como consecuencia de la pérdida de Alejandro y de su imperio, dos civilizaciones, Roma y Cartago, se disputaron primero el control de la península itálica y luego del Mediterráneo.

Roma, con la operatividad de su ejército, logró desarrollar plenamente las ideas de Alejandro Magno, y con ello la conquista de un imperio mundial de varios siglos de duración que dejó profunda huella en los territorios sometidos. El Imperio romano necesitó más de dos siglos para unificar la península itálica. Esta lentitud fue acompañada por una serie de incertidumbres, tentativas y humillantes derrotas.

Las conquistas romanas no fueron obra de un solo hombre, sino de generaciones enteras. Existió otra civilización que se opuso a Roma, el Imperio cartaginés, con su centro neurálgico situado en Cartago, en la costa africana de la actual Túnez.

Los cartagineses fueron grandes navegantes y comerciantes enraizados con los pueblos fenicios. Cartago optó por confiar la defensa de su territorio a profesionales, auténticos combatientes a sueldo. Bien entrenados, estos mercenarios formaban un ejército muy operativo. Sus unidades recuerdan mucho a los ejércitos helenos; los soldados procedían de diferentes territorios, pero muchos se agruparon en cuerpos particulares que conservaban el armamento propio de su lugar de origen: honderos de las baleares, iberos armados con venablos y jinetes númidas. El parque de máquinas de guerra también era considerable, y la caballería pesada, cuerpo selecto, estaba formada por ciudadanos cartagineses.

El pueblo romano, después de emplear dos siglos en constituirse políticamente y organizar su ejército, sometió y unificó en menos de ochenta años todo el territorio italiano desde el río Rubicón al estrecho de Mesina. Al llegar su expan-

La flota romana vence a la cartaginesa en la batalla del cabo Ecnomus. Obra de Gabriel Jacques de Saint-Aubin realizada en 1763. Colección particular.

sión a Sicilia, chocó con el imperio occidental de Cartago, que le superaba considerablemente en poder económico y en potencia militar, tanto terrestre como naval.

Al principio, la civilización romana poseía un ejército terrestre en crecimiento, pero carecía de una verdadera flota de guerra. El inevitable conflicto entre los dos imperios se tradujo en tres guerras púnicas, que pueden considerarse las mayores de la Antigüedad. El término «púnico» proviene del latín *punici*, nombre usado por los romanos para hacer referencia a los cartagineses. La principal causa del enfrentamiento fue la rivalidad de intereses entre el Imperio cartaginés existente y la ampliación de la República romana.

La Primera Guerra Púnica tuvo lugar del año 264 a. C al 241 a. C. Las dos potencias lucharon por la supremacía del Mediterráneo occidental, con Cartago como potencia naval dominante al comienzo de las hostilidades. En el año 275 a. C.

La batalla de Zama, durante la Segunda Guerra Púnica, la guerra de Aníbal por el control de la Península Ibérica. Obra de Cormelis Cort realizada a finales del siglo XVI. Museo Pushkin, San Petersburgo.

Roma había derrotado a los griegos en la Italia continental y controlaba toda la parte sur de la península, se había convertido en una gran potencia en el Mediterráneo y tenía sus anhelos de expansión puestos en Sicilia. En ese momento era una isla rica en recursos, controlada por Cartago en el oeste, y por las ciudades-estado griegas en el este, con Siracusa como ciudad de mayor importancia.

El año 264 a. C. Roma invadió Sicilia para responder a la petición de ayuda de los mamertinos. Las primeras operaciones enfrentaron al romano Juno y al cartaginés Amílcar Barca, y se prolongaron durante varios años. Para proteger sus líneas de abastecimiento a la isla, los romanos se vieron obligados a embarcarse en un ambicioso proyecto de construcción naval. Hasta entonces, su poderío militar era terrestre y, en principio, no podía igualar la superioridad naval de Cartago. Inicialmente los romanos perdieron varios combates navales contra Cartago. Sin embargo, Roma logró finalmente capturar un navío cartaginés quinquerreme (un barco de guerra propulsado por remos, desarrollado a partir del trirreme) y copiar el diseño. Una vez que la tecnología naval de los romanos imitó la de los cartagineses, el panorama cambió, ya que Cartago no pudo igualar sus niveles de producción. La primera guerra púnica terminó con la victoria de Roma y la incorporación de Sicilia a sus dominios. Se impusieron condiciones estrictas y duras sanciones económicas contra Cartago, que fue obligada a abandonar la isla.

La Segunda Guerra Púnica transcurrió del año 218 a. C al 201 a. C., fue conocida como guerra de Aníbal, y el Senado romano de la época la denomino guerra contra Aníbal.

Cartago había sufrido enormemente durante la primera contienda; no solo había perdido Sicilia, sino también su superioridad naval en el Mediterráneo, para cedérsela a Roma. Además, la indemnización de guerra que le había sido impuesta había provocado la quiebra de su imperio. Pocos años después de la primera guerra, mientras Cartago se ocupaba de sofocar una rebelión encendida por los mercenarios no remunerados, Roma se apoderó de las islas cartaginesas de Cerdeña y Córcega.

No obstante, Cartago logró recuperarse y decidió desquitarse. Comenzó a expandir su influencia sobre la Península Ibérica el año 237 a. C. Las tropas cartaginesas,

Cartel de Anibal, *estrenada en Italia en 1959 y protagonizada por Victor Mature y Gabriele Ferzetti. Financiada por Warner Brothers, pasó de ser inicialmente una biografía histórica del cartaginés a convertirse en película estándar de «romanos». Se hicieron dos versiones, una de 95 minutos en italiano para los países europeos y otra de 103 minutos en inglés, que se presentó en Estados Unidos en 1960.*

mandadas primero por Amílcar, que derrotó a los jefes hispanos Istolacio e Indortes, conquistaron gran parte de la Península. Aunque enseguida fueron frenadas por Roma, que, con el pretexto de proteger la colonia griega de Sagunto, les obligó a suscribir un tratado, en el que se comprometían a no atacar a los saguntinos y a no atravesar el río Ebro.

Poco después tomó el mando del ejército cartaginés el general Aníbal. Era hijo de Amílcar Barca, quien, a los nueve años, le hizo jurar odio eterno a los romanos. Puso sitio a Sagunto, que después de una heroica resistencia de ocho meses fue incendiada por sus propios defensores, los cuales se arrojaron a las llamas para no sobrevivir a la rendición.

Roma exigió de Cartago, entre otras satisfacciones, la entrega de Aníbal. Ante la negativa, quedó declarada la guerra el año 220 a. C. Aníbal decidió llevar la lucha a Italia ante los ejércitos romanos —los mejores del momento— y dejó en Iberia a su hermano Asdrúbal Barca, con la flota y parte de las tropas. Con el resto —50 000 infantes, 9000 jinetes y 130 elefantes—, atravesó los Pirineos.

En la desembocadura del río Ródano le salió al paso Publio Cornelio Escipión el Africano con un potente ejército romano. Eran los conquistadores de toda la península italiana, los vencedores de las falanges griegas y dominadores de casi todo el mundo antiguo, con buenos estrategas y tácticos como jefes, pero el cartaginés esquivó el combate y astutamente se internó en los Alpes. Con grandes dificultades cruzó la cordillera y llegó a las llanuras de Italia. El paso de los Pirineos y los Alpes había dejado reducido su ejército a menos de la mitad.

Escipión, al ver a Aníbal fuera de su alcance, envió a España a su hermano Cneo y embarcó para Italia al encuentro de Aníbal. En la península italiana, con el ejército cartaginés organizado según el patrón de la falange, y asesorado por brillantes oficiales griegos, Aníbal desarrolló su táctica, inspirada en la de Alejandro, en la que concedía gran importancia a la caballería y a las maniobras envolventes, así como a la presión por los flancos. Bajo estas premisas se produjeron las batallas de Tesino, Trebia y Trasimeno, todas ellas victorias cartaginesas, y por último, Cannas.

Los romanos, dispuestos a dar la batalla definitiva, reunieron frente a Cannas, en manos cartaginesas, lo mejor de su ejército. La batalla es un modelo de maniobra envolvente por las dos alas y constituirá en todos los tiempos el ejemplo ideal de batalla de aniquilamiento. De una manera especial, será la obsesión de los modernos tácticos alemanes de la Segunda Guerra Mundial. Merece la pena contar la brillantez del general cartaginés durante este enfrentamiento.

Fuerzas:

Cartago:
—40 000 infantes.
—10 000 jinetes.

Aníbal en Cannas. Para los romanos, la batalla más catastrófica de toda la República. Grabado del siglo XIX. Colección particular.

Roma:
—64 000 infantes.
—6000 jinetes.

Dispositivos:

El cónsul romano Varron, a quien correspondía el mando del ejército ese día —alternaba diariamente con Publio Emilio—, atribuyendo la superioridad de Aníbal a su falange, cerró los intervalos entre sus filas y aumentó su profundidad, confiado en su superioridad numérica. Distribuyó su caballería entre las dos alas y envió un destacamento a hostilizar la villa de Cannas. Estos despliegues disminuyeron sensiblemente el frente romano. Aníbal observaba desde las murallas de la ciudad el dispositivo tomado por Varron, y solo cuando se aseguró de cuál era, desplegó sus fuerzas. Era imposible que fuera lo suficientemente fuerte a lo largo de todo el frente para resistir el choque. Necesariamente debía tener algún punto débil. Si lo creaba en las alas podía dar lugar al envolvimiento; si lo hacía en el centro probablemente se produciría la rotura. Se decidió por asumir

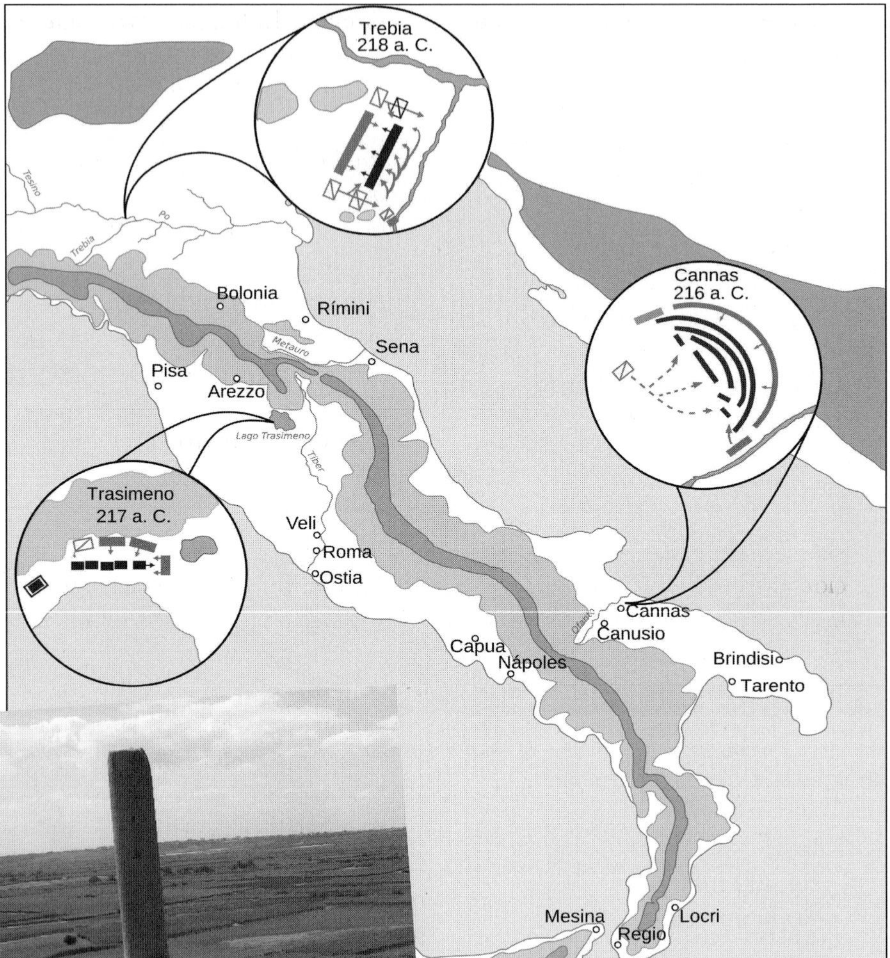

Arriba, victorias de Aníbal en Italia durante la Segunda Guerra Púnica. A la izquierda, el monolito erigido en el punto en que se supone se encontraba el centro de la batalla de Cannas.

este riesgo. El punto de resistencia más débil atraería a la masa enemiga; si las alas resistían, podría pasar al contraataque, conseguir un doble envolvimiento y copar a los romanos.

Con esta concepción —idea de maniobra, diríamos hoy—, desplegó sus tropas de la forma siguiente:

—En el ala izquierda, frente a la caballería de Publio Emilio, cuya tenacidad y buenas dotes militares conocía, colocó el grueso de sus mejores jinetes, 8000, a las órdenes de Asdrúbal.

—En el ala derecha, a la caballería restante.

—La infantería la repartió colocando los veteranos hoplitas africanos e hispanos en las alas, y en el centro, a sus aliados galos, poco y mal armados. Para encubrir la debilidad de su centro y obligar a los romanos a combatir en ese punto, desplegó sus fuerzas en arco, con el centro adelantado.

Desarrollo:

Las tropas galas, por su posición avanzada, fueron las primeras en entrar en combate. Las rechazó fácilmente el centro romano que, atraído por la victoria, persiguió a los derrotados y él mismo se embotelló. El resto del frente romano fue aspirado hacia este punto de menor resistencia y se precipitó en la brecha. En ese instante entraron en juego las potentes alas de Aníbal, que al no tener enemigo enfrente avanzaron oblicuamente sobre los flancos romanos. Estos hicieron frente a la amenaza, pero no con un movimiento de conjunto, lo que dejó aisladas a diversas tropas.

Se produjo un momento de equilibrio, pero, bajo el esfuerzo de las alas cartaginesas y la succión por el centro, las unidades romanas se amontonaron y encogieron cada vez más los flancos. Entonces tuvo lugar el acontecimiento decisivo: la caballería de Asdrúbal, que había derrotado y perseguido a la de Publio Emilio, regresó al campo de batalla y atacó por retaguardia a las legiones romanas. Al sentirse encerrados, el pánico se apoderó de los legionarios. Entre una tremenda confusión, la batalla terminó con una sangrienta matanza de la que solo logran salvarse 15 000 romanos.

A partir de ese momento, Roma empleó la estrategia de Fabián Máximo —un dictador romano—, quien decidió evitar el conflicto directo con Aníbal en Italia y lo mantuvo ocupado mientras los romanos conquistaban sus territorios en Iberia. Aníbal no tenía el equipo de asedio adecuado para tomar Roma y no podía llamar a los refuerzos de Cartago por falta de barcos. Asdrúbal intentó apoyar a Aníbal con un segundo ejército, pero fue derrotado antes de llegar a la península italiana.

Mientras, la Península Ibérica, que servía como principal fuente de mano de obra para el ejército cartaginés, fue amenazada por una expedición romana bajo el mando de Publio Cornelio Escipión, quien tomó Nueva Cartago —Cartagena— por asalto y puso fin al dominio cartaginés en Iberia. Esto obligó a Aníbal a retirarse hacia Cartago para enfrentarse con Escipión en

África del Norte, en la batalla de Zama. La derrota de los cartagineses puso fin a la Segunda Guerra Púnica, y como consecuencia inmediata Cartago dejó de ser una gran potencia. La principal debilidad de los cartagineses fue su incapacidad para incorporar a los pueblos locales a su cultura. En cierta medida, Aníbal se enfrentó al mismo problema, a pesar de que derrotó a los romanos en varias batallas. El Imperio romano fue capaz de levantar nuevos ejércitos contra Cartago.

La Tercera Guerra Púnica se extendió desde el año 149 a. C. hasta el 146 a. C. Concluyó con la derrota y destrucción de Cartago a manos de los romanos liderados por Publio Cornelio Escipión Emiliano, nieto de Escipión el Africano. Los historiadores coinciden en situar la causa la guerra en las reiteradas declaraciones de Catón el Viejo en el Senado. Mantenía la creencia de que, si dejaban que Cartago se recuperase, volvería a entablar una guerra contra Roma y, por razones de seguridad, Cartago debía ser destruida.

Aunque las dos partes estaban en paz desde el final de la guerra anterior, Roma no podía permanecer impasible, porque incluso con todas las cláusulas que el tratado de paz había impuesto a los cartagineses, habían superado las adversidades y volvían a prosperar.

No se podía permitir que el viejo rival resurgiera, y se optó por utilizar una treta que implicaba a un tercero. Como, según el tratado de paz, Cartago tenía prohibido hacer la guerra contra cualquier pueblo, sin el consentimiento del Senado romano, este envió órdenes en secreto a sus nuevos aliados, los númidas, en África, para atacar el territorio cartaginés y provocar un enfrentamiento. Durante tres años, Cartago pidió al Senado romano que se le otorgase el derecho de defensa, pero siempre fueron rechazadas sus demandas, lo que desembocó en un nuevo conflicto cuando los cartagineses, finalmente, decidieron defenderse a sí mismos. Eso supuso el pretexto que Roma deseaba para atacar a su temido rival.

El año 149 a. C. las legiones romanas atacaron y sitiaron la ciudad de Cartago. El asedio duró tres años, y según los escritos que lo narran fue tan duro que las mujeres se cortaron el pelo para hacer cuerdas y fabricar armas de guerra. Parece ser que los habitantes cartagineses lucharon día y noche para defender su ciudad hasta la primavera del 146 a.C, cuando Publio Cornelio Escipión Emiliano tomó el enclave en medio de una intensa tormenta. Aunque los ciudadanos púnicos lucharon con valentía, inevitablemente sucumbieron gradualmente ante la abrumadora fuerza militar romana. Tras la batalla, la poderosa Cartago, fue destruida y convertida en ruinas. Roma solo consiguió un botín de aproximadamente 50 000

Casco celtibérico del yacimiento de Aranda del Moncayo —Aratis o Aratikos, en Zaragoza—. Este tipo tiene su origen en torno al siglo IV en el sur de Italia; sería allí donde lo conocerían los mercenarios hispánicos. El modelo evolucionó posteriormente: por ejemplo, las carrilleras se hicieron más curvilíneas para adaptarse a la forma de la mandíbula

supervivientes —la mayoría mujeres y niños—, que fueron vendidos en los mercados de esclavos. El odio de los romanos al viejo rival era tan grande que, según los cronistas, después de la caída de la ciudad, además de ser totalmente destruida, su terreno fue salado para que nada creciese en él. La tarea estuvo tan bien ejecutada que aún hoy los arqueólogos no saben la situación exacta de su ubicación.

La conquista de la Península Ibérica

Expulsados los cartagineses de la Península Ibérica, Roma quiso organizarla como una más de sus provincias, pero sus habitantes se sublevaron en masa. Mediante la guerra de guerrillas, en pocos años obligaron a los romanos a concentrarse en Ampurias.

Llegó Catón con un nuevo ejército y logró dominar todo el territorio comprendido entre el río Ebro y los Pirineos. Más tarde, Sempronio Graco, alternando la acción de las armas con una política sabia y justiciera, consiguió someter y pacificar gran parte de la Península, pero la rapacidad de sus sucesores dio lugar a que los lusitanos se sublevaran e infligieran a los romanos una tremenda derrota. Para vengarse, el pretor Galba los engañó con falsas propuestas de paz y cayó a traición sobre ellos ejecutando una espantosa matanza. La masacre lanzó al campo de batalla el año 150 a. C. al pastor Viriato, que, al frente de un puñado de hombres engrosados más tarde hasta formar un ejército, inició una guerra inusual basada en rápidos movimientos y atrevidos golpes de mano, mediante los que sorprendió y derrotó numerosas veces a las tropas romanas. Cepión, sucesor de Serviliano, que se vio incapaz de

Batalla de Carras, en las llanuras de Mesopotamia, el año 53 a. C. Jinetes partos atacan con sus flechas a los hombres de la V legión, bajo el mando de Marco Licinio Craso..

triunfar ante el genio de Viriato, lo hizo asesinar a traición.

Finalmente recaló en la Península, Publio Cornelio Escipión Emiliano, el vencedor de Cartago, que rodeó a Numancia de poderosas líneas fortificadas para reducirla por el asedio y el hambre. Perdida toda esperanza de socorro y rechazados sus repetidos y valientes esfuerzos para romper las líneas enemigas, los numantinos, como un siglo antes los habitantes de Sagunto, incendiaron la plaza el año 133 a. C. y sucumbieron con asombroso heroísmo arrojándose a las llamas o dándose muerte unos a otros.

En las Galias, en el año 52 a. C., surgió un nuevo jefe, Vercingetorix, en lucha abierta contra Julio César. Este lo sometió cerca de la ciudad de Dijon y estableció una paz a partir de la cual la Galia dejó de crear problemas a Roma. En el otoño del año 50 a. C., cuando César regresó de Italia, quedaron Pompeyo y él enfrentados por el poder. César se vio obligado a combatir y marchó hacia el sur hasta cruzar el río Rubicón; Pompeyo decidió embarcar su ejército y partir hacia Macedonia, lo que permitió a César entrar en Roma y volver a dominar Italia.

En el año 49 a. C. partió César hacia la Península Ibérica, y consiguió en siete meses la sumisión de buena parte de las legiones de Pompeyo sin derramamiento de sangre. Derrotado, los restos de su ejército se rindieron y él huyó a Egipto, donde fue asesinado. En el año 45 a. C. César derrotó a los últimos partidarios de Pompeyo en Munda, cerca de Córdoba, lo que le convirtió en dueño del mundo entonces conocido. Fue asesinado el año 44 a. C. por los republicanos Bruto y Casio.

Después de su muerte, varios políticos se disputaron el Imperio; finalmente, su sobrino Octavio derrotó el año 31 a. C. en la batalla naval de Accio al ejército formado por Marco Antonio y Cleopatra, y se convirtió en el primer emperador romano con el título de Augusto.

Invasiones bárbaras y decadencia del Imperio romano

Roma tuvo que cubrir con fortalezas las fronteras de su imperio. Con las victorias de algunos de sus emperadores consiguió aplazar el peligro por largo tiempo, pero, desde principios del siglo III, sufrió en treinta años diez intensas invasiones bárbaras. Los francos y los alamanos, por el lado del Rin, y los burgundios, silingos, marcomanos, yutungos y visigodos, a lo largo del Danubio, acosaron al decadente Imperio romano.

Cartel original de La rivolta dei barbari, *dirigida en 1964 por Guido Malatesta. Se estrenó ese mismo año en España con el título* Los bárbaros contra el Imperio romano. *La película tiene más misterio e intriga que otras de su género, e incorpora al principio una escena de batalla de grandes proporciones, con cientos de extras, probablemente aprovechada del exceso de metraje de otra filmación. También tiene impresionantes decorados para representar la antigua Roma, que sin duda se construyeron originalmente para rodar en Roma* Cleopatra, *o en España* La caída del Imperio romano.

El emperador Claudio II expulsó de Italia a los alamanos y yutungos que habían llegado a los márgenes del lago Garda en el año 268. Más tarde, en varias batallas sucesivas, exterminó en Macedonia y Tracia en el año 270 a más de 300 000 visigodos que habían pasado el Danubio.

Aureliano, después de vencer a los vándalos en Hungría occidental, acudió a Italia, sucesivamente invadida por los alamanos y yutungos, y les inflingió una tremenda derrota cerca de Pavía; los supervivientes huyeron a refugiarse de nuevo en las selvas germanas.

Tácito rechazó a los alanos, que habían invadido Asia Menor en el año 276, y Probo, entre los años 276 y 282, derrotó a los germanos en las Galias, expulsó de Iliria a los alamanos, burgundios, silingos y godos, exterminó a los ligios a orillas del Danubio y venció también a los godos en Tracia y Asia Menor.

Todas estas victorias no fueron definitivas ni eficaces porque no las obtenían los romanos por sí solos, sino auxiliados, y cada vez en mayor proporción, por unos bárbaros que combatían contra otros. Hasta el punto de que el mismo emperador Probo tuvo que confiar la custodia de las fronteras a tribus bárbaras. Por eso los triunfos obtenidos por Diocleciano, Constancio Cloro, Juliano y Valentiniano no pudieron impedir que se vieran obligados a admitir como aliados a los visigodos.

La gran invasión y sus consecuencias

Hasta entonces, el movimiento de los pueblos bárbaros había estado sujeto a constantes vaivenes. En esta época es cuando sobreviene el irresistible y definitivo impulso que se conoce con el nombre de «gran invasión». Los hunos cruzaron la orilla del Volga en el año 375 y empujaron y precipitaron hacia el sur a los demás pueblos bárbaros que encontraron en su camino. Expulsados de los territorios que ocupaban, los visigodos atravesaron el Danubio, derrotaron a Valente en la batalla de Andrianópolis en el año 378 y se extendieron por la península de los Balcanes.

El valor y la prudencia de Teodosio consiguieron pacificarlos y someterlos. Al morir este, dividió su imperio entre sus hijos Arcadio —al que cedió Oriente— y Honorio — heredero de Occidente—.

Los visigodos, mandados por Alarico, se alzaron de nuevo en armas. Invadieron Grecia, se dirigieron al noroeste por Macedonia e Iliria y cayeron por el norte sobre Italia. En Polentia fueron derrotados por el vándalo Estilicón, general de Honorio en el año 402. El propio Estilicón rechazó también otra invasión de pueblos bárbaros al mando de Radagassio.

Alarico volvió sobre Italia y se apoderó de Roma por asalto en el año 410. La muerte de Alarico, ocurrida poco después del matrimonio de su sucesor Ataúlfo con Gala Placidia, hermana de Honorio, permitió a este mantenerse todavía en el trono, si bien mediante la cesión a Ataúlfo de la Galia interior, de donde después pasó a España para asumir el título de rey.

La caída del Imperio romano, una visión romántica del acontecimiento realizada por Thomas Cole en 1836. Sociedad Histórica de Nueva York.

Los suevos, vándalos y alanos que se habían establecido en la Península Ibérica, fueron expulsados por los visigodos. Los vándalos pasaron al África septentrional, donde fundaron un imperio que más tarde fue destruido por Belisario, general de Justiniano, e incorporado al Imperio de Oriente. Al mismo tiempo, los hunos, vencedores de cuantos pueblos se hallaban en su camino, habían sometido Germania, cruzado el Rin al mando de su rey Atila —llamado el «azote de Dios»— y penetrado en el corazón de las Galias. Entonces, los romanos mandados por el general Aecio, los visigodos capitaneados por su rey Teodoredo y los francos que se habían establecido en las Galias, dirigidos por su rey Merodeo, decidieron combatir de manera conjunta el avance de los hunos. El año 451, en los Campos Cataláunicos —Chalons-sur-Marne—, se encontraron frente a frente los dos ejércitos enemigos, cada uno de los cuales sumaba aproximadamente medio millón de hombres. Atila dirigió furiosos ataques que fueron siempre rechazados. Cuando vieron agotados sus esfuerzos, los aliados tomaron la ofensiva.

Atila, creyéndose perdido, mandó hacer una enorme hoguera, dispuesto a precipitarse en ella antes que caer en manos de sus enemigos, pero la parsimonia de Aecio, temeroso de que una decisiva victoria de los visigodos fuese peligrosa para Roma, facilitó la retirada de los hunos. Al año siguiente, repuesto Atila de su derrota, se precipitó sobre Italia y se presentó victorioso a las puertas de Roma. La autoridad del papa León I salvó esta vez a la capital, pues consiguió que los hunos se retiraran a cambio de una crecida indemnización.

El fin de Imperio de Occidente

El Imperio no era ya más que una sombra. Asesinado Valentiniano III en el año 455, su viuda Eudoxia, para vengarse del magnicida, pidió auxilio a los vándalos, que continuaban establecidos en África. Estos, al mando de Genserico, pasaron a Italia, se apoderaron de Roma y la saquearon terriblemente. Durante varios años más, el moribundo Imperio, víctima a cada paso de nuevas invasiones, fue juguete de los bárbaros, que ponían y quitaban emperadores a su antojo. Hasta que Odoacro, jefe de los hérulos, destituyó a Rómulo Augústulo —último de aquellos soberanos burlescos— y se apropió del título de rey. Consagró así la desaparición del Imperio de Occidente en el año 476.

La invasión de los bárbaros, *obra de Ulpiano Checa y Sanz. Primera medalla en la Exposición Nacional del año 1887 y segunda en la Universal de Viena de 1888. Perteneció al Museo del Prado, de Madrid, pero se destruyó.*

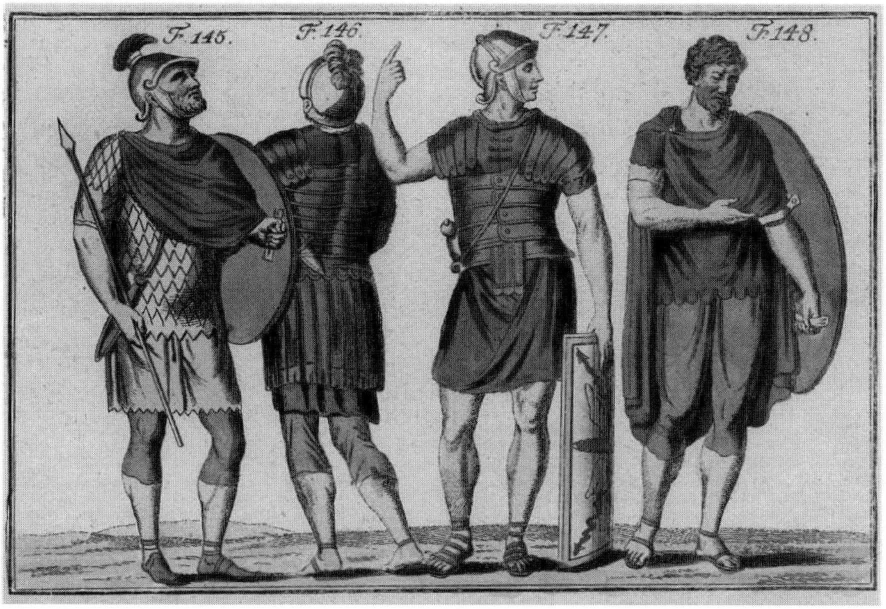

Uniformes romanos de la época de Julio César, según un grabado realizado por el británico Robert de Spallart en el siglo XIX. Colección particular.

En la Península Ibérica, el verdadero organizador del reino visigodo fue Leovigildo, que en el año 568 estableció su corte en Toledo. Se rodeó de gran pompa a la manera imperial y llevó a cabo una campaña contra los vascones, incorporando a su Estado parte de su territorio. El problema más grave que tuvo fue la cuestión religiosa, que originó una guerra civil entre Leovigildo, arriano, y su hijo Hermenegildo, jefe del partido católico; este fue vencido y muerto el año 585. A Leovigildo le sucedió su hijo Recaredo (586-601), que se convirtió al catolicismo en el III Concilio de Toledo, el año 589, bajo el patrocinio de san Leandro. Le sucedieron otros reyes visigodos hasta llegar a Witiza y don Rodrigo. La derrota de este en la batalla de Guadalete el año 711 abrió la conquista de gran parte España a los musulmanes.

Aspecto militar

En los albores del Imperio romano los guerreros etruscos iban vestidos con un ajustado casco, escudo redondo, lanza, espada y jabalina o puñal, lo que denota la influencia griega en estas primeras civilizaciones. La primera formación militar fue la falange griega, pero su evolución tuvo una dirección y propósitos diferentes. Se intentó solucionar la falta de adaptación al terreno y

Charlton Heston —a la izquierda—, protagonista de Ben-Hur, *condenado a remar en una galera romana, junto al almirante Quinto Arrio —Jack Hawkins—. Hollywood cometió el error de inventar la pena de galeras en Roma. No existía, ni siquiera de cárcel. La prisión era un espacio cerrado donde los delincuentes esperaban el juicio. El castigo era inmediato: multas, azotes o la muerte.*

la escasa profundidad de fondo. El ejército no era permanente, ya que durante el invierno no se combatía. Más tarde, las campañas se desarrollaron en escenarios más lejanos y las tropas quedaron movilizadas todo el año. Cuando el ejército se preparaba para emprender una campaña los futuros combatientes tenían su puesto asignado según su reemplazo y armamento.

La legión romana

Al terminar el siglo IV a. C. se organizó la formación de legiones. Eran unidades de 3000 combatientes subdivididas en otras más pequeñas, de número variable, denominadas manípulos. Un conjunto orgánico independiente de 80 hombres (diez de frente por ocho de fondo).

Los soldados más jóvenes y humildes constituían los vélites, de gran movilidad y análogos a los peltastas griegos. Los demás integraban la legión compacta y se alineaban en tres formaciones compuestas según los tipos de manípulos. Existieron tres clases: hastarios, príncipes y triarios. En todos ellos los legionarios llevaban escudo y espada corta de dos filos.

Los hastarios estaban constituidos por soldados jóvenes y bisoños, ligeramente armados, reservados para luchar en las primeras líneas. Los príncipes eran seleccionados entre los soldados más curtidos de mediana edad e iban armados con una lanza corta. Los triarios se formaban con los veteranos de más edad, se encontraban en la tercera línea y llevaban casco, coraza y lanza.

Departamento de sastrería de Quo Vadis?, *estrenada en 1951. En Italia, como en la mayoría de los países extranjeros, los trajes no se hacían en una sede central, como en Hollywood. Se contrataba a varias firmas y se repartía el trabajo. Se hizo así, pero a gran escala, en* Quo Vadis?, *para confeccionar 32 000 trajes, 15 000 sandalias, 13 000 artículos de joyería, 4000 cascos de latón, aluminio y estaño, 4000 escudos, 2000 corazas, 10 carros, 200 copas de resplandeciente cristal de Venecia y centenares de cortinas y alfombras. Todo se elaboró a partir de fotografías de objetos reales expuestos en los museos italianos.*

Las armas. El mando

El arma más temible de la infantería romana era el *pilum* o jabalina, que llegaban a lanzar a una distancia de 25 metros. El general mandaba las legiones por mediación de oficiales superiores, denominados tribunos, elegidos siempre entre los jóvenes de buena familia. Los centuriones —oficiales subalternos— eran los verdaderos cuadros de mando. De su valor, en general muy elevado, dependía la conducta de los soldados. La disciplina era mucho más exigente que en los ejércitos griegos. Como el Estado no procuraba pagas ni pensiones a la hora de la desmovilización, la lealtad de los soldados era para el general que los reclutaba. Este los equipaba, y ellos le seguían mientras tenía fortuna y existían perspectivas de botín. Eso fue lo que hizo posible la carrera de una serie de soldados políticos en el siglo I a. C., como Mario, Sila, Pompeyo y César.

El despliegue

La formación de combate la constituían tres líneas distanciadas. En la primera, los manípulos de hastarios, agrupados con intervalos. En la segunda, los manípulos de príncipes, igualmente unidos, que cubrían los intervalos de la primera línea. En la tercera, los manípulos de triarios, que cubrían bajas en los manípulos de primera línea.

La unidad táctica era el conjunto de tres manípulos de distinta clase. Como las distancias e intervalos eran variables, esta formación tenía la posibilidad de adaptarse al terreno. Además, al tener más fondo, en tres escalones, permitía reiterar el esfuerzo. Al tiempo, la defensa aumentaba su eficacia; el enemigo debía romper tres líneas sucesivas, cada vez más potentes por su armamento y cualidades personales.

El combate

Los hastarios iniciaban la lucha con el lanzamiento de sus venablos. A continuación, se empleaban cuerpo a cuerpo, fila tras fila, mediante la sustitución sucesiva de la anterior por la posterior. Cuando los hastarios se habían agotado en su esfuerzo, se retiraban por los intervalos para dar lugar al combate de los príncipes, que se desarrollaba en la misma forma. Si este no era decisivo, intervenían en bloque los triarios. De esta forma, se sucedían los esfuerzos y aumentaban de intensidad a lo largo del combate hasta hacerse imposibles de frenar. No parecía existir fuerza capaz de oponerse y aguantar el ataque frontal de una legión. No existía maniobra en el espacio, era una maniobra en el tiempo, en la que la calidad, como siempre, se imponía a la cantidad.

La cohorte

Las victorias de Aníbal demostraron los defectos del orden manipular de la legión. En un ataque frontal era difícil de batir, pero resultaban imposibles los cambios de dirección o la variación del eje de ataque. Además, se presentaba muy vulnerable a los ataques de flanco y por retaguardia. El armamento diferente de cada tipo de manípulo no permitía emplearlos indistintamente; el mando estaba obligado a utilizarlos en el orden de su colocación. Era preciso encontrar una unidad táctica homogénea que pudiera emplearse de una forma autónoma en cualquier misión. El movimiento que Aníbal había impuesto en la batalla de Cannas así lo exigía.

La solución tardó en llegar. La estructura social romana sobre la que descansaba la organización militar era muy reacia a los cambios. Fue Mario quien en el año 107 a. C., un siglo después de Aníbal, aprovechó la revolución social que encabezó para resolver el problema con la creación de la cohorte.

Estaba formada por la fusión de tres manípulos, uno de cada

tipo. Así se organizó una unidad de 60 hombres de frente por 10 de fondo, dividida en seis centurias. Todos sus componentes estaban armados de lanza y espada con casco, peto y escudo.

Esta nueva formación permitió un procedimiento distinto de combate. La batalla no fue ya un choque dirigido en una sola dirección, perpendicular a la línea de contacto, uniforme y reiterado, sino una coordinación de esfuerzos, de composición más o menos compleja.

Julio César

En la batalla de Farsalia, contra su rival Pompeyo, César obtuvo la victoria gracias al acertado empleo de los dos grupos de reserva que situó hábilmente en el terreno, uno como siempre en la tercera línea y otro, de seis cohortes, orientado hacia el lugar donde había de ser más probable su empleo. La batalla se desarrolló tal como César la imaginó; la victoria fue suya, a pesar de la abrumadora superioridad numérica de Pompeyo. Las campañas de César en las Galias, por la inferioridad técnica y táctica de sus enemigos, no ayudaron en nada a la evolución y progreso de la doctrina militar.

El mérito principal de César consistió en sustraer al choque a un grupo de unidades, para emplearlas en el momento y lugar oportuno. Otra característica fue aprovechar el campamento romano como elemento táctico. Es la primera concepción, solo un atisbo de un frente defensivo, que, gracias a una fortificación rudimentaria, permitía una economía de fuerzas. Los romanos, desde los primeros tiempos de su expansión, fueron maestros en la castrametación. Creaban un recinto para rodear a sus tropas de unos obstáculos que les permitieran resistir un ataque enemigo.

Cartel de una de las películas dedicadas a Julio César, basada esta vez en la obra de William Shakespeare. Con John Gielgud, en el papel protagonista, Charlton Heston en el de Marco Antonio y Jason Robards como Bruto. La dirigió Stuart Burge en 1971.

La razón no era de orden militar, sino religioso. La novedad consistió en utilizar tácticamente ese antiguo medio para crear frentes pasivos, en los que la resistencia del hombre se reemplazó, economizando fuerzas, por una resistencia apoyada en el material. El campamento permitió a César mantener una actitud defensiva frente a fuerzas muy superiores en número. También le posibilitó dejar en él una pequeña guarnición y obtener en el frente activo la deseada superioridad. Gracias a la fortificación, se vislumbró en las campañas de las Galias la distinción estratégica entre frentes activos y frentes pasivos.

El ciclo de la evolución

Lo que entendemos por Antigüedad marca un ciclo cerrado de evolución. Se parte del pesado bloque de falanges con hoplitas acorazados, para llegar a la legión con potente material, poca movilidad y embarazada por las máquinas. Entre uno y otro extremo, de signo similar, se pasa por momentos de supremacía del movimiento, de agilidad de la maniobra, gracias a unas formaciones sencillas y ligeras de gran movilidad.

La defensa era el orden del día de la época, y ello tendió a producir una reacción desfavorable respecto a las cualidades combativas del ejército romano. A medida que transcurrían los años, los bárbaros se alistaban en número creciente en el ejército, debido a una población decreciente y al rechazo de los romanos al servicio militar. Eso erosionó las tradiciones militares, como la disciplina, y la eficiencia de las legiones, que fueron además drásticamente reducidas. Sin embargo, fue fundada la Guardia Pretoriana como unidad personal del emperador, que al estar mejor pagada, se hizo impopular.

¿Sería posible en el futuro maniobrar en el campo de batalla con unidades tan pesadas? Este interrogante no tuvo contestación en la Antigüedad.

Con la invasión de los bárbaros y la destrucción del Imperio romano, empezó un oscurecimiento en la cultura en general y también en la concepción militar. Por otra parte, la lucha contra la arrolladora caballería de los germanos y los godos redujo la infantería a un papel pasivo que le hizo perder la preponderancia que había tenido durante siglos.

Aspecto cinematográfico

La historia de Roma y de su Imperio ha sido llevada a la gran pantalla desde muchos ángulos, sin embargo, su historia militar apenas ha sido reflejada en el celuloide. Es muy difícil encontrar un filme que recoja los avatares de la evolución de la milicia romana, en cambio, es fácil hallar en las películas históricas —sean clasificadas como *péplum* o

Durante el rodaje de Julius Caesar, *realizada en 1953, Marlon Brando, en el papel de Marco Antonio, le pidió consejo al actor británico John Gielgud para saber cómo declamar a Shakespeare, y adoptó todas sus recomendaciones. Brando estaba tan concentrado en su actuación durante el rodaje, que Gielgud se ofreció a dirigirlo en una producción teatral de* Hamlet, *una propuesta que Brando consideró seriamente, pero finalmente rechazó.*

no— pequeñas secuencias dispersas que nos hablan del mundo militar romano.

Julio César

Título original: *Julius Caesar.*
Director: Joseph L. Mankiewicz.
Intérpretes: Marlon Brando, Louis Calhem, Deborah Kerr, James Mason, Greer Garson, John Gielgud y Edmund O´Brien.
Guión: Joseph L. Mankiewicz.
Montaje: John Dunning.
Música: Miklós Rosza.
Fotografía: Joseph Ruttenberg.
Nacionalidad: Estados Unidos. 120 minutos. Blanco y Negro. Año 1953.

La figura de Julio César sirvió de base para la realización de muchas producciones. Destaca la rodada por

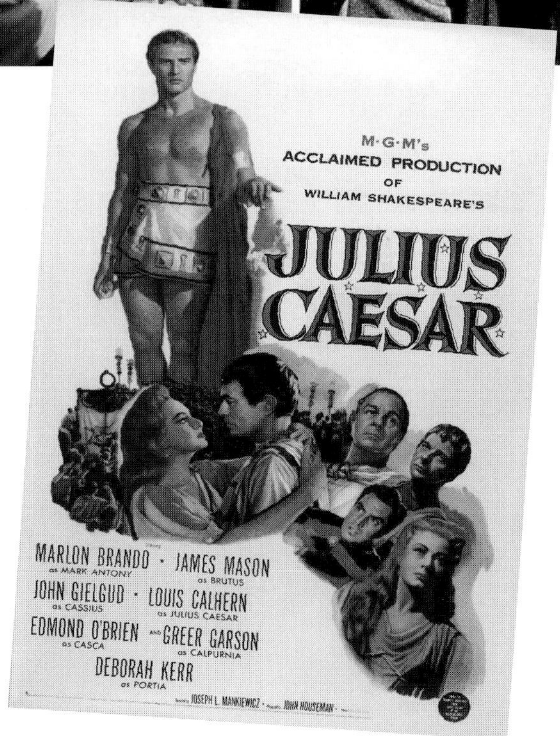

Cartel del estreno en Estados Unidos de Julio César. *Todo el protagonismo se le dio a Marlon Brando, una estrella tras haber protagonizado* Un tranvía llamado deseo.

Los, por entonces, príncipes de España, Juan Carlos y Sofía, fotografiados durante un descanso del rodaje de La caída del Imperio romano *con Stephen Boyd y Sophia Loren.*

Cartel de presentación en Francia de la película La caída del Imperio romano. *Con un coste de casi 18,5 millones de dólares de la época, la cinta fracasó en taquilla.*

Joseph Leo Mankiewicz en 1953, excesivamente centrada en su traición y asesinato. En muchos momentos de la cinta se tiene la sensación de estar ante una obra de teatro, en la que actores de la talla de Marlon Brando y James Mason realizan excelentes interpretaciones.

LA CAÍDA DEL IMPERIO ROMANO

Título original: *The fall of the Roman Empire.*
Director: Anthony Mann.
Intérpretes: Stephen Boyd, Sophia Loren, Alec Guiness, James Mason, Christopher Plummer, Anthony Quayle, John Ireland, Mel Ferrer y Omar Sharif.
Guión: Ben Barzman, Basilio Franchina, Philip Yordan, Oliver Stone y Laeta Kalogridis.

Campamento de Marco Aurelio en La caída del Imperio romano. *El productor Samuel Bronston hizo alarde de los grandes medios de que disponía para lograr la recreación histórica de la época, bien con apabullantes panorámicas de los fastuosos decorados construidos, o mediante batallas con grandes despliegues en las que intervinieron unidades completas del ejército español.*

Montaje: Robert Lawrence.
Música: Dimitri Tiomkin.
Fotografía: Robert Krasker.
Nacionalidad: Estados Unidos. Color, 188 minutos. Año 1964.

Una de las denominadas superproducciones, realizada en España. Excelentes secuencias rodadas en la sierra de Navacerrada y acertada recreación de la urbe romana. La historia, con un metraje mayor de lo normal, se sitúa en los últimos años de esplendor del Imperio romano y hace hincapié en las conspiraciones y luchas internas que provocaron su desaparición. Por desgracia no ha resistido bien el paso del tiempo.

Gladiator

Título original: *Gladiator*.
Director: Ridley Scott.
Intérpretes: Russell Crowe, Joaquin Phoenix, Connie Nielsen.
Guión: John Logan, William Nicholson y David Franzoni.
Montaje: Pietro Scalia.
Música: Hans Zimmer y Lisa Gerrad.
Fotografía: John Mathieson.
Nacionalidad: Gran Bretaña - Estados Unidos. Color, 155 minutos. Año 2000.

Una excelente película que sirvió para rescatar un género tan abandonado como el *péplum*. Al

En un viaje al verdadera Coliseo, Ridley Scott comentó al diseñador de producción, Arthur Max, que era «demasiado pequeño». Así que ideó una «Roma imaginaria» inspirada por pintores románticos ingleses y franceses, así como por el arquitecto del III Reich Albert Speer. Se construyó en Malta una réplica de aproximadamente un tercio del Coliseo hasta una altura de 16 metros, en su mayoría de yeso y madera contrachapada, y el resto del edificio se añadió de forma digital. Llevó un mes de trabajo y tuvo un coste de un millón de dólares.

En la salvaje batalla inicial del bosque de Vindobona con la que comienza Gladiator, *al editor se le escapó una breve escena en la que puede verse a los extras que interpretan a bárbaros y romanos en amistosa conversación.*

comienzo de la cinta asistimos a la batalla que libran las tropas romanas contra los bárbaros en un paisaje boscoso. Russell Crowe interpreta a un general romano que, como consecuencia de las intrigas políticas y palaciegas, acaba por combatir en la arena del circo como gladiador, apodado el Hispano. Excelente retrato de la descomposición del poder político y militar de Roma.

Otros títulos de películas de esta época son:

Número	Título	Año
01	*Spartacus*	1913
02	*Salambó*	1914
03	*Cabiria*	1914
04	*Spartacus*	1919
05	*Escipión el africano*	1937
06	*Espartaco*	1952
07	*La amada de Júpiter*	1954
08	*Anibal*	1959
09	*Espartaco*	1960
10	*La batalla de Siracusa*	1960
11	*Brennus enemy of Rome*	1960
12	*Cartago en llamas*	1960
13	*Les vierges de Rome*	1960
14	*Maciste, el gigante del Valle de los reyes*	1960
15	*Maciste el coloso*	1960
16	*El retorno de Maciste*	1961
17	*La espada del vencedor*	1961
18	*El gladiador invencible*	1962
19	*La leyenda de Eneas*	1962
20	*El hijo de Espartaco*	1962
21	*Roma contra Roma*	1963
22	*Brazo de hierro*	1964
23	*Héroe sin patria*	1964
24	*Espartaco y los diez gladiadores*	1964

4

Caballeros y vasallos. La Edad Media

Braveheart —Corazón valiente *en Hispanoamérica—, película ganadora de cinco premios Óscar de la Academia de Hollywood, protagonizada y dirigida por Mel Gibson. Para la batalla final entre ingleses y escoceses se contrató como extras a hombres de dos pueblos rivales. Muchos de ellos, que se tomaron el combate más en serio de lo debido, tuvieron que recibir asistencia médica al final del rodaje.*

Braveheart (1995)

El actor Mel Gibson produjo, dirigió e interpretó esta película considerada todo un drama histórico. La acción se sitúa en el siglo XIII, cuando los escoceses vivían oprimidos por las leyes y los tributos a los que les sometían los ingleses. Mel Gibson interpreta al héroe escocés William Wallace, que regresa para luchar por la libertad de su pueblo. Fue una producción que le dio a Mel Gibson «más guerra» después de acabarla que durante todo el rodaje.

Fue nominada para varios premios de la Academia. A Mel Gibson le operaron urgentemente de apendicitis dos semanas antes de la ceremonia de entrega de los Óscar. Estuvo a punto de no poder acudir a recoger sus estatuillas, aunque aseguró que «iría aunque fuera a rastras», dada su aversión hacia lo británico y su cercanía con lo norteamericano.

Gibson fue investigado por una organización de protección animal que estaba convencida de que los caballos «falsos» utilizados en las escenas de guerra eran reales. La protectora de animales desistió cuando uno de los asistentes de Gibson mostró algunas imágenes del rodaje y vieron que, efectivamente, eran caballos simulados; el problema fue que con ello también descubrieron varios gazapos del rodaje.

Varias de las escenas de la batalla tuvieron que ser retocadas a posteriori porque algunos extras llevaban gafas de sol y relojes de pulsera. El colmo fue la aparición en un momento determinado de una furgoneta de color blanco tras un grupo de guerreros a caballo en una de las secuencias del filme. Sin duda, se trata de un tremendo descuido de producción y realización que muchos espectadores detectaron.

Aspecto histórico

El periodo medieval abarca aproximadamente desde el siglo V al XV, los historiadores suelen dividirlo en dos partes: la Alta Edad Media y la Baja Edad Media.

La Alta Edad Media comprende desde el siglo V al siglo XI. Sus características más importantes son:

—Las invasiones y el feudalismo

En el siglo V, principalmente debidas a los pueblos bárbaros del Norte de Europa; a los musulmanes a partir del siglo VII y a los vikingos en los siglos VIII y IX. Los pueblos germánicos, al establecerse en los países conquistados, repartían las tierras entre sus jefes más destacados. Su dominio casi siempre se encontraba amenazado por los intentos de sublevación de los vencidos o por nuevas invasiones.

A todo jefe, desde el rey o caballero principal, le correspondía una extensión considerable de terreno en ese reparto. Distribuía parte de ella entre sus caballeros de menor orden o vasallos más allegados. El reparto era a título de beneficio, con la obligación de ayudarle en caso de guerra con cierto número de hombres en función de la cuantía y valor del territorio cedido. Los nuevos propietarios lo distribuían a su vez de igual forma entre otros de clase inferior, y así sucesivamente. Sobre

La corte del emperador bizantino Justiniano I a mediados del siglo VI. Una representación del paso del mundo romano a la Alta Edad Media. Mosaico de san Vital, Rávena.

este principio piramidal se edificó la constitución de las nuevas naciones.

El rey solo era uno más de los grandes caballeros o señores. Su principio de autoridad carecía de base. El resto de los caballeros —los nobles— hicieron que se reconociera de manera perpetua la posesión de los bienes que les habían sido otorgados en usufructo y, más tarde, los convirtieron en hereditarios. Eso permitió que cierto número de familias privilegiadas transformaran el beneficio en feudo, vinculado a grandes favores económicos y a todas las prerrogativas del poder.

Este era el contexto de la sociedad europea al comenzar el siglo VII, a pesar de los esfuerzos de Carlomagno, en Francia, y de Alfredo el Grande, en Inglaterra, por dar un mayor vigor al poder real. Después de estos monarcas, en el siglo XI se inició un periodo de recuperación del prestigio institucional gracias a las Cruzadas.

Ante tal estructura político-social, se generó una situación que dio origen a una relación de dependencia personal entre los hombres que juraban fidelidad —vasallos— y los señores —caballeros— que les ofrecían protección. Esta dependencia fue el comienzo del sistema feudal, rasgo principal de toda la Edad Media.

—El mundo rural

Entre los siglos V y IX se produjo una fuerte crisis agraria que ocasionó una disminución de la población y el abandono de las tierras de cultivo.

Desde finales del siglo IX al siglo XI, y como consecuencia de las mejoras en las técnicas de la agricultura, se desarrolló una expansión agraria basada en las nuevas posibilidades que permitió la roturación de las tierras. Eso hizo que se recuperaran los niveles demográficos de siglos anteriores.

La Baja Edad Media comprende desde el siglo XII hasta finales del siglo XV. Sus características son:

—Los cambios políticos

Se produce un aumento del poder del monarca y aparecen los parlamentos.

—La expansión de la cristiandad

Se inician expediciones para liberar los Santos Lugares de manos musulmanas. Auténticas operaciones militares que se denominan Cruzadas. Las Cruzadas facilitaron la creación de diversos reinos, la aparición de órdenes militares y la recuperación del comercio entre Occidente y Oriente.

—El mundo urbano

El desarrollo de las ciudades las convirtió en focos de actividad económica, cultural y artística.

La Edad Media finalizó con una fuerte crisis económica debido a las malas cosechas, a los brotes de peste procedente de Oriente —que produjeron un descenso demográfico notable— y a una crisis de valores religiosos. Para los historiadores, es una época que concluye el año 1453, con la toma de Constantinopla por los turcos, que significó la desaparición del Imperio Romano de Oriente. Hasta aquí, las divisiones, los aspectos más o menos académicos o rigurosos, pero, en todo este cuadro del Medievo, debemos ser capaces de ver los «puntos de fuga»:

De los bárbaros a los musulmanes

La caída del desgastado Imperio romano fue un cambio de índole política dentro de las fronteras o limes del mismo. Hubo invasiones, sí, pero concretas y puntuales, que no obedecían a un plan concebido para acceder al poder. En el siglo V comienza la escisión del viejo Imperio en dos: el de Occidente, con capital en Roma, y el de Oriente, establecido en Constantinopla.

Aproximadamente durante dos siglos, los pueblos de origen germánico se asentaron en todo el occidente de Europa. La desmembración fue cada vez más acusada y, sobre todo, las alianzas para derrocar o llegar al poder se convirtieron en continuas. Por tal motivo, no es de extrañar que alguna de las fracciones en litigio pidiera o buscara ayuda entre cualquier tipo de aliados, incluidos los musulmanes procedentes del norte de África, con tal de conseguir el acceso al trono y, en definitiva, al poder.

En el año 711 en la batalla de Guadalete —también llamada de la laguna de la Janda—, don Rodrigo, rey visigodo de España, fue derrotado en medio de una guerra civil para dirimir quién iba a reinar, por una fracción rebelde que se apoyaba en un aliado musulmán con tropas llegadas desde el norte de África. Algo cambió desde ese momento.

Hasta entonces, los musulmanes llegaban, combatían, obtenían el botín o el precio pactado y regresaban por donde habían venido. Tras Guadalete, decidieron no regresar y emprender la invasión del resto del territorio peninsular, así como penetrar en Europa. En España, serían detenidos por don Pelayo en la batalla de Covadonga, el 22 de mayo del 722, lo que daría inicio a la Reconquista, una epopeya de casi 800 años de duración, de la que más adelante se esbozarán sus hitos principales.

En el reino Franco, será Carlos Martel quien frene el intento de invasión musulmana en la batalla de Poitiers, también llamada de Tours, el año 732. Los francos consolida-

Carlos Martel en la batalla de Poitiers. Obra de Charles de Steuben realizada en 1837. Palacio de Versalles.

rán cincuenta años después su poderío, con la anexión de Lombardía por parte de Carlomagno y su proclamación como emperador.

Las Cruzadas

Desde el comienzo de la Edad Media se instauró en toda la cristiandad la costumbre de peregrinar para visitar los Santos Lugares. Mientras los árabes dominaron Siria, fueron tolerantes con los cristianos, pero, sustituida su autoridad por la de los turcos, el panorama cambió. Los otomanos no respetaron el culto de los peregrinos, lo que llevó gran indignación a toda la cristiandad. La autoridad del papa Urbano II, junto a los sermones de Pedro el Ermitaño, dio lugar a que en el Concilio de Clermont, celebrado el año 1095, una inmensa multitud compuesta por todo tipo de clases sociales clamase por la recuperación de los Santos Lugares en poder de los «infieles» al grito de «Dios lo quiere». Fue el detonante para el inicio de las Cruzadas. El nombre se acuñó al adoptarse el signo de la cruz como emblema común para todos los participantes en estas expediciones militares.

La Primera Cruzada, mandada por Godofredo de Bouillón, consiguió tomar las plazas de Nicea y Antioquía, así como sitiar y asaltar Jerusalén.

Entrada de los cruzados en Constantinopla durante la Cuarta Cruzada. Grabado de Gustavo Doré realizado en 1880. Colección particular.

La segunda, tercera, cuarta y quinta cruzadas no consiguieron nada efectivo.

La Sexta Cruzada, dirigida por el emperador germano Federico II en contra de la voluntad del papa Gregorio IX, ya que estaba excomulgado, consiguió pactar con el sultán de El Cairo una tregua de diez años y la restitución de Tierra Santa. A su regreso a Europa, obtuvo el perdón papal.

La séptima y octava cruzadas las organizó el rey Luis de Francia —más tarde San Luis—. Murió de peste en Túnez, sin obtener éxitos de importancia.

Las Cruzadas ennoblecieron el espíritu guerrero consagrándolo a un ideal del que antes se carecía, aunque, militarmente, no aportaron ningún progreso apreciable.

La Reconquista

No fue una cruzada a la española. Puede considerase una de las cuatro grandes epopeyas de la nación. ¿Cuáles fueron las otras tres?

—El descubrimiento de América.
—El Imperio español de los siglos XVI, XVII y XVIII.
—La Guerra de Independencia.

Utilizo la palabra «epopeya» para resaltar el sentido épico de estos acontecimientos. Muchos hemos oído hablar, hemos visto, sobre todo en el cine, películas que nos muestran el Oeste americano. Se nos ha mostrado, con menor o mayor acierto, la colonización norteamericana como una epopeya, como una *Canción de Roldán* o como un *Cantar de Mío Cid*.

De la misma forma que no tenemos reparos para conocer el Oeste, e incluso sentir cercanía respecto a sus personajes, leyendas y, en definitiva, su épica, también, con mayor motivo y menos remilgos, debemos ser capaces de mirar a nuestros antepasados y reconocer el mérito, el tremendo mérito, de lo que hicieron. A pesar de que sus gestas no hayan sido llevadas las pantallas con tanta profusión.

La Reconquista fue una hazaña de índole social, político, militar y religioso; no solo cosa de caballeros, vasallos y soldados. Fue obra del pueblo, de la gente anónima y corriente, de campesinos y soldados que acudían con sus familias, con su ganado o arado, y emprendían largos viajes hacia el sur, para repoblar y colonizar las tierras liberadas. Fue, por qué no decirlo, una gesta de los españoles no solo con la espada, sino también con el arado.

Para comprender la Reconquista hay que fijarse en la dimensión de la catástrofe visigoda. Si nos situamos en la España del siglo VIII, podemos contemplar la existencia de una buena organización jurídica, cierta unidad religiosa y una cultura que empezaba a brillar con personalidades como san Isidoro de Sevilla, ejemplo de la fusión del mundo hispano-romano con el godo. El viejo Estado visigodo, carcomido por guerras y luchas internas, estaba totalmente desmembrado.

En el año 710, a la muerte del rey Witiza, estalló una de las enésimas guerras civiles. En un bando se encontraron los partidarios de Agila II, y en el otro los de don Rodrigo. Como se ha comentado, los historiadores coinciden en señalar que los partidarios de Agila II pidieron ayuda a los musulmanes norteafricanos. Los nuevos aliados llegaron a través del estrecho de Gibraltar y cumplieron su compromiso al combatir a don Rodrigo en Guadalete. Este, con fuerzas muy inferiores, fue derrotado, y los musulmanes, ya en campo abierto, decidieron no volver a sus bases e iniciar la invasión del resto del territorio peninsular.

La población hispana se sometió con poca resistencia. Los que se negaron a claudicar lo hicieron más por empeño o rebeldía personal que por un concepto unitario de nación. Unos pocos se concentraron en las inexpugnables montañas del norte de España; en Asturias. Entre estos rebeldes surgió un combatiente, un soldado llamado don Pelayo. Puede considerarse que con él empieza la epopeya de la Reconquista española.

Pelayo no es un personaje de leyenda, realmente existió. Era espatario —etimológicamente, hombre de espada, la denominación que se daba a los guardias del rey—. Está confirmada su presencia entre los más afines a don Rodrigo. Participó en la batalla de Guadalete y, posteriormente, se supone que se retiró hacia el norte peninsular. Desde el año 716 los musulmanes ocuparon casi toda la cordillera norte de la Península Ibérica y sometieron a la mayor parte de las familias de la zona. Al principio, los invasores se comprometieron a respetar las leyes, la fe y las costumbres de los astures.

En Gijón, el gobernador Munuza fue el encargado de recaudar impuestos y ejercer el gobierno político y militar en la región. La forma de asegurar el pago se basó en tomar rehenes entre las familias y enviarlos a Córdoba como garantía. Pelayo fue apresado y enviado a la ciudad andaluza, no se sabe si como tributo al califa o para que su familia no dejase de pagar los impuestos. Consiguió evadirse y volver al norte. Debió de tener resonancia esta rebelión de Pelayo, sobre todo un efecto llamada, en las gentes hartas de tanto hostigamiento, impuesto y, por qué no decirlo, atropello.

También debió de tener impacto entre los propios musulmanes, ya que enviaron una expedición para someter a los sublevados. La mandaba el general Al Qama.

Cuando Pelayo fue informado de que se le venía encima todo un ejército, decidió, cosa muy española, echarse al monte. Algunas fuentes hablan de 300 personas, otras

El rey don Rodrigo arenga a sus tropas antes de la batalla de Guadalete. Tradicionalmente se ha considerado que entre las huestes derrotadas que huyeron hacia el norte del campo de batalla y de la caída de Toledo se encontraría don Pelayo, legendario precursor de la Reconquista tras la batalla de Covadonga. Obra de Bernardo Blanco realizada en 1871. Museo del Prado, Madrid.

de 150, pero, todas coinciden en que era un número muy inferior al contingente que mandaba el general musulmán.

Pelayo, buscó y encontró un terreno propicio desde donde poder rechazar el ataque enemigo: una cueva bajo el monte Auseba, consagrada a la virgen. La *cova dominica*, la cueva de Nuestra Señora, de donde viene el nombre de Covadonga. Construyó de forma casera una cruz con dos palos de roble, y lo enarboló como su estandarte durante la batalla. Otra tradición explica lo mismo, pero con el rojo pendón de los godos que había desaparecido en Guadalete.

La rebelión de Pelayo no era un incidente menor; tampoco un hecho aislado. Tenía una importancia fundamental. Eso explica que, junto al general musulmán, fuera en calidad de mediador un obispo, don Oppas, hermano de Witiza y traidor a la causa hispánica. Lo que sucedió después, en mayo del año 722, mezcla la historia y la leyenda. Unos cronistas dicen que los musulmanes se aprestaron a atacar la cueva, apoyados por piedras y flechas; otros dicen que estas rebotaban. Pero todos coinciden en un hecho: Pelayo mantuvo la posición y cargó contra la vanguardia musulmana mientras parte de sus efectivos, apostados en las laderas, arrojaban piedras, troncos y dardos sobre el grueso de la fuerza enemiga.

El ejército de Al Qama acabó por batirse en retirada, perseguido —en lo que podríamos denominar hoy como la explotación del éxito— por las escasas fuerzas de Pelayo. Él y sus combatientes alcan-

El rey don Pelayo en Covadonga. *La historiografía moderna no alberga duda sobre su existencia histórica real, aunque su origen aún sigue siendo controvertido. Se le ha considerado tradicionalmente como el fundador del* Regnum Asturorum. *Obra de Luis de Madrazo realizada en 1855.* Museo del Prado, Madrid.

zaron al grueso en desbandada en el llano, en Cangas de Onís, donde murió Al Qama y fue apresado don Oppas. Hacía once años de lo ocurrido en Guadalete y era el primer revés militar en la Península de los musulmanes. Pasó a la historia con el nombre de batalla de Covadonga. No supuso una victoria temporal, fue permanente. Permitió a Pelayo salir de su reducto, establecerse en Cangas de Onis y reinar allí con una pequeña corte para extender su territorio.

Su ejemplo sirvió para que otros se levantasen en parte de la Península Ibérica. Poco tiempo después, Gijón fue abandonado por los musulmanes, lo que aumentó la demarcación de Pelayo. Reinó durante quince años junto a su mujer Gaudiosa. Falleció el año 737 y lo enterraron en Santa Eulalia de Abamia. Más tarde, en el siglo XIII, fue trasladado a la cueva de Covadonga, donde aún hoy se encuentra.

La cruz que Pelayo utilizó en Covadonga fue recogida por su hijo Favila y colocada en la iglesia dedicada a la Santa Cruz que su padre mandó edificar en Cangas de Onís. Posteriormente, Alfonso III el Magno la llevó a su castillo y la mandó cubrir de oro y piedras preciosas. Se conserva en la Cámara Santa de la catedral de Oviedo, con el nombre de Cruz de la Victoria.

Trescientos años después aparece otro guerrero, otro soldado, que será inmortalizado en los cantares de gesta: el Cid.

En una aldea burgalesa llamada Vivar, nació el año 1043 Rodrigo Díaz. No tardó en quedar huérfano de padre, lo que le llevó a ser educado en la corte de Fernando I el Grande, en el séquito del príncipe Sancho. Cuando el príncipe fue coronado en el 1065, Rodrigo recibió el nombramiento de alférez del rey, jefe de la milicia real. Sancho, su valedor, fue asesinado durante el cerco de Zamora, el año 1072.

Muerto Sancho, la corona le correspondía a su hermano Alfonso, pero Rodrigo, como alférez real, debía hacer jurar al nuevo soberano que no había tenido parte en la muerte de su antecesor: es la célebre Jura de Santa Gadea. A partir de este momento, las relaciones entre Alfonso VI y Rodrigo nunca fueron buenas. No llegarían a la enemistad, pero Rodrigo dejó de ser alférez real. A finales del año 1080 fue desterrado. Abandonó Castilla junto a sus vasallos más leales y cruzó la frontera. Al año siguiente entró al servicio del rey de la taifa de Zaragoza, Al-Mutamín.

¿Cómo explicar que un caballero cristiano estuviera al servicio de un rey musulmán?

Desde la batalla de Covadonga, los reinos cristianos del norte habían iniciado la repoblación hacia el sur. Cristianos y musulmanes se aliaban indistintamente para vencer a sus enemigos, con independencia de su religión. En la España musulmana se hundió el califato que permitía tener una cierta cohesión política y todo lo que hoy conocemos como Andalucía se fragmentó en pequeños reinos de taifas enfrentados entre sí. Rodrigo, en uno de sus múltiples momentos de victoria, fue aclamado como *sidi* —«señor»— por los musulmanes de Zaragoza, de ahí surgiría el sobrenombre del Cid. *Sidi campi doctor*, el Cid Campeador.

En el año 1086 se produjo la invasión desde el norte de África. Alfonso VI había tomado Toledo y los reyes de taifas solicitaron ayuda a los almorávides. El monarca se reconcilió con el Cid y le pidió que defendiera la zona de Levante, otorgándole diversos dominios. Rodrigo intervino, asedió Valencia y la tomó el año 1094. Finalmente, en esa misma ciudad, morirá a consecuencia de las heridas recibidas en 1099. La importancia del Cid reside en su condición de ejemplo de ética, del deber y del honor, y en la materialización de la idea de libertad personal que encarnó.

El Cid es un caballero que lleva su lealtad hasta el extremo de obligar a jurar a un rey, hecho que le obligará a soportar diversas injusticias.

El cine nos ha dejado un excelente retrato del Cid y de su esposa doña Jimena, interpretados por Charlton Heston y Sophia Loren.

En 1212 se produjo un enfrentamiento con resonancia en toda Europa, que cambiará el curso de toda la Reconquista. El norte de la provincia de Jaén será testigo de un Stalingrado, pero en verano: la batalla de las Navas de Tolosa.

Ya a finales del siglo XII, la Reconquista parecía haber llegado a un punto muerto. En la zona musulmana había un nuevo poder: los almohades, procedentes del sur de Marruecos, al frente de los cuales estaba el emir Miramamolín.

En la zona española existían diferencias entre los reyes cristianos. Alfonso VII de Castilla pactó con los almorávides para contener a los almohades. A su muerte, le sucedió su hijo Alfonso VIII, que intentó prolongar la obra de su padre, pero, lejos de ello, sufrió una contundente derrota en el año 1195 en la batalla de Alarcos. Fue una derrota militar y política que dejo al alcance de los musulmanes conquistar Toledo. La falta de abastecimiento impidió la caída de la capital castellana. Como los musulmanes no tenían fuerzas suficientes para atravesar el valle del Tajo y los cristianos carecían de recursos para pasar Sierra Morena, los dos bandos firmaron una tregua de una década el año 1197. Durante ese periodo, en al-Ándalus falleció Miramamolín y le sucedió Al-Nasir. Era un jefe mucho más duro y fanático, e incluso había jurado que llevaría su caballo hasta Roma para abrevar en el río Tíber.

Rápidamente reclutó un gran contingente de soldados para inten-

Cartel utilizado en Estados Unidos para la promoción de El Cid, *estrenada oficialmente el 6 de diciembre de 1961 en el MetropoleTheatre de Londres. Dos semanas después se proyectó en los cines de todo el mundo. Resultó un éxito de crítica y público.*

tar el asalto de Castilla. Su enorme ejército cruzó Andalucía y llegó hasta Sierra Morena. Al-Nasir recordó los problemas de abastecimiento que tuvieron los ejércitos de su padre, y no cruzó las montañas, sino que dispuso sus tropas alrededor de Despeñaperros. Desde lo alto aguardaría a las fuerzas cristianas, que calculó llegarían exhaustas por combatir pendiente arriba.

Alfonso VIII quería desquitarse de la derrota de Alarcos y terminar la obra que empezó su padre, pero su ejército era mucho menos numeroso que el contrario. Además, tenía problemas fronterizos con Navarra y León. Parecía, pues, abocado a recibir una contundente derrota militar. El arzobispo de Toledo, Antonio Jiménez de Rada, le aconsejó que se dirigiera al papa, Inocencio III, para pedirle que proclamara como cruzada su campaña contra el poder musulmán. Eso suponía dos cosas muy importantes. Por un lado, provocaba el efecto llamada hacia miles de combatientes de toda la cristiandad, que acudirían a engrosar la fuerza castellana. Por el otro, cualquiera que atacara a Castilla quedaría excomulgado. Esta premisa le permitió al rey no preocuparse de que navarros o leoneses le abordaran por la retaguardia.

En mayo de 1212, el papa proclamó la cruzada. Enseguida fue predicada por toda Europa. El rey de Navarra, Sancho VII, acabó por prestar apoyo a Castilla. El soberano de León no lo hizo, pero sí consintió que muchos caballeros leoneses y gallegos combatiesen. El monarca de Aragón, Pedro II, se presentó con 3000 soldados, y así, durante varias semanas, miles y miles de combatientes europeos llegaron a Castilla. Cuando este ejército, que podría denominarse hispanocristiano, en gran parte español y con algunos aditamentos europeos, llegó a los pasos de Despeñaperros, comprobó que estaban en poder de los musulmanes. Gracias a la intervención de un lugareño, las tropas cristianas pudieron atravesar por uno que se encontraba desguarnecido, el desfiladero del puerto del Rey. Los dos ejércitos se encontraban frente a frente.

Las cifras estimadas para esta batalla —la mayor librada en suelo español durante la Reconquista—, se sitúan alrededor de 100 000 hombres en el bando musulmán, frente a 70 000 en el lado cristiano. Los musulmanes tenían una tropa más numerosa, sin caballería pesada, pero con formaciones ágiles que atacaban por los flancos. La caballería cristiana reforzó los suyos y los infantes combatieron mezclados con ella para que el ataque enemigo no rompiera la estructura de defensa. Eran, en realidad, tácticas que musulmanes y cristianos habían experimentando en Tierra Santa en las batallas libradas en las Cruzadas. Durante dos días las tropas cristianas se dedicaron a descansar sin aceptar la lucha que el enemigo ofrecía y, al tercero, el 16 de julio de 1212, el ejército formó para la batalla en tres líneas. El centro lo mandaba el rey de Castilla, el ala derecha el de Navarra y la izquierda el de Aragón.

La estrategia cristiana era intentar alcanzar con una fuerza de caballería lo más compacta posible las líneas centrales enemigas. La musulmana, romper el ataque cristiano mediante la división de su fuerza.

La batalla de las Navas de Tolosa, dada el 16 de julio de 1212, junto al municipio jienense de Santa Elena. Obra de Francisco de Paula Van Halen realizada en 1864. Palacio del Senado, Madrid.

La caballería española atravesó sin dificultades las primeras líneas enemigas, compuestas sobre todo por voluntarios, y llegó al pie de las estribaciones donde se hallaba el grueso del ejército de Al-Nasir. En ese momento, el musulmán esperaba que la caballería cristiana, cansada por la cabalgata cuesta arriba, llegase agotada; por eso ordenó la carga de su mejor fuerza: los veteranos almohades, que además atacaron con la pendiente a favor.

Pero Alfonso VIII tenía en reserva una fuerza de caballería mezclada con infantes, que con él al frente arrolló la línea de combate y fragmentó la resistencia musulmana hasta llegar a su última línea de defensa, «el palenque». Allí se topó con una gruesa empalizada rodeada por una fila de guerreros encadenados a ella y enterrados hasta las rodillas. Eran los *imesebelen*, los «desposados». Aunque muchas fuentes los califican de esclavos, no eran tales, sino fanáticos dispuestos a dar su vida por la causa musulmana. Se hacían enterrar así, hasta las rodillas, para no poder retroceder.

La táctica musulmana esperaba que la fuerza cristiana llegase muy mermada y sin poder combativo al palenque. No fue el caso, los cristianos perforaron la última defensa. Dice la tradición que Sancho VII de Navarra fue el primero en romper aquellas cadenas y el jefe musulmán huyó a toda prisa.

Aproximadamente perecieron la mitad de los musulmanes —unos 50 000—, mientras los cristianos tuvieron muy pocas pérdidas. La frontera musulmana no volvió a rebasar nunca los lindes de Andalucía. Posteriormente, en el año 1236, fue reconquistada Córdoba, y la gran mezquita se convirtió en catedral. Las campanas de la catedral de Santiago de Compostela, que habían sido tomadas por Almanzor, volvieron también a su ciudad de origen.

El reino de Aragón se unió al condado de Cataluña el año 1237, durante el reinado de Alfonso II. Fue engrandecido por Jaime I el Conquistador con el dominio de Baleares y Valencia. Por otra parte, Sevilla fue reconquistada el 1248 por Fernando III el Santo. Dos siglos después, en 1479, unidos Aragón y Castilla, los Reyes Católicos acabaron la guerra civil, sometieron a la nobleza, reorganizaron la monarquía y, con la conquista de Granada el año 1492, terminaron con la presencia musulmana en la Península. Se cerró así la Reconquista.

La Guerra de los Cien Años

Se desarrolló de 1337 a 1453 entre Francia e Inglaterra. El motivo fue el litigio por controlar las posesiones inglesas en Francia, fruto del ascenso al trono inglés, doscientos años antes, de Enrique de Plantagenet, casado con Leonor de Aquitania. Fue un conflicto de carácter eminentemente feudal; presentó innovaciones en el campo militar y se saldó con la retirada inglesa de las tierras francesas.

Una nueva época

Para nosotros la Edad Media concluye con el reinado de los Reyes Católicos, durante el que tuvo lugar el descubrimiento del Nuevo Mundo por Cristóbal Colón. Las tierras no europeas conocidas quedaron repartidas entre España y Portugal, las dos superpotencias de entonces. La división tuvo dos fundamentos jurídicos: la bula del papa Alejandro VI en el año 1493 y el Tratado hispano-portugués de Tordesillas del año 1494, por el que esos territorios quedaban delimitados en dos porciones por el meridiano situado al oeste de las islas de Cabo Verde. El hemisferio occidental correspondía a España y el oriental a Portugal.

Aspecto militar

Con el final de la denominada Edad Antigua concluye no sola-

Carga de los caballeros hospitalarios en la película El reino de los cielos. *El estribo, la silla de montar y la herradura, incorporados durante el siglo IX, transformaron el ejército de infantería en otro de caballería.*

mente una parte de la historia de la humanidad, sino todo un ciclo de la táctica y la estrategia militar. El mapa del mundo conocido, la Europa de los contrastes, la de la decadencia del Imperio romano, ha cambiado y llegado a un equilibrio en todos los entornos, incluido el militar. Como en otras ocasiones, ese equilibrio se rompe cuando emerge algo que en la Antigüedad no era determinante: la caballería. Pero Alejandro Magno, con la acción de caballería, obtuvo muchas victorias; Aníbal, gracias a ella, dio una lección en la batalla de Cannas. ¿No era entonces preponderante en esos ejércitos? No, porque su base era el infante.

¿Por qué se produce ese cambio tan acusado —el auge de la caballería frente a la infantería— en la Edad Media? La posible explicación está en la irrupción de los bárbaros. Las invasiones no solamente llevaron consigo un cambio en el orden político. Los países del sur de Europa integrantes del antiguo

Enfrentamiento entre arqueros en la batalla de Agincourt el 25 de octubre de 1415. Obra perteneciente al manuscrito iluminado Crónicas de Enguerrand de Monstrelet, *publicado en el siglo XV.*

Imperio romano, como España, Italia o Grecia, eran más pobres en pastos que los del norte y, por tanto, tenían mayores dificultades para mantener grandes contingentes de fuerzas militares a caballo.

En oposición a esta escasez de pastos, los pueblos del norte gozaban de abundantes recursos fruto de su distinta climatología. Además de poseer esa superior capacidad de mantenimiento, este tipo de fuerzas eran su elemento básico de conquista y un medio ágil de desplazamiento.

La razón principal del auge de la caballería fue la contracción de la infantería, obligada a crear grandes bloques defensivos con filas muy juntas y cerradas a cualquier flexibilidad, lo que hizo que perdieran gran parte de su capacidad de maniobra en el ámbito ofensivo. Por tal restricción, la decisión de la batalla cayó en manos de los jinetes. La Edad Media fue una de sus épocas de mayor auge.

Al comienzo del siglo VII el ejército franco se componía esencialmente de soldados de infantería, pero un siglo después se había convertido en un ejército montado. Aunque el equipo de un jinete era más costoso que el de un infante, su armamento era muy superior. La caballería ligera disponía esencialmente de caballo, escudo, lanza, espada y una espada mediana, casi un puñal; a veces también se completaba su equipo con un arco y doce flechas. La caballería pesada poseía una diferencia acusada: sus jinetes portaban una coraza, espinilleras y yelmo.

En sus comienzos, dos elementos del equipo hacían muy superior a los francos respecto al resto de los ejércitos: la coraza y la espada. La coraza era una particularidad y, por qué no decirlo, un monopolio del ejército franco. Estaba prohibido exportarla al extranjero, en especial a países escandinavos, eslavos y los habitados por musulmanes. De esto se deduce que era un factor militar relevante, quizás decisivo. La espada franca con frecuencia poseía incrustaciones de oro o plata y, a diferencia de la coraza, sí fue muy exportada.

Un avance importante en el mundo militar de la Edad Media fue la introducción del estribo, la silla de montar y la herradura. Incorporados durante el siglo IX, transformaron el ejército de infantería en otro de caballería. Si, además, a la facilidad de montar sobre un caballo con silla, estribo y herradura, en lugar de hacerlo en uno con manta, sin silla ni estribos, le unimos la coraza y el yelmo, podemos comprender cómo esta revolución técnica hizo parecer casi invencibles a los caballeros que combatían con este tipo de equipo.

El auge de la caballería, en realidad no produjo un avance, sino, nunca mejor dicho, un cambio de tornas entre el hombre y el caballo. La infantería poco podía hacer frente al caballo, con mayor masa, velocidad y potencia de choque. El axioma era que, para detener a un contingente de caballería, no había otra manera que poner enfrente otro igual; por tanto, el resultado de la batalla era el choque, y el de este, los combates individuales fruto del arrojo, el valor y el manejo de ciertas armas. No existía la combinación de esfuerzos, lo cual provocaba que el cambio de preponderancia no hiciera avanzar los conceptos militares.

Pero sí hubo nuevas recetas para romper este equilibrio.

El menú consistía en evitar el choque, y la forma de hacerlo fue implementada por primera vez por arqueros ingleses. Perfeccionaron el arco y la flecha para hacerla ofensiva y eficaz a una distancia de doscientos metros, lo que pasó a convertirlos en una ballesta con una cadencia de disparo mucho mayor, fruto de la rapidez de alimentación. Mientras un infante inglés podía disparar doce veces su arma en un minuto, a una distancia eficaz de doscientos metros, un arquero francés, a la misma distancia, solo podía hacer un lanzamiento en ese tiempo. Esta superioridad explica que el año 1346, durante la Guerra de los Cien Años, en la batalla de Crécy —Francia—, 20 000 arqueros ingleses, junto con 4000 jinetes, derrotaran a 40 000 infantes franceses y 10 000 jinetes. El éxito se debió a la colocación de los arqueros en primera línea y, tras ellos, la caballería que actuó como reserva.

La batalla de Crécy, dada el 26 de agosto de 1346 al sur de Calais, Francia. Obra perteneciente al manuscrito iluminado Crónicas, *de Jean Froissart, publicado en el siglo* XV.

La caballería francesa se lanzó al ataque y fue diezmada por la eficacia de los arqueros que, además de frenar su acometida, consiguieron herir a gran cantidad de jinetes y espantar a muchos de sus caballos. Al igual que en la batalla de Cannas o en Waterloo, la caballería remató a los atacantes, en este caso, franceses. Igual sucedió en las batallas de Poitiers y Agincourt.

La táctica impuesta por los ingleses, aunque revolucionaria, no llegó a imponerse. Era una idea muy sencilla: se elegía una posición y, en vez de establecerse de manera muy defensiva, se fortificaba ligeramente para poder abandonarla con rapidez. Se esperaba la llegada del atacante, en ese momento se inundaba el cielo de flechas y se conseguía el desorden de la línea ofensiva. En una segunda fase, la caballería propia atacaba a la enemiga, apoyada por los arqueros, que elevaban sus disparos para alcanzar más distancia. Era una táctica basada en la superioridad del armamento de los arqueros como elemento más importante de la decisión del jefe. La caballería era un elemento para la explotación del éxito. Pero este tipo de avance, aunque fue profusamente utilizado durante la Guerra de los Cien años, no fue muy duradero.

Otra innovación que se sumó a la eficiencia de los arqueros fue la aparición de la pólvora, y con ella el uso de las armas de fuego.

La pólvora poseía una serie de propiedades que, aplicadas al mundo militar, generaron avances de manera lineal y no exponencial. En el siglo XV, la distancia eficaz de un arma de fuego no era mucho mayor que la de un arma de cuerda. Las ventajas iniciales de las armas de fuego no eran muy determinantes, razón por la que, en un principio, era preferible un buen ballestero a un arcabucero. Las mejoras se tradujeron en la disminución del tiempo para adiestrar al tirador, una mayor capacidad de penetración del proyectil y mayor facilidad en la dirección del tiro, lo que ahorraba esfuerzo físico al tirador. Posteriormente, el uso de los arqueros para evitar el choque de la caballería se sustituirá por el empleo de arcabuceros, como hizo el ejército suizo, que derrotó a Carlos el Temerario gracias al fuego graneado de 6000 arcabuceros que paralizaron a la caballería de Borgoña. Esencialmente repetían el éxito de los arqueros años antes, al impedir el choque de la caballería.

El formato de la batalla presentaba dos tiempos muy diferenciados:

- —El primero, cuando se realizaba la detención y destrucción por el tiro. Era defensivo, pero pasaba a ser ofensivo.
- —El segundo, en el que se iniciaba el movimiento que previamente se había preparado.

La desestabilización que producía el empleo de las armas de tiro a cuerda, o de pólvora, desaparecía cuando el oponente tenía la misma cantidad. El equilibrio solo se podía volver a romper si la formación permitía diversos despliegues.

Con la aparición de las armas de fuego surgió una especialidad nueva: la artillería, y con ella la fortificación. En España, de la mano del ingeniero militar Pedro Navarro.

Las primeras piezas de artillería eran muy pesadas, rudimentarias y con reducido alcance. Los proyectiles iniciales eran piedras con forma de pelota, después se fabricaron a base de hierro. La movilidad y el desplazamiento eran los mayores problema para su empleo. La efectividad al principio era muy pequeña, servían más para crear miedo con el ruido, que por sus efectos mortíferos. El ejército francés incorporó masivamente artillería y empleó en las campañas de Italia más de trescientas piezas, pero no llegó a ser el revulsivo esperado. Su elevado coste y la difi-

Paul Wegener, espada en mano, se enfrenta solo a un ejército medieval, en Monna Vanna, *dirigida en 1922 por Richard Eichberg. La película, basada en la obra de Maurice Maeterlinck, que a su vez utilizó un relato escrito en el siglo XVI por Nicolás Maquiavelo sobre el secular conflicto entre Pisa y Florencia, se grabó en los estudios Emelka, cerca de Múnich. Todos los decorados, construidos para la ocasión, fueron diseñados por los directores de arte Willy Reiber, Jacek Rotmil y Kurt Richter. Con el ascenso del nacionalsocialismo, Reiber, afín al régimen, continuó con su trabajo; Rotmil, ruso de nacimiento, fue ejecutado en Varsovia..*

cultad de su adiestramiento provocaron la reducción paulatina de sus efectivos. En el siglo XV, Francia, que había sido la nación que hasta entonces más la había utilizado, apenas contaba con cien piezas. Su papel quedó reducido a ser auxiliar de la infantería y la caballería.

Aspecto cinematográfico

El cine que hace referencia a la Edad Media ha sido considerado como de índole menor. En él se presentaban profusamente engalanados caballeros y princesas, lo que hacía que las películas ambientadas en esta época fueran costosas y difíciles de realizar, al requerir un tipo de vestuario muy concreto y nada moderno.

Desde sus orígenes, en los remotos tiempos del cine mudo, hasta la década de los años setenta, con el declive del siglo XX, la industria no fue muy propicia a producir películas de este periodo. Durante la época dorada de Hollywood: las décadas de los años treinta al sesenta, las producciones situadas en la Edad Media versaban sobre historias épicas y bellas mujeres —casi siempre princesas o pupilas reales— rescatadas por flamantes caballeros que, a caballo o no, se enfrentaban contra la corrupción de un rey, un príncipe, un traidor, un usurpador o cualquiera que hubiese llegado legítima o ilegítimamente al poder.

Todas las historias parecían tener un denominador común: excombatiente —normalmente de regreso de las Cruzadas—, llegaba a casa y se encontraba con que el entorno había cambiado. Luego, solo o con ayuda de leales vasallos se enfrentaba a la corrupción y vencía en lucha desigual gracias a la fuerte convicción que le daban sus valores.

El último valle, *recreación del ambiente medieval lleno de supersticiones, luchas de poder, violencia y religiosidad, gracias al texto del escritor, guionista, productor y director James Clavell, adaptación de un libro de J. B. Pick.*

Si en el cine que recrea la Edad Antigua hablábamos de hombres musculosos y mujeres ligeras de ropa, aquí nos encontramos a hombres —caballeros o vasallos— «forrados» de ropa, con cotas, mallas, corazas, yelmos y un sinfín de prendas de abrigo o defensa. Y a mujeres que no van a pillar ningún catarro, pues aparecen en los torneos o en los palacios con mucho más atuendo. Esto proporcionó a actores y actrices de primera fila, que antes no habían podido interpretar papeles por no tener músculos de culturista o cuerpos de cortesana, la oportunidad de poder interpretar este tipo de personajes sin necesidad de hacer pesas u abdominales.

A partir de los años setenta, este esquema cambia radicalmente. En el mundo del Hollywood pop y hortera de esos años, se empezó a instalar la violencia y, con ello, el deseo de mostrar el mayor realismo posible, inclu-

Cartel utilizado en Gran Bretaña para la publicidad de El reino de los cielos. *Aunque pueda decepcionar a nivel intelectual por sus errores históricos, es una de las películas de guerra de la época medieval mejor realizada y visualmente más emocionante. Su estreno, con 144 minutos, recibió críticas negativas debido a que se entrelazaban narraciones de forma repentina que daban lugar a confusión en el desenlace de los acontecimientos. Posteriormente se presentó el «corte del director», con una duración total de 194 minutos, en el que se añadieron varias escenas que dotaron al filme de mayor argumento y lograron aclarar el relato.*

so a costa de «salpicar» sangre al espectador desde la pantalla, todo con tal de dar mayor veracidad a las escenas de combates o a los torneos. Al igual que las películas del género *western*, las «de medievales» desaparecieron paulatinamente por las dificultades de ambientación y vestuario, el escaso interés del público en general, el ascenso de la televisión y la casi desaparición de caballos y jinetes en las producciones cinematográficas.

Las películas correspondientes a esta época siguen siendo interesantes de visionar, y consiguen, en algunos casos, recordarnos a aquellos cómics y tebeos de la infancia que mostraban ese extinguido mundo de aventuras con caballeros, tiranos, vasallos y princesas.

Pueden citarse como más importantes las siguientes:

EL REINO DE LOS CIELOS

Título original: *Kingdom of Heaven.*
Director: Ridley Scott.
Intérpretes: Orlando Bloom, Michael Fitzgerald, David Thewtis, Alexander Siddig, Jon Finch, Eriq Ebouaney, Ghassan Massoud, Edward Norton, Velibor Topic y Jeremy Irons.
Guión: William Monahan.
Montaje: Dody Dom.
Música: Harry Gregson-Williams.
Fotografía: John Mathieson.
Nacionalidad: Estados Unidos, Reino Unido, España. Color, 125 minutos. Año 2005.

Una producción centrada en la Tercera Cruzada, en la que Godofredo de Ibelin —interpretado por Liam Neeson—, caballero reconocido por el rey de Jerusalén y comprometido con el mantenimiento de la paz en Tierra Santa, emprende la búsqueda de su hijo ilegitimo, Balian —Orlando Bloom—, joven herrero francés que llora la pérdida de su mujer y su hijo. Balian recibe de su padre el verdadero significado de pertenecer a una orden de caballería, y le sigue en un largo viaje a través de continentes hasta concluir en la legendaria ciudad santa.

En Jerusalén existe en ese momento una frágil paz, resultado de los esfuerzos de su inteligente rey cristiano, Balduino IV, al que ayuda el consejero Tiberias —interpretado por Jeremy Irons—, y la moderada posición del líder musulmán Saladino, papel desempeñado por Ghassan Massoud. La visión de paz de Balduino —un reino de los cielos— es compartida por un grupo de caballeros entre los que se encuentra Godofredo que han jurado defenderla con sus vidas y su honor. Cuando Godofredo entrega la espada a su hijo, también le implica en ese sagrado juramento: proteger a los indefensos, salvaguardar la paz y trabajar por la armonía entre las diferentes religiones y culturas, de manera que «el reino de los cielos» pueda surgir en la tierra. Tras la muerte de su padre, hereda la tierra y su título.

El inicio es algo lento, pero el escenario y el majestuoso diseño de producción permiten aguantar. Tiene todos los componentes del cine épico y medieval de antaño: luchas sociales entre estamentos, investiduras de caballeros, combates y guerras cuyo epicentro es la religión.

Dos de los actores de El reino de los cielos, *en Huesca, durante una pausa del rodaje. Al fondo, el castillo de Loarre.*

Destacan las acciones y batallas, sobre todo la que representa el asedio de Jerusalén. Para el rodaje de la Francia del siglo XII el equipo de producción eligió España; para Tierra Santa, Marruecos y también algunos lugares de España. La película no cae en el maniqueísmo y presenta tanto a los musulmanes como a los cristianos con sus luces y sus sombras.

El filme termina con la siguiente frase: «Casi mil años después, la paz sigue siendo imposible de conseguir en Tierra Santa».

Para Ridley Scott, director de diversas películas de corte épico como *Troya* o *Gladiator*, esta fue de menor impacto en las pantallas, por considerar la crítica que hay escenas que son totalmente prescindibles y no aportan nada a la historia.

Braveheart

Título original: *Braveheart.*
Director: Mel Gibson.
Intérpretes: Mel Gibson, Sophie Marceau, Patrick McGoohan, Angus McFadyen, Brian Cox, Peter Hanly, Sandy Nelson y Brendan Gleeson.
Guión: Randall Wallace.
Música: James Horner.
Montaje: Steven Rosenblum.
Fotografía: John Toll.
Nacionalidad: Estados Unidos. Color, 177 minutos. Año 1995.

Una realización ganadora de cinco premios Óscar, entre ellos, el de mejor película. Producción épica basada en la vida de William Wallace, que nació el año 1270 en el corazón de Escocia. El filme se sitúa allí, en pleno siglo XIII, donde William Wallace, un montañés apodado Braveheart, arrastra a su clan para luchar contra la tiranía del rey inglés Eduardo I, restaurador de la *ius primae noctis* una cláusula por la que un jefe inglés de un territorio tenia derechos carnales con la mujer que contrajese matrimonio, en su noche de bodas. Wallace se casa en secreto con una bella mujer, pero los ingleses se enteran y la asesinan brutalmente. Desde ese momento, solo buscará venganza. Liderará a los patriotas escoceses y organizará un ejército de guerreros sedientos de libertad. La película fue dirigida, producida y protagonizada por Mel Gibson.

Presenta un cuadro bastante expresivo de la Edad Media en Gran Bretaña. Destaca la recreación de las batallas de Stirling y Falkirk. Como curiosidad, indicar que en el rodaje de esta película participaron descendientes de la familia de William Wallace.

El Cid

Título original: *El Cid.*
Director: Anthony Mann.
Intérpretes: Charlton Heston, Sophia Loren, Raf Vallone, Geneviève Page, John Fraser y Gary Raymond.
Guión: Fredric M.Frank y Philip Yordan.
Música: Miklós Rozsa.
Montaje: Robert Lawrence.
Fotografía: Robert Krasker.
Nacionalidad: Estados Unidos. Color, 182 minutos. Año 1961.

Bajo la dirección de Anthony Mann y producida por Samuel Bronston, se realizó esta película sobre el legendario héroe Rodrigo Díaz de Vivar. Charlton Heston interpreta de manera convincente a este guerrero español de la Edad Media; su esposa, Jimena, es Sophia Loren. La cinta muestra los aspectos más significativos del mítico guerrero burgalés. Asistimos a sus primeros pasos en la corte, a la muerte del Sancho II en el cerco de Zamora, a

Escena de torneo con el castillo de Belmonte, Cuenca, al fondo. Para los exteriores se utilizaron los castillos de Torrelobatón, que representaba Vivar, la ciudad natal del Cid; el citado castillo de Belmonte, que aparece como Calahorra; Peñíscola y el castillo de Bamburgh, en Inglaterra, que simulaba ser Valencia. Las escenas de estudio se rodaron en Titanus Appia Studios, de Roma, para conseguir la condición de coproducción.

la famosa Jura de Santa Gadea realizada por Alfonso VI, al destierro y a los combates que encabeza en Calahorra y, sobre todo, en el Levante español.

Sobre una historia épica en donde queda reflejada hasta la última batalla que ganó el Cid después de muerto, se desliza una excelente banda sonora de Miklós Rozsa. También hay espacio para mostrar las relaciones amorosas de Rodrigo con Jimena. La película fue rodada en varios lugares de España —Calahorra (La Rioja), Burgos, Ampudia (Palencia) y Belmonte (Cuenca)—. Cine de artesanía para una historia de hidalguía, como diría Manuel Machado.

El ciego sol, la sed y la fatiga,
por la terrible estepa castellana,
al destierro con doce de los suyos,
—polvo, sudor y hierro—,
el Cid cabalga.

Charlton Heston junto a Ramón Menéndez Pidal, reconocida autoridad en la historia de España, contratado por Samuel Bronston como asesor histórico de El Cid.

Los vikingos

Título original: *The Vikings*.
Director: Richard Fleischer.
Intérpretes: Kirk Douglas, Tony Curtis, Ernest Borgnine, Janet Leigh, Alexander Knox y James Donald.
Guión: Calder Willingham y Dale Wasserman.
Música: Mario Nascimbene.
Montaje: Harper Goff.
Fotografía: Jack Cardiff
Nacionalidad: Estados Unidos. Color, 114 minutos. Año 1958.

Los vikingos de la Europa de los siglos VIII y IX rendían culto y adoración a Odín, dios pagano de la guerra que guiaba las invasiones emprendidas a través del mar para conquistar todos los territorios a su alcance. La película retrata a dos de ellos, Einar y Eric, papeles que desempeñan, respectivamente, Kirk Douglas y Tony Curtis.

Los dos son hermanos e hijos del rey Ragnar. Durante toda la cinta muestran el profundo odio que sienten el uno por el otro, aunque se verán obligados a unir sus fuerzas para poder rescatar de Inglaterra a la princesa Morgana, prisionera del rey. Para acrecentar más su enfrentamiento, los dos están enamorados de ella.

Bajo este argumento se muestra una magnífica reconstrucción de la vida, forma de combate y muerte de los vikingos en sus expediciones. Sirva como ejemplo que los barcos

Los vikingos, *filmada en Technicolor, se basa en la novela homónima de Edison Marshall, publicada en 1951, que a su vez utiliza material de las sagas de Ragnar Lodbrok y sus hijos. A la izquierda, cartel de su estreno en Indonesia.*

empleados fueron construidos según el modelo de los conservados en el Museo Vikingo de Oslo. Aunque hubo que modificar algo su estructura, ya que los actores eran más altos que los vikingos de entonces. Espectacular resulta la escena en la que se muestra el asalto a la fortaleza.

Para muchos críticos fue una producción para lucimiento de Kirk Douglas. Recibió el premio Zulueta del Festival de Cine de San Sebastián por su interpretación de Einar —*ex aequo* con James Stewart por su papel en la película *Vértigo*—.

Otros títulos sobre esta época que pueden reseñarse son:

Número	Título	Año
01	*Alexander Nevski*	1938
02	*Alfredo el Grande*	1969
03	*Juana de Arco*	1948
04	*Mahoma, el mensajero de Dios*	1977

05	*Beckett*	1964
06	*Camelot*	1967
07	*Coraza negra*	1954
08	*Destino de caballero*	2001
09	*Eduardo II*	1991
10	*El caballero negro*	1954
11	*El conquistador de Mongolia*	1956
12	*El guía del desfiladero Pathfinder*	1987
13	*El halcón y la flecha*	1950
14	*El león en invierno*	1968
15	*El manantial de la doncella*	1960
16	*El primer caballero*	1995
17	*El príncipe de los zorros*	1949
18	*El príncipe valiente*	1954
19	*El séptimo sello*	1957
20	*El talismán*	1954
21	*El temible burlón*	1958
22	*El último valle*	1970
23	*El vikingo Erik*	1989
24	*En el nombre de la rosa*	1986
25	*Enrique V*	1944
26	*Enrique V*	1989
27	*Excálibur*	1981
28	*Flecha negra*	1985
29	*Genghis Khan*	1965
30	*Ivanhoe*	1952
31	*Juana de Arco*	1999
32	*La chanson de Roland*	1977
33	*La corona de hierro*	1942
34	*La corona de hierro*	1952
35	*La espada de Damasco*	1953

36	*Las aventuras de Marco Polo*	1938
37	*Las aventuras de Quintín Durward*	1955
38	*Las Cruzadas*	1935
39	*Las Cruzadas*	2001
40	*Las mil y una noches*	1942
41	*Las mujeres vikingo y la serpiente del mar*	1957
42	*Los caballeros del rey Arturo*	1953
43	*Los cien caballeros*	1964
44	*Los hombres del bosque de Sherwood*	1954
45	*Los invasores*	1963
46	*Los mongoles*	1961
47	*Ricardo III*	1955
48	*Robín de los bosques*	1922
49	*Robín de los bosques*	1938
50	*Robin Hood, el magnífico*	1991
51	*Robin Hood, príncipe de los ladrones*	1991

5

La tierra tiembla. El Imperio español

Cartel japonés de la película Alatriste. *El argumento, basado en la serie de novelas del mismo nombre de Arturo Pérez Reverte, narra las aventuras del capitán Diego Alatriste, un soldado de los tercios en la España del siglo* XVII.

Anunciada como una de las mayores superproducciones del cine español y con participación estadounidense, Alatriste *contó con un protagonista de excepción: la estrella de Hollywood Viggo Mortensen.*

Alatriste *(2006)*

Sobre la base de una serie de novelas del escritor Arturo Pérez-Reverte ambientadas en la época de los tercios de españoles se desarrolla esta producción. Una película rodada en gran parte en la Comunidad Autónoma de Andalucía, principalmente en Cádiz, Jaén y Sevilla. El rodaje de esta cinta ha significado un verdadero impacto en todos los ayuntamientos implicados de la comarca. Destacando los de Cádiz, Conil, Tarifa, Puerto Real, Chiclana, Sevilla, Santiponce, Úbeda y Baeza.

El actor Viggo Mortensen interpreta al capitán Alatriste, veterano combatiente de los tercios españoles. Mortensen prepara sus papeles con tremenda intensidad, tanto que antes del rodaje de esta película, cuando estaba grabando en Nueva Zelanda iba a todos lugares con su espada, ya que pensaba que en ella podría encontrar la clave de su personaje y adaptarse a su siguiente película que iba a ser *Alatriste*. Se lo tomó tan a pecho que un día la policía estuvo a punto de detenerle por llevar armas por la calle.

Para prepararse bien su papel del capitán Alatriste estuvo durante un tiempo viviendo por las tierras de León para poder captar bien el acento. Esto, junto con su actitud sencilla y exenta de soberbia, le valió ganar las Medallas de Oro de la Ciudad y de la Provincia de León.

En una entrevista reconoció que ha rechazado trabajos importantes en películas de superhéroes y grandes superproducciones por sus compromisos con el cine independiente y las productoras pequeñas, como en el caso de *Alatriste*. Reconoció en una entrevista: «Quiero ser capaz de revisar mi filmografía dentro de veinte años y estar orgulloso de las películas que hice. Además, el 90 % del cine que se hace en América es muy malo».

Aspecto histórico

El término Renacimiento se ha conservado para nombrar a una época de intensa actividad cultural, científica, social y económica que da paso a la Edad Moderna. Abarca los siglos XV y XVI. Durante mucho tiempo se consideró que el Renacimiento tenía una sola patria: Italia. Pero no es así, ya que el Renacimiento es fruto de la evolución de la cultura urbana de la Baja Edad Media propia del sur de Francia, Flandes e Italia. Su influjo fue más acusado en estas zonas por diversas razones. De un lado, su situación cercana a los restos de las civilizaciones cunas de la Antigüedad, y de otro la abundante concentración de riqueza acumulada por el comercio durante el siglo XIV. La civilización antigua fue estudiada con intensidad, lo que hizo sentir el deseo de hacerla renacer, pues la Edad Media se consideró como un paréntesis en la marcha de humanidad.

Los nuevos Estados se caracterizaron por el desarrollo de dos órganos: el ejército de carácter permanente y un funcionariado que dio origen a la burocracia. En este periodo las guerras de Italia constituyen el mayor conflicto internacional desde el año 1494 hasta el 1516, e incluso alcanzan la época de Carlos V. Italia se convirtió en campo de batalla entre las potencias europeas, principalmente Francia y España. De todas las zonas de conflicto merece especial atención la de Nápoles, en la cual Luis XII y Fernando V se habían repartido el reino de Nápoles según el Tratado de Granada firmado en el año 1500, por el cual, tropas españolas y francesas ocuparon la región. Constantes conflictos desembocaron en guerra, tomando, al comienzo, los franceses la iniciativa.

El ejército francés destinado a operar contra el español (mandado por el Gran Capitán) estaba bajo las órdenes del duque de Nemours. El contingente español, además de su inferioridad numérica, se hallaba (por falta de pagas y exceso de penalidades) en lastimoso estado material y moral. Las tropas hicieron conato de amotinarse, pero el Gran Capitán restableció la disciplina y desplegó en Barleta para esperar el refuerzo que había pedido a España. Con aquella plaza como centro de operaciones, recurrió una vez más a su antiguo sistema de rápidas marchas, amagos y sorpresas, y se mantuvo con ventajas durante siete meses. Avanzó desde Barleta atacando de forma rápida en Ceriñola (los franceses tenían un gran depósito de víveres y de municiones), en el mes de abril de 1503, y derrotó al enemigo. A consecuencia de esta victoria, la mayor parte del reino de Nápoles, incluida la capital, cayó en poder de los españoles. Más tarde, Luis XII de Francia preparó y organizó contra el rey de España, tres ejércitos, lo que obligó al Gran

El Gran Capitán, al recorrer el campo de la batalla de Ceriñola, encuentra el cadáver de su oponente, el duque de Nemours. Obra de Federico de Madrazo y Küntz realizada en 1835. Museo del Prado, Madrid.

Capitán a establecerse definitivamente en la línea del río Garellano. Un temporal de abundantes lluvias vino a aumentar las penalidades, ya que el ejército español estaba situado en un terreno más bajo y pantanoso. El primer ataque de los españoles fue rechazado, el segundo a punto de triunfar fue contenido en última instancia. Al fin Gonzalo de Córdoba atraviesa el río Garellano, los franceses huyen, y el 14 de febrero de 1504 se firma el tratado de paz entre España y Francia.

En el arte militar, Gonzalo de Córdoba es la personificación acabada del Renacimiento. Aprovecha las condiciones defensivas del terreno como en Ceriñola o maniobra a distancia como en Garellano. Tenía del guerrero medieval la exaltación caballeresca, las aptitudes individuales y todas las cualidades de un militar. Si como táctico es indiscutiblemente el mejor de su época, como estratega alcanza una talla admirada, ya que, además de ser un hombre de acción, es también un pensador y como tal defendió la creación de ejércitos permanentes por reclutamiento general entre todos los hombres.

Durante el Renacimiento, Europa se enfrentó con un nuevo problema: colonizar un Nuevo Mundo, esto es, el de superponer una civilización superior a un medio indígena dotado de fuentes características propias. Fue tal la acción que llevaron a cabo la monarquía española y la portuguesa en América, que al descubrimiento le siguieron una serie de viajes a Cuba y Puerto Rico y las conquistas de México, Perú, Chile, etc. Con todos sus aciertos y errores, la colonización española de América se considera hoy como un eje de una «obra social supra humana» sin precedentes.

El cardenal Cisneros quedó como regente de España a la muerte de Fernando el Católico. Cisneros calibró las difíciles circunstancias políticas y militares pensando en crear la organización de un ejército permanente y operativo. De tal forma que, después del alistamiento, los reclutas debían permanecer en sus respectivos pueblos a disposición del Gobierno. Además de esta fuerza en el interior de la nación, el resto del contingente de la Península, tenía como misión la defensa de costas y fronteras.

Cisneros puso al frente hombres de inteligencia adiestrados en el campo militar. Junto a las milicias provinciales formó un cuerpo de 1000 hombres disciplinados y de máxima confianza, conocidos con el nombre de Pardos debido al color de su uniforme. La nobleza opuso gran resistencia a estas reformas y hasta alentó algunos motines, pero pudo más la entereza del cardenal Cisneros. Deseoso de realizar el pensamiento de la Reina Católica, propuso al rey don Fernando extender por África el imperio de las armas españolas y contener a la vez los excesos de los piratas africanos que hostigaban continuamente el Mediterráneo. Él mismo sufragó una expedición a Orán, ciudad muy protegida con sólidas murallas y guarnecida con sesenta piezas de artillería. La ciudad constaba de una población de 20 000 habitantes, dedicada a la piratería y, por consiguiente, familiarizada, con la guerra. El ejército de Cisneros estaba formado por 12 000 infantes, 4000 caballos y una fuerza naval de diez galeras y ochenta naves menores. La escuadra empezó con un vivo cañoneo y horas después el cardenal hacía su entrada en Orán entre las aclamaciones de sus soldados. En esta expedición organizó Cisneros los escopeteros a caballo, que pueden considerarse como el origen o primera idea de los dragones.

Carlos V (el heredero de la Corona de España) llegó a la Península en 1517 y tomó sobre sí el peso del gobierno de todos los Estados que formaban parte de aquella.

Francisco I (el heredero de la corona de Francia), hijo de Carlos de Angulema, primo hermano de Luis XII de Francia, casado con Claudia, hija y heredera de este, subió al trono francés en el año 1515.

Los dos soberanos eran ambiciosos, pretendían dominar en Europa alegando derechos sobre Borgoña y el Milanesado. Fueron educados militarmente y poseían condiciones de grandes monarcas y excelentes políticos.

Carlos V en la batalla de Mühlberg, el 24 de abril de 1547. El monarca va pertrechado al modo de la caballería ligera, con media pica y pistola de rueda. En el peto de su armadura, como era habitual desde 1531, hay representada una imagen de la Virgen con el Niño. Obra de Tiziano realizada en 1548. Museo del Prado, Madrid.

El espíritu inquieto de Francisco, su deseo y el de Carlos de mandar en Europa, el afán de gloria, los anhelos de nuevos dominios, los derechos que alegaban sobre el Milanesado y la Borgoña y, finalmente, la subida de Carlos al trono imperial de Alemania originaron entre los dos monarcas una serie de guerras. Uno y otro procuraron siempre aumentar su fuerza con ligas y alianzas con Estados secundarios. Entre los años 1521 y 1555, franceses y españoles mantuvieron cinco guerras, en las que caben destacar las victorias españolas, sobre todo en la batalla de Pavía que además trajo consigo la captura del rey francés.

Durante el reinado de Carlos V tuvieron lugar descubrimientos y exploraciones en el denominado Nuevo Mundo. La conquista de México por Hernán Cortés; la de Perú por Francisco de Pizarro y Diego Almagro; el descubrimiento del estrecho por el portugués Magallanes, que estaba al servicio de España, no hicieron sino engrandecer aún más el poderío español en el mundo.

Imagen de la película Jeromín, *protagonizada en 1953 por Jaime Blanch, cuyo argumento es una biografía libre de Juan de Austria, el héroe español de Flandes y hermano de Felipe II. Basada en la novela homónima del jesuita Luis Coloma, la cinta es una alabanza a la España imperial de Carlos V, despojada de cualquier valor histórico.*

Felipe II, hijo legítimo de Carlos V, heredó un imperio centrado en la Península Ibérica, con una situación geográfica muy excéntrica para conservar el dominio sobre territorios tan vastos y dispersos, poblados por muy diversos pueblos.

Los habitantes de uno de esos dominios, los Países Bajos, habían aceptado inicialmente el reinado de Carlos V, pero no consintieron el de su hijo, y provocaron una situación de gran inestabilidad. Nombrado el duque de Alba gobernador de los Países Bajos, hizo al frente de un reducido ejército su célebre marcha desde Italia, pero la imposición de fuertes contribuciones levantó en masa al país, ayudado por Francia e Inglaterra. Los corsarios se apoderaron de algunos puertos y se refugiaron en Amberes.

El duque de Alba luchó con grandes dificultades por la falta de una escuadra que arrebatase el dominio del mar a los rebeldes, así como por la carencia de dinero. Felipe II, desentendiéndose de estas necesidades, creyó que se imponía un cambio de política y relevó al duque de Alba, de conformidad con lo que pedían los flamencos, sucediéndolo Luis de Requesens, que sostuvo negociaciones con el príncipe de Orange, el cual no se conformaba con nada menos que la evacuación del país por los españoles. Al morir Luis de Requesens (1576) la situación militar era favorable a España. Fue designado para sucederle don Juan de Austria (vencedor de Lepanto contra los turcos), que prosiguió con éxito las campañas por los Países Bajos y al morir dejó vacante su gobierno.

A su salida de los Países Bajos en 1559 Felipe II de España acusa a Guillermo de Orange de dirigir personalmente la resistencia contra el rey por la nobleza. El acto tiene lugar en un embarcadero con el soberano y su séquito a la izquierda y al fondo las velas de su navío. El monarca agarra la mano del príncipe, mientras apunta su dedo hacia él. El príncipe se encuentra a la derecha, con el sombrero en la mano, acompañado de su séquito. En el primer plano, un soldado español está de rodillas con una caja. A la izquierda, dos niños y un perro. Obra de Cornelis Kruseman realizada en 1832. Colección particular.

Como sucesor, Felipe II nombró a Alejandro Farnesio, italiano de nacionalidad, pero estudiante de la Universidad de Alcalá y educado por los capitanes españoles.

Uno de los triunfos que más fama han dado a Alejandro Farnesio fue el sitio de Amberes, pues esto solo bastó para inmortalizar su nombre; pero también hizo sus expediciones a Francia, teatro de nuevos triunfos. El sistema de guerra que prevalece en los Países Bajos es el de los sitios, debido principalmente a la disparidad entre las fuerzas de los beligerantes, pues mientras los españoles contaban con un ejército aguerrido, reputado como el mejor de aquellos tiempos y mandado por jefes de indiscutible mérito, los rebeldes tenían que improvisar jefes y soldados. El país estaba cruzado en todos los sentidos por líneas fluviales y diques sembrados de pantanos, con lagos dominando esos accidentes y, en el resto del territorio, importantes poblaciones que eran a la vez centros mercantiles, industriales, políticos y militares; por un lado las operaciones ofrecían dificultades, y por otro convenía para lograr el éxito final dominar completamente dichas poblaciones.

A la muerte sin sucesión directa del rey de Portugal don Enrique (1580), Felipe II hizo valer sus derechos sobre aquella Corona, con mejores títulos que todos los demás pretendientes. Gran parte del pue-

El holandés errante. *Película holandesa dirigida por Jos Stelling en 1995 que cuenta en su argumento con todos los tópicos de la presencia española en Flandes. El protagonista, un juglar de nombre Campanelli, se ve perseguido por ladrón en 1568, durante la Guerra de los Ochenta Años. A su alrededor, los protestantes son oprimidos por los rígidos Habsburgo, se producen saqueos a gran escala y la Inquisición reina sobre los desamparados habitantes del territorio, sometido a sangre y fuego por los españoles.*

blo portugués apoyaba la candidatura del prior de Crato, nieto ilegítimo de Manuel el Grande. Felipe II decidió hacer efectivo su derecho por medio de las armas y con un ejército de 30 000 hombres se concentró en Badajoz, a las órdenes del duque de Alba, en tanto que la escuadra mandada por el marqués de Santa Cruz se preparaba en las costas andaluzas. El prior creyó que los españoles intentarían forzar el Tajo por Santarem y reunió sus fuerzas alrededor de esta plaza, pero el duque de Alba se dirigió a Elvas, donde no encontró resistencia, y avanzó por Evora y Montemor, marchando hacia Setúbal, cuya

Fernando Álvarez de Toledo, III duque de Alba. General, consejero y administrador de Carlos V y Felipe II. Recibió su bautismo de fuego en Fuenterrabía contra los franceses, muy joven, en 1524. En 1531 acudió a defender Viena contra los turcos. Su participación en la toma de Túnez en 1535 y sus servicios como consejero le ganaron el favor del emperador, que le confió progresivamente puestos de mayor importancia. Encargado de la defensa de la frontera española, en 1542 hizo retroceder a los franceses en el Rosellón. Más tarde luchó junto a Carlos V contra los protestantes alemanes y fue uno de los principales artífices de la gran victoria de Mühlberg en 1547, que deshizo la Liga de Esmalkalda. Obra de Antonio Moro realizada en 1549. Fundación Casa de Alba, Madrid.

guarnición se rindió sin combatir y donde poco después se le incorporó una escuadra con víveres, municiones y algunas tropas de refuerzo. El duque de Alba amagó un desembarco en la plaza de San Antonio; acudió el gobernador de Cascaes con la guarnición a impedirlo. Las tropas españolas desembarcaron al pie mismo de la ciudad en cuyo castillo el gobernador de Cascaes se había hecho fuerte. Después de un corto asedio fue obligado a rendirse. El prior hizo tomar las armas a todos los ciudadanos útiles de Lisboa y se estableció detrás del río Alcántara. Los españoles atacaron para abrir paso a la escuadra, expulsando a los defensores de la Torre de Belén, con lo cual los buques pudieron avanzar ahuyentando a las galeras portuguesas. La ría quedó en manos españolas al abandonar los portugueses el campo de batalla en completa derrota. Lisboa quedó para los españoles. Felipe II fue reconocido rey por todo el país y coronado solemnemente en la ciudad el 29 de junio de 1581.

Aspecto militar

El Renacimiento inspira la manifestación artística de vuelta a los clásicos griegos y romanos. En el ámbito militar este renacer se caracteriza por una reforma doctrinaria de los combates de la infantería, favorecida por la decadencia de la caballería como arma preponderante en la batalla.

La lucha secular de la Reconquista (manteniendo y fomentando en los españoles el ardor religioso), la unión de todos los reinos españoles bajo el cetro de los Reyes Católicos, la expulsión definitiva de los musulmanes de Península Ibérica y el descubrimiento de América hicieron de España una de las primeras potencias europeas. Las victorias obtenidas en Italia sobre los franceses, gracias al genio militar del Gran Capitán, las afortunadas empresas del cardenal Cisneros en África, la elevación de Carlos I al Imperio de Alemania y la increíble conquista de México, acrecentaron extraordinariamente el poder y prestigio de España, haciéndola superior a todas las demás naciones. La consagración más rotunda de la supremacía militar española quedó patente con la derrota y captura de rey francés Francisco I en la batalla de Pavía, lo que fue una humillación para Francia.

Las doctrinas y prácticas militares del Gran Capitán, recogidas por sus lugartenientes y sucesores, fueron calando en el instinto de las tropas, imprimieron durante largo tiempo en la actuación de nuestro ejército ciertos caracteres que dieron indiscutible personalidad a la denominada «escuela militar española».

La influencia de los adelantos modernos como el uso de las armas de fuego portátiles o la aplicación dada a la pólvora por Pedro Navarro, con el empleo de las minas, incorporaron nueva doctrina a la dirección de la guerra.

Se convirtió en norma de los principales jefes aplazar todo empeño decisivo hasta conocer y hacer saber a sus tropas perfectamente todo sobre el enemigo y el terreno; hasta reunir las mayores fuerzas y recursos racionalmente posibles para debilitar al adversario deshaciendo sus alianzas, fatigando su resistencia con largas y penosas marchas o quebrantando su moral con súbitos amagos y sorpresas. Gonzalo Fernández de Córdoba en Barleta y en el río Garellano, Carlos V en su primera campaña contra los protestantes o el duque de Alba en su campaña de Nápoles contra el duque de Guisa aplican estos principios con exactitud. Ese mismo nuevo marco doctrinario también impone, a veces, ganar tiempo y espacio a toda costa para sorprender al enemigo, aun a riesgo de forzar el límite de resistencia de las tropas propias. La infantería era el arma preponderante y característica.

La coronelía, unidad orgánica y administrativa fue sustituida en el año 1534 por el tercio, compuesto generalmente por doce compañías, con un total de 3000 efectivos entre piqueros y arcabuceros.

Estos últimos fueron reemplazados por los mosqueteros, aumentando progresivamente hasta llegar a ser casi tantos como los piqueros. No todos los tercios fueron españoles, los había de origen alemán, italiano y suizo, aunque la mayoría de ellos se fueron identificando profesionalmente con el modelo español. La mezcla acabó debilitando con el tiempo la pureza de su disciplina y su ardiente fe patriótica. En estas unidades se mezclaban las distintas armas blancas y de fuego, espadas y picas, fusiles y mosquetes. Combatían en formaciones compactas y geométricas como las de los suizos para arrastrar el empuje de la caballería, pero iban siendo cada vez más peligrosas e inconvenientes ante el creciente poderío del fuego, llegando a constituir una de las causas de nuestra decadencia militar. La caballería llegó a componerse exclusivamente de coraceros y arcabuceros, abandonando la lanza y adoptando el arma de fuego.

Respecto a la artillería, el número de piezas aumentaba muy lentamente y no mucho más aprisa su perfeccionamiento técnico, sin pasar de seis u ocho disparos por pieza los que podían hacerse en una batalla. El lugar de la artillería solía ser el centro del orden de la batalla, a menos que muy determinadas limitaciones del terreno aconsejasen otra colocación.

El orden de marcha solía constituirse de esta forma:

—En vanguardia, los arcabuceros (a pie y a caballo) y los gastadores.
—El grueso de la caballería con su formación específica.
—Primera parte de infantería y la artillería.

Ballestero y espingarderos hacia finales del siglo XV; el tipo de hombres de infantería que, organizados en coronelías, formaron el grueso de las unidades utilizadas por el Gran Capitán durante las campañas en Italia contra los franceses.

—Segunda parte de infantería, la impedimenta y el resto de infantería.
—La caballería ligera.

No había un servicio normal de protección a los flancos; para ese fin se emplearon en ocasiones los carros de la impedimenta, con los que se realizaba un doble muro por entre el cual circulaba la columna, a salvo de una sorpresa de la caballería contraria.

Ante la previsible presencia del enemigo, se adoptaba el orden de batalla y, en esta disposición, se esperaba el ataque o se continuaba con el avance.

En cuanto a la logística, contrariamente a lo expresado por algunos autores, fue junto con la moral el mayor cambio que sufrió el ejército español. La logística, ese «arte sin gloria» que siempre ha condicionado el devenir de los ejércitos, abarcaba esencialmente los desplazamientos, los estacionamientos y el avituallamiento de las tropas.

También es un factor determinante la creación de ejércitos permanentes, casi a la vez en Francia y España, con preponderancia de la infantería en el español y de la caballería en el francés, todo ello unido al progresivo desarrollo de las armas de fuego.

La infantería española estableció la supremacía durante más de 150 años. ¿Cuál fue la causa? El alto nivel que alcanzó la infantería española se debe a las excepcionales cualidades del genio militar del Renacimiento:

Gonzalo Fernández de Córdoba y Aguilar: el Gran Capitán.

Se distinguió en la guerra de Granada, en la cual mandó una capitanía de 100 lanzas de las Guardías Reales de Castilla. Figuró entre los más valientes en la toma de Loja, ciudad que le confiaron los Reyes Católicos, se distinguió en el sitio de Tájara y en la conquista de Íllora. Durante el cerco de Granada tomó parte en las negociaciones con Boabdil para lograr la capitulación de la capital. En recompensa por sus destacados servicios, recibió una encomienda de la Orden de Santiago, el señorío de Órjiva y determinadas rentas sobre la producción de seda granadina, lo cual contribuyó a engrandecer su fortuna. Sus hazañas y cualidades inclinaron a la reina Isabel a escogerle para mandar el cuerpo expedicionario que el rey Fernando envió a Italia para liberar Nápoles de las tropas invasoras francesas. Don Gonzalo zarpó para Sicilia en 1495, y ya en la primera campaña de Italia hizo gala de grandes dotes militares como jefe de un ejército. Con escasas fuerzas y mucha movilidad, se hizo con toda la zona de Calabria en el año 1495. Al año siguiente efectuó una marcha relámpago para acudir al sitio de Atella y ponerse al frente de las fuerzas aliadas de la Santa Liga. En algo más de un mes logró la capitulación del ejército francés, la repatriación a Francia de la mayoría de sus efectivos y la entrega de la mayor parte de las plazas fuertes en su poder. Su éxito tuvo una gran repercusión internacional y fue conocido como el Gran Capitán.

Tras la toma de Ostia en nombre del papa Alejandro VI, el Gran Capitán entró triunfador en Nápoles. Finalizada su tarea, regresó a España en 1498. A su llegada a la Península, fue recibido como un héroe nacional. Su retorno coincidió con la rebelión de las Alpujarras, por lo cual fue enviado con el conde de Tendilla a sofocarla en el año 1500. Ese mismo año el rey Fernando el Católico pactó con Luis XII, rey de Francia, el reparto del reino de Nápoles, dando lugar con ello a la segunda campaña de Italia por los desacuerdos entre ambos monarcas a la hora de interpretar el pacto. En abril de 1503 el Gran Capitán derrotó en la batalla de Ceriñola el ejército francés mandado por el duque de Nemours, que murió en combate.

Tras esta victoriosa batalla, el ejército español se hizo dueño de todo el reino napolitano. El monarca francés envió otro ejército a Italia, pero fue igualmente vencido por el Gran Capitán en la batalla de Garellano de diciembre del mismo año. Como consecuencia de ella los franceses tuvieron que entregar la plaza de Gaeta y dejar el terreno libre al ejército español. Finalizada la guerra gracias al tratado de paz entre Francia y España

Expulsión de los moriscos tras la rebelión de las Alpujarras. La mayoría de la población morisca, tras más de un siglo de su conversión forzada al cristianismo, continuaba como un grupo social aparte, a pesar de que la mayoría de las comunidades habían perdido el uso de la lengua árabe en favor de las lenguas romances y de que su conocimiento del dogma y los ritos del islam, religión que practicaban en secreto, era, en general, muy pobre.

del 11 de febrero de 1504, Nápoles pasó a la Corona de España. El Gran Capitán gobernó el reino napolitano como virrey con amplios poderes.

La reina Isabel, su valedora, murió a los pocos meses de la ratificación del tratado. El rey Fernando decidió relevar al Gran Capitán por el arzobispo de Zaragoza y, con el temor de que aquel no lo aceptara, quiso que acompañaran al clérigo, Pedro Navarro, con órdenes de arrestar al Gran Capitán y apresarlo en Castelnovo, y Alberico de Tenacina, para agitar al pueblo en favor del arzobispo. Al año siguiente, en 1505, el rey Fernando visitó Nápoles acompañado de su nueva esposa, Germana de Foix, sobrina de Luis XII. Los injustificados recelos del monarca aumentaron y ordenó al Gran Capitán que entregase el mando y regresase con él a España en el año de 1507. Una vez allí le mantuvo apartado de cualquier cargo.

El Gran Capitán dio solución a las carencias del despliegue de la infantería de la época. Las formaciones más empleadas estaban compuestas por unidades de 6000 a 8000 hombres; erizadas de picas, se inspiraban en la falange griega. Eran muy eficaces para resistir a la caballería, carecían de la ligereza y capacidad de maniobra necesarias en el combate ofensivo. Estas debilidades fueron recogidas y solventadas por el Gran Capitán con el ejército constituido en Italia para servir la política de los Reyes Católicos. En él la infantería española, la futura reina de las batallas, reemplaza a la caballería, que pierde definitivamente la hegemonía.

Las formaciones de la infantería española estaban inspiradas en las legiones romanas. Su unidad principal era la coronelía de 6000 hombres, que se dividía en doce capitanías o batallas. Dos de estas capitanías estaban formadas exclusivamente por piqueros; en las otras diez había tres clases de soldados: piqueros, rodeleros o coseletes y arcabuceros, que correspondían a las armas de la pica para contener a la caballería, el arcabuz para el combate a distancia y la espada con rodela para el combate cuerpo a cuerpo, ya que, un solo combatiente no podía llevar los tres tipos de armas. La proporción de cada una de estas clases de soldados era de 200 piqueros, 200 rodeleros y 100 arcabuceros.

A mitad del siglo XV, la coronelía fue sustituida por el tercio, mandado por un maestre de campo y compuesto por 3000 combatientes repartidos en 12 compañías. En las marchas la capitanía se dividía en cuatro partes, colocándose una detrás de otra con un frente de cinco hombres. Cada una de estas partes se formaba con la mitad de sus piqueros delante, a continuación los arcabuceros, detrás los rodeleros y por último la otra mitad de los piqueros.

Piquero, arcabucero y mosquetero de los tercios. Los tres primeros tercios, creados a partir de las tropas estacionadas en Italia, fueron el Tercio Viejo de Sicilia, el Tercio Viejo de Nápoles y el Tercio Viejo de Lombardía.

Las formaciones en el combate eran muy variadas y flexibles para poder atender a las condiciones del terreno, situación y propósitos del enemigo. El genio militar del Gran Capitán estriba en saber cuál es el dispositivo más oportuno al momento y lugar, y en hacer pasar sus tropas de una formación a otra con oportunidad y rapidez. Por regla general, colocaba a la caballería en las alas con los piqueros y la artillería en primera línea. No se sometía a ningún esquema, y tan pronto cerraba sus unidades, rodeándolas de piqueros para rechazar cargas de caballería, como abría distancias e intervalos para disminuir los efectos de la artillería; o aprovechaba las condiciones defensivas del terreno, como en la batalla de Ceriñola, o maniobraba a distancia, como en la de Garellano. Si como táctico es el mejor de su época, como estratega alcanza una talla cada vez más admirada y estudiada por sus campañas en Italia. Es un hombre de acción, pero también es un pensador y como tal, como ya se ha comentado, defendió la creación de ejércitos permanentes por reclutamiento general entre todos los hombres útiles. Creó los gastadores, procuró por todos los medios dignificar la profesión militar, combatió todo prejuicio sobre formaciones o sobre el tiempo de hacer la guerra, que según él era cualquier estación del año. Dentro de la capacidad serena que demostró al mando de sus

La kermesse heroica *es una comedia francesa dirigida en 1935 por el belga Jacques Feyder, ambientada en el Flandes del siglo XVII, convertida en una sátira sobre la guerra, el valor y el honor. Boom, un pequeño y tranquilo pueblo flamenco, va a ser visitado por los tercios españoles durante los años de la hegemonía hispánica. Mientras los hombres del pueblo se muestran cobardes, las mujeres deciden salir amistosamente al encuentro de los ejércitos católicos y de su jefe, para organizar una fiesta. Arriba, el momento de la llegada del tercio del temido Olivares al pueblo flamenco. A la izquierda, uno de los programas de mano utilizados para la publicidad del filme durante su estreno en España, en junio de 1968.*

tropas, fue muy querido y respetado por sus amplias dotes de mando. El Gran Capitán no fue un fenómeno aislado en la evolución de la guerra. Su doctrina de empleo armónico de las armas para adaptarlas según sus características a las condiciones particulares del momento y el lugar tuvo continuidad dando origen al nacimiento de la escuela militar española, de indiscutible personalidad, que durante todo el siglo XVI y gran parte del XVII estuvo representada por ilustres jefes militares de la talla del duque de Alba o Alejandro Farnesio, entre otros.

Aspecto cinematográfico

Lamentablemente, en esta parte de la historia en muchos casos española, no hay apenas registro cinematográfico alguno que nos hable de personajes de la talla del Gran Capitán, Hernán Cortes, Francisco Pizarro, Diego de Almagro y otros.

Ni siquiera las unidades españolas que durante más de 150 años dominaron el mundo conocido, los tercios, han sido llevadas al cine, a excepción de pequeñas secuencias que se pueden desgranar de películas como *La kermesse heroica* (1935) dirigida por Jacques Feyder (que pone a los españoles francamente mal).

Alatriste, dirigida por Agustín Díaz Yanes, no nos pone mal a los españoles, pero habla del ocaso de los tercios y no de los ciento cincuenta años de supremacía española, cuando se decía que, «a su paso, la tierra temblaba».

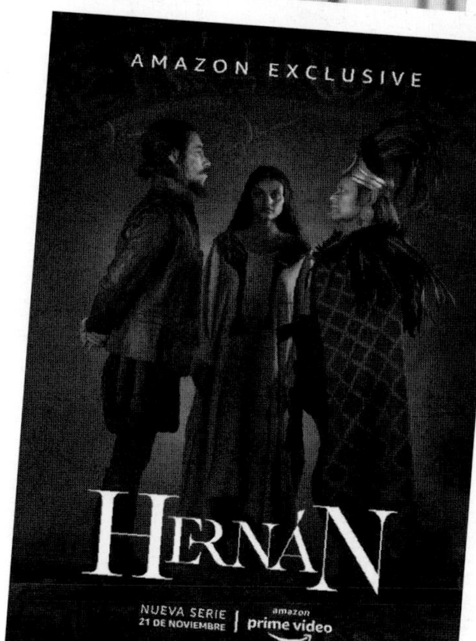

Isabel *y* Hernán, *dos series actuales que, con luces y sombras, intentan llevar a la pantalla los acontecimientos históricos protagonizados por España.*

6

Sacudidas revolucionarias. América y Francia

El patriota *se basa en* La gran prueba, *que protagonizó Gary Cooper en 1957 y ganó la Palma de Oro en Cannes. El gran protagonista fue Mel Gibson, que lideró el reparto dirigido por Roland Emmerich junto a Heath Ledger. El largometraje obtuvo tres nominaciones a los Óscar, en las categorías de mejor sonido, fotografía y banda sonora, creada por el famoso compositor John Williams.*

El patriota *(2000)*

Desde sus orígenes, esta película se planificó como una gran superproducción. Acabaría por rebasar en sus costes los 112 millones de dólares. Se intentó juntar a un grupo de estrellas, pero solo los honorarios de Mel Gibson rebasaron los 20 millones de dólares, lo que supuso desistir en la búsqueda de otros actores de su nivel.

El equipo de localización de exteriores se paseó por medio mundo. Recorrió lugares tan distantes como Canadá, Irlanda o Nueva Zelanda. Finalmente, gran parte de la cinta se rodó en el conjunto histórico-artístico de Brattonsville, en Rock Hill, al norte de Carolina del Sur, y en Charleston, aunque este último emplazamiento solo albergó la filmación de las escenas urbanas.

Solventada la parte económica y los lugares de rodaje, se reunió a todo el reparto, que incluía un total de 63 actores profesionales, 95 especialistas, 400 extras y 400 expertos en construcción y manejo de decorados —tramoyistas—.

Se rodó en un tiempo récord: entre septiembre y diciembre de 1999. Gran parte de los actores tuvieron que leerse el libro de Sun Tzu *El arte de la guerra* y aprender a montar a caballo, lo cual fue un quebradero de cabeza para el equipo.

Se maquilló la historia original del patriota norteamericano Benjamin Martin, interpretado por el actor Mel Gibson, ya que el verdadero había sido un sanguinario general conocido por el exterminio indiscriminado de indios cherokees y de sus mujeres, a las que violaba sistemáticamente y esclavizaba a continuación, como si de un botín de guerra se tratara. Incluso después de haberse rendido las tropas inglesas y acabarse la contienda.

El equipo de guionistas, con el director a la cabeza, vio la posibilidad de que la película fuera recordaba como la vida de un monstruo redimido, y se puso manos a la obra en la posproducción. Así, al cruel general —que no tuvo descendencia— le «colocaron» en una apacible familia, viudo, con seis hijos. Como durante el rodaje Mel Gibson fue padre por séptima vez, el director, en su honor, volvió a cambiar el guión —con esta fueron más de 37 veces— y, en lugar de seis hijos, el protagonista tuvo siete.

Aspecto histórico

Dos grandes acontecimientos sociales, políticos y militares cambiaron durante el siglo XVIII el mundo conocido. Uno tuvo el epicentro en las colonias de Inglaterra en América, y su consecuencia más inmediata fue el nacimiento de los Estados Unidos. El otro situó su centro gravitatorio en Francia y generó una revolución con un nuevo modelo político que abolió la monarquía reinante.

Pero antes de estos hechos, acaeció un conflicto muy importante y quizás durante siglos desconocido. Se denominó Guerra del Asiento y enfrentó a Gran Bretaña y España por el dominio del mar de las Antillas. Su principal episodio fue el intento de conquista por parte de los británicos del enclave de Cartagena de Indias, en la actual Colombia, como fase previa a la ocupación anglosajona de la América Española.

En 1739 el almirante Blas de Lezo se hizo cargo de la defensa naval de Cartagena de Indias. Lezo era tuerto, cojo y manco como consecuencia de las heridas recibidas en combate durante su carrera militar. Por tantas limitaciones como poseía su cuerpo lo apodaron despectivamente «medio hombre».

En 1741 apareció en la bahía de Cartagena una flota inglesa de invasión compuesta por más de 180 buques y cerca de 23 000 hombres. Era otra «Armada Invencible», ya que su número era superior a aquella. A esos barcos de guerra, Lezo opuso todo el potencial naval español existente en la zona: 6 navíos y 2000 hombres.

Inicialmente los ingleses tomaron el pequeño enclave de Portobello y, como muestra de exaltación nacional, una calle en Londres se llama desde entonces Portobello Road. El rey inglés Jorge II estaba tan convencido de su victoria sobre Cartagena de Indias que ordenó acuñar monedas conmemorativas antes de la victoria. Impuso la condición de que en el anverso se viera al almirante español, exento de mutilaciones, postrado de rodillas junto a la leyenda «Así se doblega el orgullo español».

En una combinación de audacia, dotes de mando y cooperación con las fuerzas terrestres, Blas de Lezo consiguió derrotar a las fuerzas enemigas. Fue una gran humillación para la armada inglesa, que tuvo pérdidas humanas y materiales muy elevadas. Por esa razón Inglaterra ocultó su derrota y expulsó de la armada al jefe que dirigió el ataque —el almirante Vernon—, aunque más tarde, después de muerto lo reincorporó para intentar maquillar la derrota sufrida. España destituyó a Blas de Lezo por intrigas palaciegas y lo olvidó posteriormente.

Esta batalla nunca ha sido recogida en película alguna, incluso

Cartagena de Indias. En su ataque, la flota del almirante Vernon debía franquear varias barreras: dos fuerte en Bocachica, otros dos castillos en la entrada de la bahía interior de Cartagena y, por último, el castillo de San Felipe, que daba abrigo a la ciudad amurallada. Contra este último se estrellaron las tropas británicas.

muchas personas desconocen su existencia. Fue algo más que una victoria, significó la continuidad de la presencia española en América. Para Inglaterra supuso la primera de las tres guerras que perdería durante el siglo XVIII. Fue tal la hecatombe británica que cuando las tropas inglesas fueron derrotadas en Yorktown prefirieron rendirse a los colonos rebeldes que hacerlo ante franceses y españoles.

La guerra de Independencia norteamericana (1775-1782)

En el siglo XVIII Inglaterra poseía un extenso territorio en la parte norte del continente americano, conocido popularmente por el nombre de «colonias». Eran el «patio trasero» donde durante varios siglos los ingleses habían enviado a todas aquellas personas que no les servían o que no querían tener en la metrópoli. La administración inglesa consideraba tres tipos de colonias:

- —Las reales, que dependían de la Corona inglesa.
- —Las de propietarios, que por una concesión real dependían de un grupo de terratenientes.
- —Las de carta, que pertenecían a un propietario por una carta de concesión no real.

Cada una tenía su propia constitución, y por encima estaba el pacto colonial de exclusividad que contemplaba todas las tradiciones

La destrucción del cargamento de té en el puerto de Boston. El Gobierno del primer ministro británico lord *North reaccionó de forma exagerada, aprobando las llamadas «actos intolerables», lo que colocó a Massachusetts bajo la ley marcial.*

parlamentarias británicas. Todas tenían un representante de la Corona, algo parecido a un delegado del Gobierno de la metrópoli. De este representante supremo, equivalente al virrey de los territorios españoles de América Central y América del Sur, dependía la Asamblea, integrada por delegados elegidos por los propios colonos. Los colonos no podían crear ningún tipo de industria; dependían plenamente de la autoridad inglesa.

El inicio de la ruptura de relaciones entre los colonos y la metrópoli, que desembocaría en una guerra de independencia, comenzó cuando los ingleses se vieron obligados a repartir el «peso económico» de las diversas campañas expedicionarias que habían llevado a cabo o preparaban. Para sufragar los gastos de índole bélico se crearon nuevas cargas impositivas sobre el azúcar y el timbre —*Stamp Act*—. Este último obligaba a realizar todos los actos públicos y privados en papel sellado con timbre del Estado.

Los tributos fueron mal vistos y dieron lugar a acalorados debates. Los colonos manifestaron que no debía pagarse un impuesto si antes no había sido aprobado por sus representantes. En contra de ello, el Gobierno de Londres sostuvo que el Parlamento representaba a todos los súbditos de la Corona. Estas ideas chocaban frontalmente con las de los colonos, que consideraban que las asambleas coloniales eran las únicas capacitadas para aprobar impuestos.

En un acto celebrado en Nueva York, los delegados de nueve colonias, reunidos para protestar, acordaron no importar productos procedentes de la metrópoli y redactaron una declaración de derechos y quejas de América. Como consecuencia de la agitación producida, los ingleses abolieron las tasas no deseadas, pero el Parlamento se reservó el derecho de establecer impuestos en cualquier otro momento. En junio de 1767, el Parlamento votó la creación del impuesto de aduanas para la entrada en América de productos como el té, el papel, el vidrio, el plomo o la pintura. Volvió a producirse agitación entre la población de las colonias y, después de tres años de contracción del comercio, nuevamente Londres dio marcha atrás y suprimió en 1770 todos los impuestos excepto el del té.

La agitación reinante y el clima de crispación motivó el envío de tropas a partir de 1773. Como consecuencia, se sucedieron en Boston multitudinarias y sangrientas manifestaciones. Ese mismo año el Gobierno inglés concedió a la Compañía de las Indias el monopolio sobre la venta de té. Esta concesión levantó una fuerte ola de descontento entre los comerciantes de América, que temieron que fuese el primer paso para implantar algo similar en el resto de mercancías.

En diciembre, en Boston, una organización de manifestantes llamados Los hijos de la libertad, disfrazados de indios, tiraron al mar todo el cargamento de té de los navíos de la Compañía de las Indias. El Gobierno inglés respondió a ese acto de violencia con una crudeza ejemplar: se enviaron más tropas al mando del general Gage y se prohibieron todas las reuniones públicas. Estas medidas hicieron aflorar el sentimiento de solidaridad entre las 13 colonias. Nació un partido de índole patriótico aglutinador de todas ellas y, por sugerencia de Benjamín Franklin, se reunieron en Filadelfia.

La Fayette *es una película biográfica franco-italiana dirigida en 1961 por Jean Dréville y protagonizada por Pascale Audret, Jack Hawkins y Orson Welles, que narra la vida de Gilbert du Motier, marqués de La Fayette; en particular, su papel en la guerra de Independencia de los Estados Unidos.*

Las posiciones, con la opinión pública cada vez más a favor de los partidarios que querían aprovechar la independencia para construir una sociedad libre, se fueron endureciendo. El pretexto para la ruptura fue un tiroteo en Lexington el 18 de abril de 1775. Gage desplazó una columna a confiscar los depósitos de armas y municiones establecidos por los comités revolucionarios de los patriotas; la mayoría de ellos granjeros, recibieron a los soldados a tiros. Fue el primer enfrentamiento entre los soldados ingleses —llamados «casacas rojas» por ser el color de su guerrera— y los voluntarios americanos.

La escaramuza se saldó con la retirada de las tropas británicas hacia sus posiciones en Boston y el comienzo de la insurrección armada. A partir de ese momento todo sucedió de forma rápida. El Congreso americano, reunido en Filadelfia en diciembre de 1775, decidió la formación de un ejército continental mandado por un hacendado de Virginia: George Washington. El Congreso apeló a la justicia de Jorge III, pero este rechazó su petición y respondió con el envío de más tropas, decidido a terminar con la resistencia colonial. Virginia fue la primera en proclamar su independencia, se constituyó en república tras publicar una declaración de derechos en donde destacaban las ideas de Rousseau, Locke y Montesquieu.

El ejemplo de Virginia terminó con las dudas del resto, y el 4 de junio de 1776 el Congreso General de Filadelfia proclamó la unión solidaria de las 13 colonias y votó la Declaración de Independencia de los Estados Unidos de América. Comenzó así una guerra que duró siete años.

Los revolucionarios no formaban parte de un Gobierno establecido, no disponían de una industria de apoyo a la causa, ni tan siquiera tenían instituciones militares; además, sus efectivos de armas y municiones eran pocos. Solo contaban con tropas, pero de escaso valor por falta de instrucción y adiestramiento. Por estas razones la relación de fuerzas al comienzo del conflicto parecía muy en desventaja para los colonos americanos.

La dificultad de Gran Bretaña estaba en abordar una guerra más, con el inconveniente de hacerlo lejos de su base de partida. Fue muy importante la búsqueda de aliados, en especial el apoyo prestado por Francia, cuyo rey recibió en Versalles al emisario de los revolucionarios, Benjamín Franklin. El carácter ilustrado de la declaración de independencia entusiasmaba a la opinión pública francesa y, sobre todo, a las élites intelectuales.

Este amplio movimiento de simpatía no impidió que se produjeran una serie de fracasos durante la primera fase de la guerra, hasta que en la batalla de Saratoga los colonos vencieron a las tropas inglesas. Ese hecho marcó un cambio en el rumbo de la contienda, que adoptó un cariz más internacional, al unirse Francia y España a la causa de los sublevados. El apoyo español quedó materializado por el Tratado de Aranjuez.

Los rebeldes americanos se apoyaron en las condiciones naturales del terreno: grandes extensiones de tierras, pocos caminos, numerosos ríos y espesos bosques, factores que resultaron muy desfavorables para los ingleses. Finalmente, la tenacidad de George Washington y la caída de Yorktown, provocaron en los ingleses el deseo de entablar negociaciones de paz. En noviembre de 1782 los británicos reconocieron la independencia de las 13 colonias.

La Revolución francesa (1789-1799)

Se inició con ella un nuevo periodo en la historia de la humanidad: la Edad Contemporánea. Fue un movimiento social y político que derrocó el Antiguo Régimen existente en Francia y propagó sus doctrinas por Europa. Los antece-

La Libertad guiando al pueblo, *obra de Eugène Delacroix realizada entre octubre y diciembre de 1830.* Museo del Louvre, París.

dentes de la revolución arrancan en un movimiento, la Ilustración, procedente de la cultura burguesa del siglo XVIII, que defendía la supremacía de la razón sobre todo y hacía aparecer en segundo plano el orden político y social, por encima de la pureza del hombre.

Sus características más destacadas eran el racionalismo, la búsqueda de la felicidad, la creencia en la bondad del hombre, el optimismo y el laicismo. La Ilustración fue la postura crítica que adoptó la burguesía frente al orden establecido. Con ese caldo de cultivo, la convulsa Francia vivió una revolución en cuatro etapas bien diferenciadas:

—Asamblea Constituyente (desde mayo de 1789 a octubre de 1791).

—Asamblea Legislativa (desde octubre de 1791 a septiembre de 1792).

—Convención Nacional (desde septiembre de 1792 a octubre de 1795).

—Directorio (desde octubre de 1795 a noviembre de 1799).

Durante la Revolución se formuló la declaración de los derechos del hombre, resumidos sucintamente en una fórmula: libertad, igualdad y fraternidad. Producirá un profundo cambio que desplazará el eje de gravedad de la política desde la soberanía que ejercía el rey hacía tres poderes encargados de conformar el motor del Estado: ejecutivo, legislativo y judicial. También significará un cambio social, al declarar a todos los franceses iguales ante la ley.

La Asamblea Constituyente condenó el derecho de conquista y respetó la soberanía de las demás naciones. No obstante, la universalidad de los derechos del hombre y sus divergencias con los Estados europeos provocaron guerras entre Francia y prácticamente todos los países de su entorno. Se aceptaron los conflictos en nombre de la nación francesa y se concedió la fraternidad a todos aquellos pueblos integrados en los países que quisieran recobrar su libertad.

El desarrollo de estos enfrentamientos obligó a realizar esfuerzos considerables, tanto, que en el año 1793 cerca de 1 200 000 hombres estaban encuadrados en el ejército francés. No obstante, hay que considerar que esta cantidad de fuerzas no era profesional, ya que eran llamados a filas mediante el sistema de levas en masa los jóvenes que hubiesen cumplido los 18 años y no sobrepasasen los 25. Se trataba, por tanto, de un ejército nacional sin apenas instrucción militar y sin disciplina, aunque unido por la idea de servir a la nueva patria.

El 20 de abril de 1792 la Asamblea Legislativa declaró la guerra a Prusia y Austria. Los franceses iniciaron la ofensiva; el general La

Batalla de Valmy, el 20 de septiembre de 1792, primer triunfo del ejército francés nacido de la Revolución. Obra de Horace Vernet realizada en 1826. National Gallery, Londres.

Fayette se puso al frente de 40 000 hombres e intentó operar en Bélgica contra los austriacos, mientras, por otro lado, el general Lubkner efectuaba una expedición al Rin por Alsacia. Las dos operaciones resultaron un fracaso; ambos generales fueron sustituidos y pasaron de una actitud ofensiva a mantenerse a la defensiva con la misión de cubrir la frontera. En el otro lado, un ejército prusiano reforzado por tropas austriacas al mando del duque de Brunswinck, con unos efectivos de 80 000 hombres, avanzó desde la plaza de Coblenza con el objetivo de invadir Francia. Fue frenado y se estableció un compás de espera en el que Bélgica se convirtió en un país que pasaba de ser invadido a ser ocupado por aliados con notable rapidez.

Durante la Convención Nacional, el 23 de marzo de 1793 se declaró la guerra a España. Al principio, el ejército español tomó la iniciativa y realizó una amplia ofensiva para invadir el Rosellón, apoyado por dos cuerpos de ejército. Uno lo mandaba el teniente general príncipe de Castelfranco, y debía proteger la frontera por Aragón; el otro, bajo el mando del general Buenaventura Caro, cubriría los Pirineos occidentales. El objetivo principal era tomar la plaza de Perpiñán, y con ella las líneas defensivas de los franceses en el Pirineo occidental y los márgenes de los ríos Tech y Tet, límites de la ciudad. El general Ricardos realizó de manera brillante el plan proyectado, pero con la llegada del invierno tuvo que situar a sus fuerzas al abrigo en posiciones defensivas. La guerra concluyó con la retirada de las tropas españolas hasta Gerona.

La extensión de estos teatros de operaciones —Rusia, Austria, Bélgica, Francia y España—, en los que la Francia republicana se batió con las naciones monárquicas, y la combinación consiguiente de las operaciones efectuadas por grandes ejércitos hicieron preciso un cambio en la mentalidad militar.

Con la instauración del Directorio emergió la figura de Napoleón Bonaparte. El 23 de febrero del año 1796, sin haber cumplido aún 28 años, fue nombrado general en jefe del ejército de Italia. Tres años después, el país, cansado de desórdenes y anarquías, lo aceptó como jefe supremo. Nada más tomar el mando cruzó los Alpes con un ejército y, en una sola batalla —Marengo—, dio ejemplo de concepción estratégica y venció de manera contundente, lo que le permitió reconquistar toda Italia.

Aspecto militar

Sobre las dos revoluciones, la americana y la francesa, poco se puede destacar desde el punto de vista militar.

En el caso de la revolución norteamericana, siete años de guerra no aportaron nada nuevo a las tácticas y estrategias conocidas en Europa. Quizás pueda surgir la duda de entender cómo un ejército de granjeros pudo derrotar a otro bien vertebrado e instruido. Los rebeldes norteamericanos contaron con dos factores de supremacía frente a la teórica superioridad de las tropas inglesas: la convicción de luchar por la libertad anhelada y el uso del terreno como aliado y no como obstáculo. Tampoco se puede olvidar el precedente que tuvieron los colonos americanos al ver cómo los españoles derrotaron clamorosamente a los británicos en Cartagena de Indias, lo que les mostró la forma de vencer apoyándose en el terreno.

La importancia del aspecto militar de la Revolución francesa se encuentra en ser el origen de la figura de Napoleón Bonaparte. El ejército francés estaba organizado según un modelo netamente prusiano basado en las unidades siguientes:

—La Gendarmería: dedicada a realizar servicio en el interior del país.

—La Guardia Nacional: sustitutiva de la milicia popular.

—El ejército regular: acantonado en regiones.

La infantería se dividió en dos grandes grupos: ligera y de línea.

Retrato de Napoleón Bonaparte en su gabinete de trabajo, en el palacio de las Tullerías. Militar y estadista, general republicano durante la Revolución y el Directorio, fue artífice del golpe de Estado del 18 de brumario, que lo convirtió en primer cónsul de la República el 11 de noviembre de 1799; posteriormente fue nombrado cónsul vitalicio desde el 2 de agosto de 1802 hasta su proclamación como emperador de los franceses. Durante poco más de una década, mantuvo el control de casi toda Europa occidental y central mediante una serie de conquistas y alianzas. Solo tras su derrota en la batalla de las Naciones, cerca de Leipzig, en octubre de 1813, se vio obligado a abdicar. Obra de Jacques-Louis David realizada en 1812. Museo del Louvre, París.

Para los dos grupos la unidad táctica básica fue el batallón, que aproximadamente estaba integrado por 700 hombres. La agrupación de tres batallones formaba lo que se denominó media brigada o semibrigada. La Francia revolucionaria llegó a tener 196 brigadas de línea y 30 de infantería ligera. En cada batallón de línea había una compañía de granaderos.

La caballería, al igual que la infantería, fue dividida en dos grandes bloques: pesada y ligera. En ambos casos existían regimientos con unos efectivos teóricos de entre 800 y 1200 hombres. Tenían cuatro escuadrones de combate y uno de reclutamiento. Francia llegó tener 91 regimientos de caballería.

La artillería estaba compuesta por ocho regimientos, fundamentalmente a pie, cada uno con 20 baterías de seis piezas; cuando eran a caballo tenían seis baterías de seis piezas.

El cuerpo de ingenieros se organizó con ingenieros civiles y militares.

Arriba, cartel para la promoción en Suecia de la película Historia de dos ciudades, *basada en la novela homónima de Charles Dickens. Abajo, la publicidad para* Scaramouche, *dirigida en 1952 por George Sidney.*

Existía un batallón de minadores, 12 batallones de zapadores y un batallón de pontoneros.

Los ejércitos creados tras la Revolución francesa se organizaron en una nueva unidad: la división. Se consideró una gran unidad táctica compuesta por todo tipo de armas existentes: infantería, caballería, artillería e ingenieros. La táctica, al tratarse de ejércitos improvisados, no pudo desarrollarse; se limitó a ser una copia de la empleada por los prusianos en aquellos años. Se realizaban complicados despliegues sin ningún tipo de flexibilidad, que exigían gran disciplina a las tropas. La llegada de los conceptos desarrollados por Bonaparte lo cambiará todo.

Napoleón mantuvo siempre un gran equilibrio entre el procedimiento táctico y el estratégico. En ambos casos siempre intentó tomar la ofensiva y, con ello, conseguir operar y maniobrar con grandes masas de ejércitos. Procuró sobre todo dominar la huida del enemigo vencido y por eso buscó febrilmente sus líneas de retirada, para poder ejercer un golpe letal y definitivo.

Aspecto cinematográfico

Muchas veces el cine ha dejado de lado las revoluciones, como a la espera de que pasaran, se posaran en la sociedad y, después, fuera más fácil mostrarlas. Estos dos casos han sido llevados al cine de diferente manera, mientras que la victoria en

Cartagena de Indias, de momento —hay varios proyectos en marcha—, no se ha llevado ni a la gran pantalla ni a televisión.

La Revolución francesa se ha reflejado mediante la adaptación de la literatura que hacía referencia a ella, sobre todo, de autores franceses y británicos.

La guerra contra la metrópoli solo ha sido plasmada por el cine estadounidense con la intención clara de mostrar el nacimiento de su nación.

Las películas que nos acercan a contemplar los aspectos principales de la Revolución francesa son principalmente las siguientes:

Número	Título	Año
01	*Danton*	1982
02	*El tulipán negro*	1964
03	*Historia de dos ciudades*	1935
04	*La inglesa y el duque*	2001
05	*La noche de Varennes*	1982
06	*María Antonieta*	1938
07	*María Antonieta*	2006
08	*Scaramouche*	1923
09	*Scaramouche*	1952

Podemos distinguir entre las que nos muestran los principales acontecimientos acaecidos durante los años en que transcurrió la Guerra de Independencia de los Estados Unidos:

Número	Título	Año
01	*América*	1924
02	*Corazones indomables*	1939
03	*El discípulo del diablo*	1959
04	*El patriota*	2000
05	*El último mohicano*	1992
06	*Johnny Tremain*	1957
07	*La Fayette*	1961
08	*Paso al noroeste*	1940
09	*Revolución*	1985

7

Francia contra todos. El Imperio napoleónico

LES ARTISTES ASSOCIÉS S.A.B. présentent
CARY GRANT
FRANK SINATRA
SOPHIA LOREN
ORGUEIL et PASSION
"THE PRIDE AND THE PASSION"
TECHNICOLOR® VISTAVISION®
PRODUCTION et MISE en SCÈNE STANLEY KRAMER
TROTS EN HARTSTOCHT
D'APRÈS LE ROMAN "THE GUN" DE C.S. FORESTER
UNITED ARTISTS

Orgullo y pasión *(1957)*

El director estadounidense Stanley Kramer dirigió esta película con un coste de 5 millones de dólares. Contó con un grupo de actores norteamericanos y españoles. El rodaje duró seis meses y se realizó en las localidades de Hoyo de Manzanares, El Escorial, Ávila y Segovia.

El departamento de efectos especiales levantó otra muralla como la de Ávila, de iguales dimensiones, pero a base de láminas de corcho, que situó por delante de la original.

La escena más complicada de la película fue precisamente el ataque a las murallas de Ávila, en la que los guerrilleros y campesinos españoles se encontraban tras del enorme cañón que debía de bombardearlas. Los técnicos norteamericanos pusieron gran cantidad de cargas explosivas para simular el impacto del cañón que debía abrir las brechas por las que tenían que entrar en la ciudad los combatientes españoles. Las cargas no se cebaron bien y la explosión, en vez de partir las murallas, se expandió hacia atrás sin provocar en ellas ningún daño, a pesar de que eran de corcho. Los cinco mil extras se lanzaron al combate con la idea de que tras la inmensa humareda se verían las aberturas en la muralla, pero se quedaron parados porque estaba intacta y no había ninguna brecha por donde pasar.

Fue tal el fracaso, que tuvo que repetirse días después toda la secuencia con los extras que efectuaban el ataque. Esta vez se encargó el departamento español de poner las cargas y los cebos en las laminas de corcho que simulaban las murallas, y todo salió a la perfección.

En esa batalla final participaron en total de 9000 extras. Uno de ellos, años después sería presidente del Gobierno de España: Adolfo Suárez González.

Aspecto histórico

Napoleón Bonaparte sabría ampliar el desarrollo táctico al nivel de estrategia, mediante rápidas maniobras por líneas divergentes o convergentes, dividiendo o concentrando las tropas según su conveniencia, para obtener superioridad numérica en un punto preciso en el momento decisivo.

Ahora puede parecer fácil ver lo que Napoleón llevó a cabo, pero por entonces no tenía precedente. Equilibraba la debilidad de sus contingentes de tropas con la rapidez de sus movimientos, lo que le permitía derrotar a los ejércitos enemigos de forma secuencial.

De esto dan fe las batallas de Montenotte, Mondovi, Lodi, Arcola y Rivoli, con las que consiguió hacerse dueño de todo el norte de Italia y situarse a 100 kilómetros de Viena.

Prácticamente sin tregua, en el año 1798, Francia decidió hacer frente a uno de los pocos enemigos que aún le plantaban cara: Gran Bretaña. Los británicos no querían que continuara el engrandecimiento de Francia y con ello su creciente poderío en el continente, por ese motivo, al regresar de Italia, Bonaparte fue nombrado jefe del contingente militar encargado de luchar contra Inglaterra.

Decidió actuar contra el sistema nervioso británico e inició la conquista de Egipto, enclave que dominaba las rutas comerciales procedentes de la India. Una potente escuadra francesa consiguió burlar la vigilancia inglesa y ocupó el puerto de Alejandría. La victoria fue ensalzada por toda Francia, pero los británicos contraatacaron con una acción sorpresa al mando del almirante Nelson que destruyó la flota francesa y dejó a Napoleón aislado de la metrópoli. Al mismo tiempo, se creó una segunda coalición que atacó y derrotó a las tropas francesas desplegadas en Italia, obligadas a abandonar precipitadamente la península.

Napoleón consiguió burlar de nuevo el bloqueo naval británico y desembarcó secretamente en Francia. En 1804 fue proclamado emperador gracias a sus victorias y la inmensa popularidad que suscitaba en Francia. Su régimen fue esencialmente militar.

En el año 1805 se constituyó la tercera coalición contra Francia. La formaron Gran Bretaña, Austria y Rusia. Napoleón, como apenas tenía armada que oponer a la británica, decidió atacar en tierra a los aliados. Penetró en Austria, ocupó Viena y avanzó hacia Austerlitz, donde se habían concentrado los ejércitos austriaco y ruso. Eran unos 90 000 hombres desplegados en una fuerte posición situada en una meseta delante de Austerlitz, separada por un valle del ejército francés, formado por 70 000 soldados. Ante la dificultad de atacar la meseta,

Napoleón ante la esfinge durante la campaña de Egipto. Obra de Jean-Léon Gérôme realizada en 1867. Colección Hearst Castle, California.

Napoleón pensó que los aliados tratarían de cortarle el camino de Viena, situado a su retaguardia, por ello, intento fomentar ese plan y presentó pocas fuerzas en su ala derecha. Los aliados cayeron en la trampa y sacaron fuerzas de la meseta para efectuar el movimiento envolvente. En ese momento Napoleón atacó el centro con la niebla a favor.

Las unidades francesas alcanzaron la meseta, rechazaron al enemigo hacia Austerlitz y cortaron al ejército aliado en dos partes. Una de ellas, fragmentada, emprendió la retirada a través de las lagunas heladas. Napoleón realizó la persecución con el fuego de su artillería. Los proyectiles rompieron la costra de hielo e impidieron la salvación del ejército. Los austrorusos perdieron 15 000 hombres entre muertos y heridos, y tuvieron 20 000 prisioneros. Napoleón, solo 7000 bajas.

La Guerra de Independencia española

El poder de Napoleón se hallaba en todo su apogeo en 1807, toda Europa continental se encontraba supeditada a su voluntad, asombrada por la serie ininterrumpida de victorias alcanzadas en las campañas con las que acababa de vencer a Austria, Rusia y Prusia.

Defensa del parque de artillería de Monteleón, en Madrid, el 2 de mayo de 1808. A pesar de la resistencia, la operación de cerco efectuada por el general Murat le permitió someter la capital bajo la jurisdicción militar y poner a sus órdenes a la Junta de Gobierno.

En junio de 1807, anunció al Gobierno español sus propósitos de enviar a Portugal un ejército a las órdenes del general Junot para obligar a dicha nación a cerrar sus puertas a los británicos y expulsarlos de su territorio. Las negociaciones dieron por resultado el Tratado de Fontainebleau.

De los 60 000 soldados franceses que estaban concentrados en los Pirineos, cruzaron la frontera 20 000, con Junot a la cabeza, que avanzaron rápidamente hacía Portugal.

Los otros 40 000 se quedaron al otro lado de la frontera preparados para lanzarse al interior de la Península si los británicos intentaban apoyar la defensa del territorio lusitano. Invadido Portugal, y convencido su rey de la imposibilidad de resistir al invasor, se embarcó para Brasil. Junot entró sin resistencia en Lisboa el 30 de noviembre de 1807.

En cuanto a España, Napoleón intentó obtener análogos resultados a los obtenidos en Portugal respecto a la familia reinante. Hizo atravesar la frontera pirenaica a las tropas que tenía sobre ella a la espera de una oportunidad propicia, simulando que esos movimientos eran consecuencia natural de un plan de invasión de Portugal y ocultando así su verdadero propósito.

Hizo avanzar hacia Castilla tropas a las órdenes de generales como Moncey y Dupont, que en principio fueron acogidos como verdaderos aliados. Sin embargo, se produjo un cambio en la confianza, ante tanto alarde y desprecio por parte de los teóricos «aliados». Incluso la oleada popular arrebató al ministro Godoy su puesto, y dos días después, el 19 de marzo de 1808, abdicó Carlos IV en favor de su primogénito, que ocupó el trono con el nombre de Fernando VII.

El nuevo soberano hizo su entrada en Madrid el 24 de marzo, dos días después de la llegada de las tropas francesas al mando del general Murat. Napoleón se declaró árbitro para intermediar entre Fernando VII y su padre, y con ese pretexto de arreglar sus diferencias, obligó al primero a pasar a Francia para entrevistarse con él. Allí lo retuvo. Murat, por orden del emperador, dispuso que se trasladaran a Bayona los últimos vástagos de la familia reinante. Todo estaba dispuesto para la marcha de los infantes, don Antonio y don Francisco, cuando al subir al coche el 2 de mayo, el grito de «Válgame Dios, que se llevan a Francia a todas las personas reales», dado por una mujer, fue la chispa que inflamó la hoguera. Aquel glorioso día se inició la célebre resistencia con la que los españoles se hicieron admirar.

Murat se ensañó en el heroico pueblo español, y fusiló a innumerables patriotas cuyo único delito fue defender su independencia. Aún no se había extinguido el eco de los últimos disparos con los que había sacrificado tantas víctimas indefensas, cuando por toda España se extendió la máxima de alzarse en armas contra el invasor francés.

Fruto de este unánime movimiento fue la creación de varios ejércitos, hasta el punto de que cada provincia llegó a levantar el suyo propio.

El Ejército de Galicia tuvo por núcleo algunos cuerpos regulares a cuyo alrededor se agruparon millares de paisanos. Al frente de ellos se puso el general Joaquín Blake.

Asturianos, montañeses y castellanos formaron también sus cuerpos, si bien, por su número y elementos, sobresalió sobre todo el de Castilla, mandado por el general Gregorio de la Cuesta.

Las mejores unidades se encontraban en Cádiz y en el campo de San Roque. El mando militar de Andalucía recayó en el general Francisco Javier Castaños. El brillante general desoyó las indignas proposiciones de los franceses, que le ofrecieron el virreinato de México, aceptó el mando en jefe de

Batalla de Bailén. El general francés Pierre-Antoine Dupont de l'Étang se rinde el 19 de julio de 1808 al general Francisco Javier Castaños. Obra de José Casado del Alisal realizada en 1865. Museo del Prado, Madrid.

las tropas que se levantaban en Sevilla por la Junta de Defensa, y concurrió con los suyos a dicha capital, donde entró el 10 de junio de 1808. Acto seguido, acordó un plan de defensa en el que eligió primero Carmona como punto de concentración, pero posteriormente consideró Utrera como posición más estratégica para cubrir el camino de Écija a Cádiz. En esa dirección emprendió la marcha.

En consejo de guerra celebrado en Porcuna, los generales españoles acordaron atacar de frente a las tropas de Dupont e interceptar sus comunicaciones. Parte del ejército fue a situarse en su retaguardia después de cruzar el río, y las partidas de guerrilleros ocuparon los pasos de la sierra. Sin saber lo que sucedía a su retaguardia, Dupont entendió su comprometida situación en Andújar. Sigilosamente, para que no lo advirtiese el mando español, la noche del 18 de julio de 1808, emprendió la retirada a Bailén y con gran sorpresa

Episodio de la defensa de Zaragoza. Los habitantes de la ciudad, parapetados entre la iglesia de San Juan de los Panetes y la basílica de Nuestra Señora del Pilar, enarbolan una bandera negra con el lema «El Pilar no se rinde», tras solicitarles los soldados franceses que depusieran las armas. Obra de Federico Jiménez Nicanor realizada en 1885. Museo del Prado, Madrid.

halló interceptado el camino por las tropas españolas. A las cuatro de la mañana del 19 comenzó la batalla. Los franceses trataron de abrirse paso, pero sus columnas fueron rechazadas.

Los soldados franceses poco antes del mediodía estaban exhaustos por la fatiga, el calor y la sed, razón por la que Dupont solicitó una tregua cuando ya el general Castaños, que había cruzado el río, le acometía por su retaguardia. La batalla terminó con 2000 franceses muertos y 20 000 prisioneros.

Mientras, en otra parte de España, el general francés Lefebre llegó a los arrabales de Zaragoza seguro de que, en caso de encontrar resistencia, podría eliminarla con facilidad, ya que la ciudad no estaba fortificada y parecía prácticamente indefensa —la guarnición contaba con 300 soldados de distintos cuerpos y sin un jefe militar que organizase la resistencia—. Se

Fotograma y cartel de El dos de mayo. *Rodada en 1927 por José Buchs, la película estuvo desaparecida hasta su restauración en noviembre de 2001. El argumento gira en torno al Madrid de la Guerra de la Independencia. Se mezclan escenas de ficción con escenas documentales.*

encontró con que su vanguardia era hostigada por tropas de asalto formadas por soldados y civiles zaragozanos. Tuvo que esperar la llegada de los refuerzos del general Verdier, procedente de Vitoria, con bastante artillería.

El ataque se inició con la toma, a costa de muchas bajas, del monte de Torrero, donde se estableció la artillería para comenzar el bombardeo de la ciudad. A la vez, el general José Palafox logró entrar en la plaza con muy pocos efectivos y se puso inmediatamente al frente de la defensa. Un asalto general y varios parciales no dieron a Verdier un resultado decisivo porque la tenacidad de Palafox y el espíritu de los zaragozanos consiguieron resistir heroicamente.

Del mismo modo que en España, en Portugal cundió rápidamente la insurrección, iniciada por una parte de las tropas que Carlos IV había puesto a las órdenes de Junot. Gran Bretaña se apresuró a enviar fuerzas, no para ayudar a españoles y portugueses, sino para combatir a los franceses. Uno de los contingentes, mandado por *sir* Arthur Wellesley, desembarcó en Portugal, y su presencia bastó para que el levantamiento de los portugueses fuese general en todo el territorio. Las fuerzas de Junot, completamente aisladas y sin recursos, fueron derrotadas por la coalición luso-británica en la batalla de Vimeiro.

Toda esta situación adversa, la primera que sufría el Imperio napoleónico, provocó que, a finales del año 1808, Napoleón en persona y con un escogido ejército de 200 000 hombres, entrase en España con el ánimo de enderezar la situación para el lado francés. Emprendió una ofensiva con la línea principal sobre la carretera desde el río Bidasoa hacia Madrid.

Cartel de Los guerrilleros. *Después del saqueo de Córdoba, las tropas del ejército de Napoleón, al mando del coronel Tenardier, se dirigen hacia Andújar para unirse al general Dupont y dar la batalla definitiva a los pocos patriotas españoles que ha podido agrupar el general Castaños. Grupos de guerrilleros atacan a los franceses y, en Montoro, Córdoba, consiguen aniquilar, en una batalla heroica librada en la misma plaza del pueblo, a las tropas del coronel.*

Para frenar esta segunda invasión se hallaban en el norte el general Blake con su ejército; en Aragón los ejércitos del Centro y de reserva al mando, respectivamente, de los generales Castaños y Palafox; en Extremadura se concentraba otro ejército mandado por el marqués de Belveder; otro se hallaba frente al Guadarrama, a las órdenes del general Benito Sanjuán, y un último, dirigido por el general Vives, en Barcelona. Entre todos sumaban 83 000 combatientes, cuyo mayor defecto era su diseminación frente a un enemigo superior en número, y concentrado. El plan de Napoleón era batir separadamente a cada uno de esos ejércitos y, como no podía ser menos, los movimientos franceses efectuados del centro hacia el exterior les dieron la victoria. De esa forma, el 4 de diciembre de 1808, Napoleón entró, por capitulación, en Madrid.

Un ejército de 40 000 hombres sitió Zaragoza por segunda vez el 20 de diciembre. La defensa estuvo al mando, nuevamente, de Palafox.

Menos de un millar de combatientes resistieron heroicamente los ataques de los soldados franceses, del hambre y la peste. Finalmente, después de 52 días de brecha abierta, sin munición ni pólvora, la ciudad, o lo que quedaba ella, capituló el 21 de febrero de 1809.

Al comenzar ese año, la actitud de Austria obligó a Napoleón a abandonar España. Dejó junto a su hermano José —al que había nombrado rey— al mariscal Jourdan y cinco ejércitos, de los que tres habían de operar por levante, mediodía y poniente. El cuarto, en el centro, serviría de enlace a los demás y el quinto aseguraría las comunicaciones con Francia. Era un sistema estratégico de triple frente y reserva central, peligroso, pero impuesto por la forma y estructura la Península Ibérica, el dominio de los ingleses en el mar y la sublevación en el país.

La ausencia de Napoleón y la vuelta a la Península de Wellesley —que no tardó en llamarse *lord* Wellington— con el ejército británico fueron dos grandes males para los franceses.

Primero, porque que el monarca intruso carecía de autoridad y prestigio para imponerse a sus victoriosos generales, siempre discordantes entre sí por continuas rivalidades. Segundo, porque el flemático general inglés, con su sistema de guerra defensivo-ofensivo, y de posiciones hábilmente escogidas y mejor defendidas por los fuegos cruzados de extensas y delgadas líneas de infantería, había encontrado el dique en que se iban a estrellar los ataques a la bayoneta de las profundas columnas que resumían la táctica napoleónica.

Vencida Austria el 6 de julio de 1809, Napoleón pudo enviar refuerzos a su hermano José. El ejército del mediodía se desplegó en tres agrupaciones que invadieron Andalucía por sendos ejes de progresión distintos. Una de ellas ocupó Granada y Málaga, y las otras dos, reunidas en Córdoba, entraron sin resistencia en Sevilla y sitiaron por tierra Cádiz, defendida por tropas españolas a las órdenes del duque de Alburquerque.

Como *lord* Wellington, desplegado en Portugal, era una amenaza constante para el flanco derecho francés, Napoleón envió al mariscal Masséna con orden de apoderarse de Lisboa y empujar contra el mar a las fuerzas británicas. Ante los primeros ataques franceses, Wellington se retiró hasta las posiciones de Torres Vedras y pidió a los portugueses que destruyeran los puentes, molinos y cosechas, a fin de convertir por este medio el país en un desierto para el enemigo. Masséna los persiguió lleno de confianza y obligó a los anglo-portugueses a sostener algunos combates de retaguardia, hasta que se encontró el 1 de octubre frente a las formidables obras que Wellington había construido para defender Lisboa y proteger el embarque de las tropas inglesas, si llegaba el caso de que tuvieran que abandonar Portugal.

El ejército francés se vio frenado ante esas inexpugnables posiciones. Después de cuatro meses de inútiles tentativas, los franceses, carentes de apoyo, acosados y escasos de víveres, se replegaron hacia Ciudad Rodrigo. La retirada terminó con la batalla de Fuentes de Oñoro el 3 de marzo de 1811.

El general Gouvion Saint Cyr sitió Gerona, plaza fuerte e importantísima por ser llave de las comunicaciones de Francia con Cataluña. El asedio comenzó el 6 de marzo de 1809. El general Mariano Álvarez de Castro, sin otra guarnición que 3000 soldados a los que se unieron todos los habitantes de la ciudad, hizo una enérgica defensa, en donde la inteligencia igualó al heroísmo. Por tres veces el general Blake trató de socorrer la plaza para avituallarla, y solamente una vez logró introducir víveres y un refuerzo de 2000 hombres. El horroroso bombardeo en que miles de granadas cayeron sobre la población, las brechas abiertas, los asaltos continuos de los sitiadores y el hambre no bastaron para rendir la plaza. Disgustado Napoleón por la prolongación del sitio, reemplazó a Saint Cyr por Angereau. La insalubridad y deficiencia de la alimentación produjeron enfermedades que se cebaron en aquellos hombres heroicos sin que la plaza se rindiese. Solo cuando Álvarez de Castro cayó postrado en cama, Gerona pidió y obtuvo una capitulación con todos los honores de guerra. Cuando Angereau vio salir por la brecha los 1500 hombres a que habían quedado reducidos los defensores, se admiró de que aquel puñado de hambrientos hubiera resistido con tanta tenacidad durante siete meses al aguerrido ejército francés.

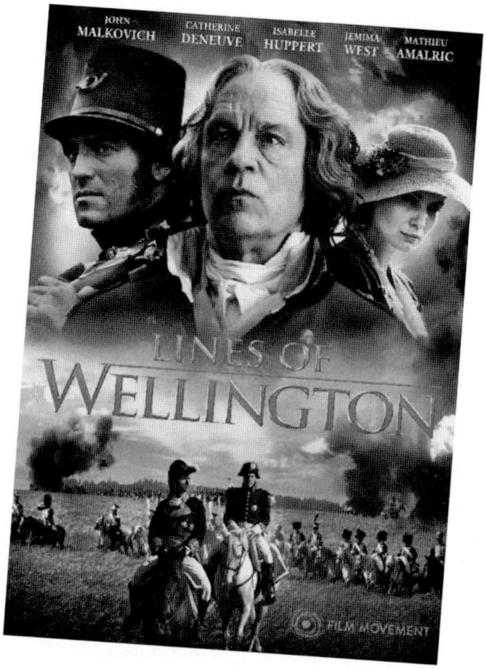

Lines of Wellington, *película francoportuguesa de 2012, dirigida por el chileno Raúl Ruiz, sobre las fortificaciones británicas en Torres Vedras. La trama comienza en el otoño de 1810, cuando las fuerzas francesas del mariscal Masséna invaden Portugal y son detenidas temporalmente por el ejército anglo-portugués al mando del vizconde Wellington en la batalla de Bussaco.*

Fusileros británicos disparan sobre los ingenieros franceses que trabajan en las fortificaciones de Badajoz, en abril de 1812, durante el segundo asedio a que fue sometida la ciudad.

El general Soult, desde Andalucía se dirigió a Extremadura y sitió Badajoz. Las tropas españolas que intentaron romper el cerco fueron derrotadas. La ciudad se defendió hasta el fallecimiento de su gobernador, Rafael Menacho, muerto por una bala de cañón en la muralla. El proyecto de Soult era marchar desde Badajoz sobre Lisboa para reforzar a Masséna, pero este ya había iniciado la retirada y tuvo que desistir de sus propósitos.

Finalmente, debido a las batallas de los Arapiles y de Vitoria, los franceses perdieron toda esperanza de dominio en la Península. Se firmó el Tratado de Valençay, en virtud del cual fue restituido Fernando VII en el trono de España.

La guerra en Europa

De 1812 a 1814, animados por el desastre francés en Rusia, se unieron a los rusos, Prusia y Austria. Juntos derrotaron a Napoleón en la batalla de Leipzig, también llamada «de las naciones». Los aliados invadieron el este de Francia, mientras que ingleses y españoles, una vez arrojados los franceses de la Península, invadían Francia por el sur.

Los aliados, y muy especialmente los prusianos, que habían aprendido la estrategia napoleónica, operaron rápidamente para no dejar a Napoleón tiempo de organizarse. Se dirigieron sobre París en la creencia de que defendería la capital.

El emperador necesitaba tiempo para organizar un ejército que operase delante de París y esperaba que sus generales se lo proporcionaran, pero se replegaron ante los invasores y solo defendieron débilmente las líneas sucesivas del Mosela y el Argone.

Proyectó entonces colocarse al flanco derecho de sus enemigos, con el fin de batirles sucesivamente, ya que habían tenido el desacierto de separarse. Intentó retardar su marcha y hasta forzarla o retroceder, para reunirse a retaguardia, pero tras una serie de combates adversos fracasó en su intento. Aún quiso reunir sus tropas detrás del Loira, pero, abandonado por sus generales y ministros, abdicó el 6 de abril de 1814.

Los aliados le concedieron la soberanía de la isla de Elba, situada entre Córcega e Italia, y, a instancias de Talleyrand, uno de sus antiguos ministros, decidieron restaurar en Francia a los Borbones. Reconocieron como rey, con el nombre de Luis XVIII, al conde de Provenza, hermano de Luis XVI.

Derribado Napoleón, se trató la paz, cuyas condiciones fueron acordadas mediante el Tratado de París el 30 de mayo de 1814. Su firma produjo descontento en el pueblo francés, y pronto se olvidaron los rencores contra Bonaparte, en quien vieron de nuevo al defensor de Francia. En la isla de Elba, Napoleón, que estaba al corriente de los movimientos de la opinión pública de Francia, resolvió intentar el destronamiento de los Borbones. Burló la vigilancia de los barcos ingleses y volvió a Francia el 1 de marzo de 1815. Las tropas lo aclamaron y restableció el Imperio de forma inmediata.

En 1815, ante el rearme de Francia y la llegada de Napoleón, los aliados, que podían movilizar un total de 850 000 hombres, proyectaron partir de todas las fronteras para converger sobre París. Al principio, únicamente dispusieron del ejército de Wellington, 106 000 hombres acantonados entre Bruselas y el mar, y el de Blücher, 124 000 hombres estacionados de Charleroi a Lieja.

Napoleón venció a los prusianos de Blücher en Ligny, pero consiguieron retirarse ordenadamente. El emperador se dirigió entonces contra lord Wellington y encargó a uno de sus mariscales, Grouchy, que no perdiera el contacto con el ejército prusiano, para mantenerlo alejado del campo de batalla. Los británicos retrocedieron a una posición defensiva en Waterloo. Hasta el mediodía, para dar tiempo a que el suelo, impracticable por la lluvia, se secase y a que llegara Grouchy, Napoleón no dio la orden de ataque, que empezó con un violento cañoneo. Al anochecer el ejército francés, atacado de frente y flanco, se declaraba en completa derrota.

Batalla de Ligny, en Bélgica, librada el 16 de junio de 1815 entre tropas francesas y prusianas, antesala del enfrentamiento en Waterloo. Se saldó con la victoria de Bonaparte sobre el ejército de Gebhard Leberecht von Blücher. Puede apreciarse cómo eran los despliegues de los ejércitos de la época napoleónica. Obra de Theodore Yung realizada en 1850. Colección particular.

Cuatro días después de Waterloo, Bonaparte, desalentado e impotente, abdicó de nuevo. Se dirigió al puerto de Rochefort con intención de embarcar hacia los Estados Unidos, pero, al encontrar la costa bloqueada por los británicos, decidió pedirles asilo. Lo consideran como prisionero de guerra y lo trasladaron a la isla de Santa Elena, roca perdida bajo los trópicos, en medio del océano Atlántico, donde falleció a los 52 años.

El 7 de junio, los angloprusianos ocuparon París. El día 8, Luis XVIII entró de nuevo en las Tullerías. Pero la caída de Napoleón y el regreso de Luis XVIII no impidió la marcha de los ejércitos de la coalición. Casi un millón de soldados entraron por toda la frontera e invadieron Francia. Este régimen de ocupación se prolongó hasta la conclusión del Segundo Tratado de París, firmado el 20 de noviembre de 1815.

Una vez arreglados los asuntos de Francia, cuyos límites quedaron reducidos a los de antes de la Revolución, los soberanos aliados se reunieron en Viena para ordenar los asuntos de Europa, cuya situación había sido completamente alterada por Napoleón. Todas las grandes potencias decidieron ensanchar sus fronteras a expensas de los países pequeños. Las ambiciones se desataron y los soberanos modificaron a su antojo, y sin el menor asomo de justicia, el mapa de Europa. Los resultados de este

Sesión del Congreso de Viena, convocado en 1814 con el objetivo de proceder al reajuste territorial de Europa. Participaron las principales potencias, representadas por sus respectivos embajadores: Austria (Metternich), Gran Bretaña (Castlereagh), Rusia (Alejandro I), Prusia (Humbolt) y Francia (Talleyrand). España, ya potencia de segundo orden, apenas intervino.

desastroso congreso fueron terribles. La gran mayoría de las guerras del siglo XIX no fueron sino consecuencias del arbitrario trazado de las fronteras y del anhelo de todos los pueblos de reintegrarse a sus límites étnicos y naturales, modificados en Viena.

Aspecto militar

Se ha amplificado mucho el efecto de la Revolución francesa sobre el ámbito militar existente en los comienzos del siglo XIX. Los éxitos de los ejércitos se fraguaron sobre las doctrinas militares concebidas durante el siglo XVIII de forma teórica, puestas en práctica por Napoleón.

Lo primero que hay que indicar respecto a la figura de Bonaparte es el hecho de sus dos grandes fracasos ante dos tipos de enfrentamientos: la guerra de guerrillas creada en España, auténtico ejemplo de «nación en armas», ante la que no supo el emperador francés oponer ninguna táctica o estrategia efectiva, y el intento de conquista de Rusia. Siempre se ha hablado de la inmensidad del territorio ruso como factor detonante de las victorias contra los invasores; en el caso de Napoleón fue un ejército distinto el que le derroto: la inclemencia del tiempo y, sobre todo, la falta de algo tan elemental hoy día como el apoyo logístico.

Las victorias de la Revolución no fueron debidas a una nueva doctrina, sino al perfeccionamiento de la instrucción de la tropa y la formación de los mandos según el nuevo reglamento a seguir. Todo eso vino acelerado por una serie de razones:

—La desunión de los aliados enemigos de Francia.
—La superioridad de efectivos, producto de una conscripción en masa, unido al gran patriotismo y entusiasmo de la juventud, llamada a filas en su totalidad.
—Las numerosas plazas fuertes fortificadas.

Esto explica cómo Napoleón adquirió con sus campañas de 1796 lo que no se improvisa: la cohesión. Fruto de la unidad moral y con mandos muy experimentados, sus hombres se convirtieron en magníficos soldados. Bonaparte jamás creo doctrina. Los grandes principios de la estrategia y de la táctica no los descubrió él, los encontró en la doctrina francesa de la segunda mitad del siglo XVIII; el instrumento, el ejército, se lo proporcionó la Revolución.

¿Qué principios? A finales del siglo XVIII la doctrina militar francesa se basaba en dos tipos: estratégicos y tácticos.

Estratégicos:

—El principio divisionario.
—La dispersión para maniobrar a distancia y la concentración para el combate.
—El combate en retirada.

Tácticos:

—Las formaciones en columna o en línea, según la maniobra.
—El despliegue de tiradores en líneas extensas.
—El escalonamiento en profundidad, para el empeño sucesivo de las tropas ligeras, de líneas y de reservas.
—El alargamiento de los frentes gracias al cruce de fuegos.
—La valoración de la artillería como elemento importante del combate para concentrar sus fuegos sobre el punto del esfuerzo decisivo.

Napoleón era un militar eminentemente práctico que aplicaba en cada caso los conocimientos militares de su tiempo. Su éxito fue fundamentalmente estratégico, ya que buscaba rápidamente la batalla decisiva y, desde ella, la explotación del éxito con la destrucción del enemigo.

En su estrategia se pueden distinguir las siguientes fases:

—Mantener la iniciativa debido a un planteamiento netamente ofensivo.

Guerra y paz, *película italoestadounidense de 1956, basada en la novela homónima de León Tolstói, dirigida por King Vidor. Una de las cintas más caras de la historia. En el fotograma superior, la dramática retirada del ejército francés durante el gélido invierno ruso.*

—Obligar a combatir al enemigo.

—Concentrar las fuerzas antes de la batalla.

En el orden táctico combinó la acción frontal con la acción sobre las alas o retaguardia del enemigo. Según él, el arte militar era pura ejecución, por eso centralizó bajo su mando toda la dirección de la guerra. Esto mismo se volverá en su contra cuando, al final de la guerra, la diversidad y el alejamiento de los distintos teatros de operaciones le obligaron a delegar el poder, lo que comprometió sus victorias. Sus subordinados, acostumbrados siempre a obedecer y ser eclipsados por el genio del emperador, no supieron obrar con independencia y autonomía.

La virtud de Napoleón estribó en combinar los movimientos de sus unidades, su capacidad para aguantar un ataque, sin modificar el dispositivo inicial. También en el golpe de vista para saber cuál era el momento decisivo del combate, para lanzar en el punto y momento oportunos sus reservas y explotarlo debidamente.

Su defecto más acusado recayó en el mando personal, del que muchos de sus oficiales subordinados carecieron. Fue un sistema útil para combates en un solo teatro de operaciones, pero resultó ineficaz cuando se produjeron enfrentamientos en diferentes lugares. Nadie conocía las intenciones de Bonaparte, ni siquiera Berthier, su jefe de Estado Mayor. Desde entonces, el Estado Mayor francés conservará la característica que le dio Napoleón: falta de personalidad.

Aspecto cinematográfico

Las guerras napoleónicas han sido llevadas al cine durante diversas décadas, pero no han llegado a constituir un subgénero como ha ocurrido con las películas de romanos o griegos, o por extensión con el *péplum*. Como ya se ha dicho, la figura de Napoleón ha sido profusamente amplificada (quizás desde el lado francés), y eso unido a la dificultad de recrear grandes formaciones militares, muchas de ellas de caballería, ha provocado la escasa presencia de filmes a nivel general. Sí abundan las realizaciones en las cuales el eje central es el propio Napoleón.

En España se hicieron muchas películas, e incluso series de televisión, que abordaron de frente o de refilón el convulso siglo XIX español, que comenzó con guerras y pérdidas del Imperio, o de lo que quedaba de él. Para los españoles, la guerra de 1808 no se denominó contra Napoleón sino Guerra de la Independencia, eso ya indica el carácter de un pueblo que luchaba a su manera y como podía contra el invasor.

Algunas de las producciones más importantes de esta época son:

Napoleón

Título original: *Napoleón.*
Director: Abel Gance.
Intérpretes: Albert Dieudonne, Vladimir Roudenko y Gina Manés.
Guión: Abel Gance.
Montaje: Abel Gance.
Fotografía: Leonce-Henri Buriel.
Nacionalidad: Francia. B/N, muda, 240 minutos. Año 1927.

Una de las mejores películas bélico-biográficas de la época muda, que recoge los primeros pasos del genio militar de Napoleón durante sus años en la escuela militar de Brienne. Posteriormente, aparece el movimiento revolucionario, su ascenso a oficial y la decisiva batalla de Toulon, vital para su carrera. Después, la espiral, su meteórico ascenso, con campañas en Austria e Italia.

Puro arte y muchas buenas secuencias en estas casi cuatro horas

Cartel y fotogramas de Napoleón, *de Abel Gance; un innovador excepcional que proyectó su película en pantalla triple, precursora del cinerama. Presenta la primera parte de la vida de Bonaparte, desde 1781, cuando está en la academia militar, hasta 1796, cuando, ya nombrado general, emprende la batalla de Montenotte.*

de realización. A destacar la escena de la guerra de bolas de nieve, y cómo la artesanía del cine mudo era capaz de contarnos las cosas con muy pocos gestos. Según los cronistas, Gance intentó hacer tres películas, pero por problemas económicos solo pudo realizar esta. El movimiento de cámara es genial.

AGUSTINA DE ARAGÓN

Título original: *Agustina de Aragón*.
Director: Juan de Orduña.
Intérpretes: Aurora Bautista, Manuel Luna, Virgilio Teixeira, Fernando Rey y José Bódalo.
Guión: Vicente Escribá.
Montaje: Petra de Nieva.
Música: Juan Quintero.
Fotografía: Theodore J. Pahle.
Nacionalidad: España. Blanco y negro, 120 minutos. Año 1950.

Uno de los títulos más famosos de la productora española Cifesa, que muestra, en forma de *flash back*, la

Como en otras películas suyas, Orduña ofrece aquí, en paralelo, una historia amorosa y episodios históricos. La cinta comienza por el final, en este caso cuando Agustina espera para ser condecorada por el rey Fernando VII. Mientras aguarda el momento, la heroína recuerda su vida y los episodios de la lucha contra los franceses.

historia de la heroica Agustina de Aragón durante la defensa de la ciudad de Zaragoza en 1808, frente a la invasión napoleónica.

Al comienzo de la cinta, Napoleón, orgulloso, profetiza: «Españoles, un pueblo de piojosos, en quince días los conquistaré». Y volviéndose hacia el plano de campaña añade: «Qué digo en quince, en siete días será suficiente».

El hilo argumental se enlaza con una historia de amor y una tremenda fe religiosa en la venerada Virgen del Pilar. Que la película trate de hechos acaecidos hace casi 200 años no disminuye el enardecimiento que produce contemplar cómo un puñado de españoles inventaron dos conceptos bélicos muy empleados hoy en día: por un lado, el de «lucha de guerrillas», para indicar cómo combatir a un enemigo superior, en lo que podría considerarse la prehistoria de los combates asimétricos. Por otro, el de «nación en armas», para expresar que la guerra al invasor es trabajo no solamente del ejército regular, sino de todos.

Con estos dos parámetros ante la cámara, y con el buen hacer del gran director Juan de Orduña, el espectáculo, la distracción y la emoción están asegurados. Esta producción perfectamente puede catalogarse como bélica, a pesar de que los y las combatientes, en vez de llevar casco de acero llevan la pañoleta baturra propia de Aragón. Tampoco puede ser tildada de «rancia», ya que por ella desfilan grandes actores españoles de teatro y televisión, en una puesta en escena muy sutil y sugerente. Es una película para ver con personas de todas las edades, desde niños a mayores.

Si el director de cine estadounidense John Ford hubiese querido contar la historia de Agustina de Aragón, lo habría hecho con la misma estructura que Juan de Orduña. Deberíamos volver a ver esta película con la personalidad suficiente para no dejarnos arrastrar por los convencionalismos, y analizar objetivamente si esta historia nos gusta.

Master and Commander

Título original: *The far Side of the world.*
Director: Peter Weir.
Interpretes: Russell Crowe, Paul Bettany, James D´Arcy, Edward Woodall y Max Pirkis.
Guión: Patrick O´Brian y Peter Weir.
Montaje: Lee Smith.
Música: Iva Davies.
Fotografía: Russel Boyd.
Nacionalidad: Australia. Color, 121 minutos. Año 2003.

La acción se desarrolla durante las guerras napoleónicas y en concreto en el ámbito naval. Se basa en las novelas de Patrick O'Brien. La fragata inglesa *HMS Surprise* se enfrenta a un barco de guerra francés de mejor dotación y dimensiones. El combate en la costa de América del Sur está realizado de manera magistral; por ejemplo, los destrozos que se producen en la fragata como consecuencia de los impactos de las balas de cañón. Tal es la viveza, realismo y claridad con que se nos muestra la vida o el devenir de la tripulación, que podemos apreciar con naturalidad desde la espesa niebla el fogonazo difuso y amarillento

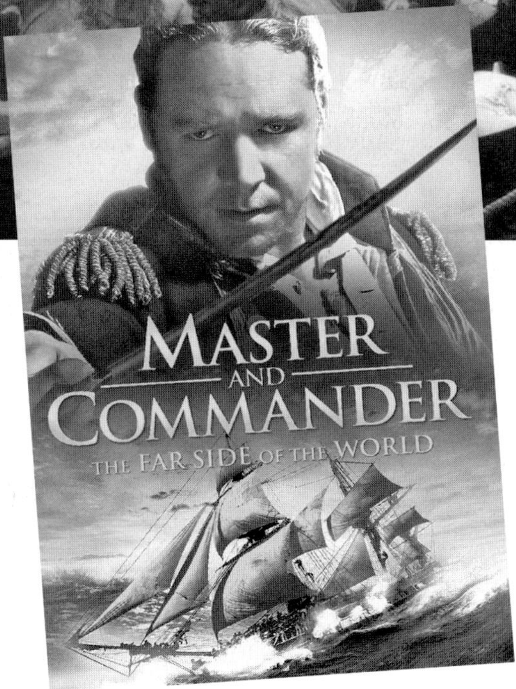

Master and Commander. *Después de rodar durante meses en una piscina, la película continuó durante 10 días en alta mar. Las secuencias requerían docenas de extras, a bordo de una réplica a escala de un barco del siglo* XIX *que ahora está atracado en San Diego, California.*

que produce la detonación del cañonazo del barco francés e, inmediatamente, la orden del capitán para repeler el ataque.

Peter Weir, también coguionista, nos muestra la vida en un barco de este tipo y nos muestra desde el camarote del capitán hasta el instrumental del médico. El actor Russell Crowe encarna al capitán de la fragata inglesa, Jack Aubrey, al que su tripulación llama Jack el Afortunado por las veces que la suerte le sonríe al mando del buque.

Paul Bettany es el cirujano Stephen Maturin, amigo del capitán, que en diversos momentos comparte su afición por la música y toca el violonchelo. Como ejemplo de su labor podemos sentir la angustia ante la amputación de un brazo. Muchos directores actuales tendrían que fijarse en cómo Weir nos muestra la escena sin gota de sangre, pero logra producir «la sensación» sin recurrir a lo que se denomina «casquería».

También hay que destacar toda la terminología marinera empleada

Momentos del rodaje de Orgullo y pasión. *El gran cañón en el monasterio de El Escorial y oficiales del ejército, encargados de la tropa que actuaba como «extras», junto a Cary Grant.*

en la película, fruto de un trabajo y asesoramiento exhaustivos. Quizás sea una de las mejores cintas sobre la marina de guerra. Muy difícil de realizar hoy en día.

ORGULLO Y PASIÓN

Título original: *The Pride and the Passion.*
Director: Stanley Kramer.
Intérpretes: Cary Grant, Frank Sinatra, Sophia Loren, Theodore Bikel, John Wengraf, Jay Novello, José Nieto, Carlos Larrañaga y Philip Van Zandt.

Guión: Edna Anhalt.
Montaje: Ellsworth Hoagland.
Música: George Antheil.
Fotografía: Franz Planer.
Nacionalidad: Estados Unidos. Color, 130 minutos. Año 1957.

El capitán Anthony Trumbell (interpretado por Cary Grant) es un oficial de la armada británica que desembarca en España durante la Guerra de la Independencia para contactar con las fuerzas españolas que se han alzado contra el invasor. Su misión es localizar e impedir que caiga en manos de los franceses un cañón español, el más grande del mundo.

En principio, el capitán Trumbell quiere sacar fuera de España el cañón, pero cuando conoce a Miguel, el jefe de las fuerzas guerrilleras, interpretado por Frank Sinatra, cambia de opinión. Miguel tiene unos planes más directos: quiere llevar el cañón hasta Ávila y atacar con su potencia de fuego el cuartel general de los franceses, para así conseguir expulsarles de la ciudad primero y, posteriormente, de España. Para el oficial inglés el plan parece muy poco realista, pero la tozudez de Miguel hace que lo imposible se convierta en probable y, finalmente, en realidad.

Contra toda lógica, Miguel y el cañón consiguen agrupar al pueblo español y lo llevan hasta Ávila para atacar la ciudad. Los dos hombres trabajaran conjuntamente a pesar de mantener un conflicto personal por estar enfrentados por el amor de Juana, interpretada por la exuberante Sophia Loren. La historia de esta película se basa en el libro del escritor Cecil Scott Forester *El cañón* (*The Gun*), autor de títulos tan conocidos como *La reina de África* o la saga de Horatio Hornblower.

El director Stanley Kramer se trasladó a España durante seis meses para efectuar el rodaje, reclutó a un ejército de españoles para hacer de extras y organizó una de las operaciones logísticas más grandes de la historia del cine. Utilizó varias réplicas de cañón, helicópteros para situar las cámaras, e incluso levantó un muro ante las murallas de Ávila para no dañarlas. El resultado es una producción que parece enteramente real, tanto que la escena en la que el cañón rueda por la montaña se grabó en vivo, no se hizo en el laboratorio.

La fotografía recoge plenamente a los protagonistas: el cañón (al que deberían haberle dado un Óscar); Sinatra, como atractivo líder guerrillero; Grant, caracterizado de elegante oficial británico, y Sophia Loren, que representa a una atractiva española.

Merece un homenaje cariñoso el asesor militar de esta película, el teniente coronel Luis Cano Portal, que años después fue el director de la *Revista del Ejército de Tierra Español*.

Una película de las que ya, por desgracia, no se hacen.

Otros títulos de interés referentes a esta época son:

Número	Título	Año
01	*Agustina de Aragón*	1929
02	*Austerlitz*	1960
03	*Aventuras de Juan Lucas*	1949
04	*Bolívar*	1928
05	*Burgos*	1911
05	*Carmen la de Ronda*	1959
06	*Cenizas*	1965
07	*Contra la pared*	1975
08	*Curro Jiménez*	1977/78
09	*Diego de Acevedo*	1968
10	*El capitán fantasma*	1953
11	*El dos de mayo*	1927
12	*El guerrillero (Juan Martín el Empecinado)*	1930
13	*El lancero polaco*	1910
14	*El manuscrito encontrado en Zaragoza*	1964
15	*El marqués de Bolívar*	1922
16	*El mensaje*	1953
17	*El mensaje del emperador*	1912
18	*El pozo y el péndulo*	1964
19	*El tambor del Bruch*	1948
20	*El tirano de Toledo*	1952
21	*El toro de Olivera*	1921
22	*El verdugo*	1947
23	*El zorro contra el imperio de Napoleón*	1969
24	*Estrellita*	1910
25	*Goya*	1984
26	*La colina de los pequeños diablos*	1964

27	*La espía de Castilla*	1927
28	*La guerrilla*	1972
29	*La guerrillera*	1982
30	*La leyenda del tambor*	1981
31	*La madre del monje*	1909
32	*La maja desnuda*	1959
33	*La máscara negra*	1982
34	*La mujer fatal*	1910
35	*La soule*	1989
36	*La toma de Zaragoza, 1809*	1910
37	*Las aventuras de Gerard*	1970
38	*Le fils de Caroline Chérie*	1955
39	*Llegaron los franceses*	1959
40	*Lola la Piconera*	1951
41	*Los desastres de la guerra*	1983
42	*Los fantasmas de Goya*	2006
43	*Los guerrilleros*	1963
44	*Los tres etcéteras del coronel*	1960
45	*Luna de sangre*	1950
46	*Monjes y guerrilleros*	1909
47	*Paquita*	1911
48	*Promesa rota*	1959
49	*Sangre de mayo*	2008
50	*Sangre en Castilla*	1950
51	*Sharpe*	1993
52	*Venta de Vargas*	1958
53	*Waterloo*	1970
54	*Episodio de la guerra napoleónica*	1909
55	*El abanderado*	1970

Dooley Wilson, Humphrey Bogart e Ingrid Bergman en Casablanca. *Bogart medía dos centímetros menos que Bergman. Cuando aparecían juntos, tenía que ponerse unas alzas para poder rodar las secuencias. El fallecimiento de Bogart el 14 de enero de 1957, a la edad de 57 años, provocó que la película llegara a la televisión al año siguiente. El acontecimiento lanzó una historia de amor interminable para los cinéfilos que todavía se fortalece después de tres cuartos de siglo.*

Murieron con las botas puestas. *Dramatización de la vida del general Custer, desde su ingreso en la academia militar de West Point hasta su muerte en Little Big Horn, protagonizada por Errol Flyn.*

Cartel de la película muda Cleopatra, *estrenada en 1917. Su protagonista, Theda Bara —anagrama de The Death Arab (la muerte árabe)—, fue la primera estrella prefabricada para la gran pantalla. Nacida el 29 de julio de 1885 en Ohio como Theodosia Burr Goodman, su biografía se cambió para divulgar que había sido alumbrada en el Sahara, fruto de la unión de una actriz francesa, Theda de Lyse, y un escultor italiano, Giuseppe Bara. Incluso se dijo que había crecido a orillas del Nilo. Existen fotos publicitarias de la película, pero no la totalidad de su metraje. Fue destruida por el estudio Fox —en la actualidad 20th Century Fox—, una vez conseguidos sus propósitos comerciales iniciales.*

Tierra de faraones, de Howard Hawks, una producción épica parcialmente rodada en Egipto en 1954. Hawks confesaría a Jacques Rivette y François Truffaut que su razón principal para hacer la película era utilizar el formato cinemascope recientemente perfeccionado, lo que le permitiría plasmar una grandiosa visión de la antigua civilización. En las imágenes, Joan Collins; Howard Hawks en acción y algunos de los 10 000 extras egipcios que trabajaron en la producción.

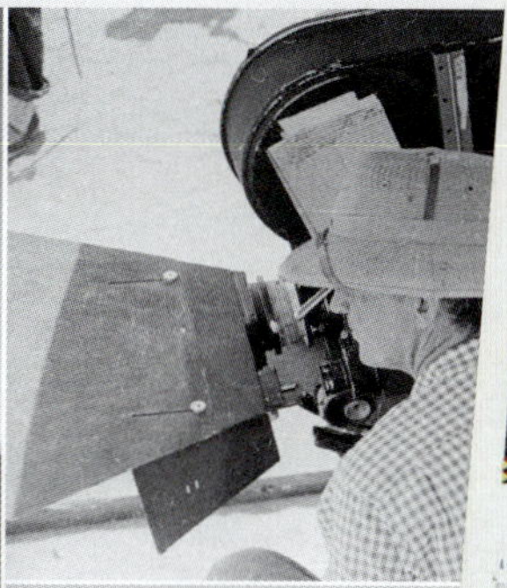

Caballo de madera de la película La guerra de Troya. *Dirigida por Giorgio Ferroni, se centra principalmente en las hazañas del héroe troyano Eneas.*

A la izquierda, cartel de la versión de Ben-Hur *producida en 1959. La filmación comenzó en mayo de 1958 y terminó en enero de 1959, y la posproducción tardó seis meses. Preocupado de que un rugiente león (Leo, la mascota de MGM) creara un estado de ánimo impropio para el tema de la película, sensible y sagrado, Wyler recibió permiso para reemplazar el logotipo tradicional por uno en el que el león estuviera callado. Abajo, el ejército romano en una nueva visión de la película realizada en 2019.*

El emperador Nerón presenta la nueva Roma. Quo Vadis *(1951) es una epopeya sobre un comandante del ejército romano que se enamora de una rehén cristiana y comienza a cuestionar su despótico gobierno.*

Las aventuras de Robin Hood, *protagonizada en 1938 por Errol Flynn; un clásico con escenas de aventuras que, a menudo, conducen a otras de batalla. Las transiciones son insinuadas al espectador por la banda sonora, que utiliza tambores para conducir al ataque o instrumentos de cuerda para agregar misterio a la acción.*

Arriba, cartel de Ivanhoe. *A la derecha, Lawrence Olivier, en el papel de monarca inglés, momentos antes de la batalla de Agincourt, en la producción de 1944,* Enrique V.

Camelot, *una versión totalmente irreal de la Edad Media, con fastuosos escenarios, dirigida por Joshua Logan en 1967. Según los críticos estadounidenses, la película sirvió como «un escape de la desilusión de Vietnam, la amargura y el desencanto de las manifestaciones contra la guerra y la sombría realidad de las noticias que ofrecía la televisión por la noche». Nominada a cinco premios de la Academia, ganó tres.*

Cartel de Oro, *película dirigida en 2017 por Agustín Díaz Yanes y basada en un relato de Arturo Pérez Reverte, ambientada en la conquista del Nuevo Mundo.*

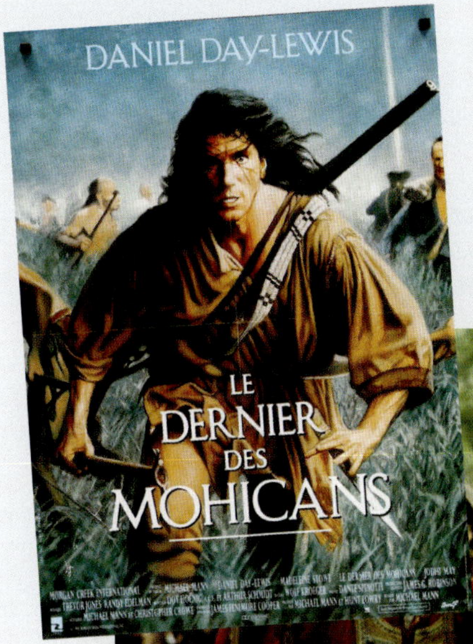

Cartel del estreno en Francia de El último de los mohicanos, *basada en la novela de James Fenimore Cooper, publicada en 1826; una historia ambientada en la Guerra de los Siete Años, con Gran Bretaña y Francia enfrentadas por el control de las colonias norteamericanas, en 1757. Se tuvo mucho cuidado al recrear trajes y accesorios; el rodaje tuvo lugar en el parque Chimney Rock, en las montañas de Carolina del Norte y a 25 millas de Asheville, especialmente la batalla final.*

Revolución, *protagonizada por Al Pacino, reconstruye los hechos revolucionarios de la independencia norteamericana desde el verano de 1776 hasta la sangrienta victoria de 1781 en Yorktown, a través de las desventuras de un trampero analfabeto.*

Paso al noroeste, *dirigida por King Vidor. La trama se desarrolla durante la guerra anglo-francesa en las colonias y cuenta el devenir de los llamados Rangers de Roberts, que fueron los primeros cuerpos especiales del ejército inglés en los Estados Unidos, una especie de infantería ligera para misiones de alto riesgo, que años más tarde serían muy importante en la guerra de independencia precisamente contra los británicos.*

El hidalgo de los mares, *dirigida por Raoul Walsh en 1951. Sorprende la perfección técnica de la película, tanto en lo referente a fotografía, como a nivel de maquetas y escenografía, así como en los vetustos efectos especiales.*

En la década de 1920 Abel Gance había escrito una biografía de seis partes de Bonaparte de la que Napoleón *era solo la primera, pero resultó un desastre financiero. Para hacer su reaparición a finales de la década de 1950, reescribió la tercera parte y la transformó en* Austerlitz *o* The Battle of Austerlitz, *que fue exhibida en español bajo el título* Historia escrita con sangre.

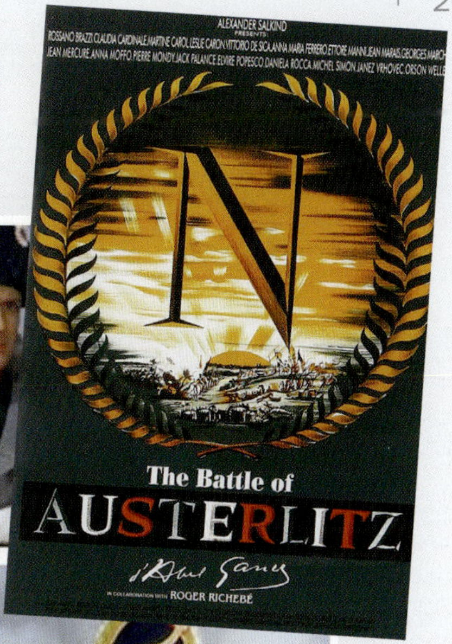

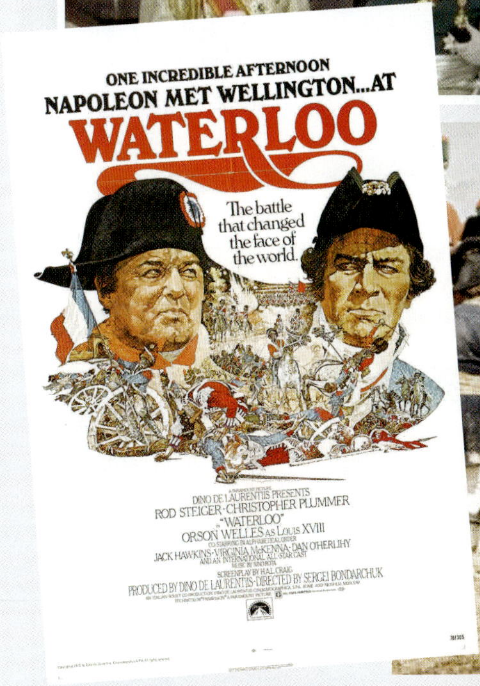

Waterloo, *dirigida por el soviético Serguéi Bondarchuk y estrenada en 1970, es una coproducción italosoviética, a cargo de Dino De Laurentiis. La película retrata los eventos de los Cien Días con bastante fidelidad, incluidas algunas alusiones y escenas de las batalla de Ligny y Quatre Bras.*

Carteles de las tres primeras versiones de las respectivas novelas de Percival Wren. Las películas tuvieron un gran éxito de público en todo el mundo y, en 1990, Beau Geste *fue honrada con formar parte de la emisión de los cuatro sellos conmemorativos del 23 de marzo, en honor a las mejores películas estrenadas en 1939. Resulatron también elegidas* Lo que el viento se llevó, La diligencia *de John Ford y* El mago de Oz.

Arriba, el brutal sargento Markoff (Brian Donlevy, nominado para el premio de la Academia al mejor actor de reparto por su papel). Donlevy, especializado en crear tipos duros, sirvió en la Escuadrilla Lafayette durante la Gran Guerra.

Versión realizada en 2016 de Los últimos de Filipinas, *dirigida por Salvador Calvo. A la derecha, los 33 auténticos supervivientes del sitio de Baler.*

La última carga, *dirigida en 1968 por Tony Richardson, reconstrucción de uno de los episodios más desastrosos de la historia militar británica: la batalla de Balaclava (1854).*

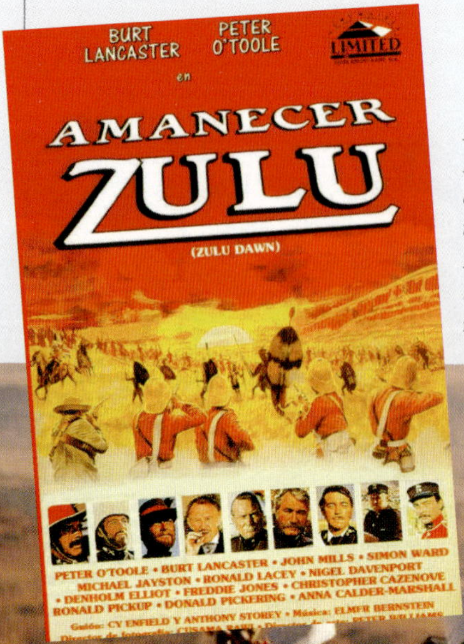

La novela en que se basa la película fue escrita por Cy Endfield, que colaboró en el guión con Anthony Story, director de Zulú *en 1964. Mientras que* Zulú *relataba la victoria británica en Rorke's Drift el 23 de enero de 1879,* Amanecer zulú *mostraba su derrota en Isandhlwana, la batalla del día anterior. Fue estrenada en España el 15 de mayo de 1979.*

En mayo de 1962, MGM anunció que Khartoum, *con guión de Robert Ardrey, sería una película de aventuras bélicas, en la línea de* 55 días en Pekín *y* Lawrence de Arabia. *La filmación tuvo lugar en Egipto, Pinewood Studios y Londres. Comenzó el 9 de agosto de 1965.*

Gunga Din, *dirigida por George Stevens y protagonizada por Cary Grant, Victor McLaglen y Douglas Fairbanks Jr., se basó libremente en el poema del mismo nombre de Rudyard Kipling, combinado con elementos de su colección de cuentos* Soldiers Three. *Sierra Nevada, en California, y las colinas de Alabama, se utilizaron para recrear el paso Khyber.*

¡Harka!, *dirigida en 1941 por Carlos Arévalo, narra la historia de un oficial en tierras marroquíes que se debate entre el amor por una mujer y su deber como soldado.*

Cartel del estreno en Francia de Lawrence de Arabia. *La película se basa en la participación de Thomas Edward Lawrence en la revuelta árabe durante la Primera Guerra Mundial. Fue rodada en Sevilla y Almería (España), Jordania y Marruecos.*

Caballo de guerra, *de Steven Spielberg, muestra los horrores de la Gran Guerra desde la perspectiva animal. Fue la última ocasión en que se utilizaron jinetes a gran escala en un conflicto bélico.*

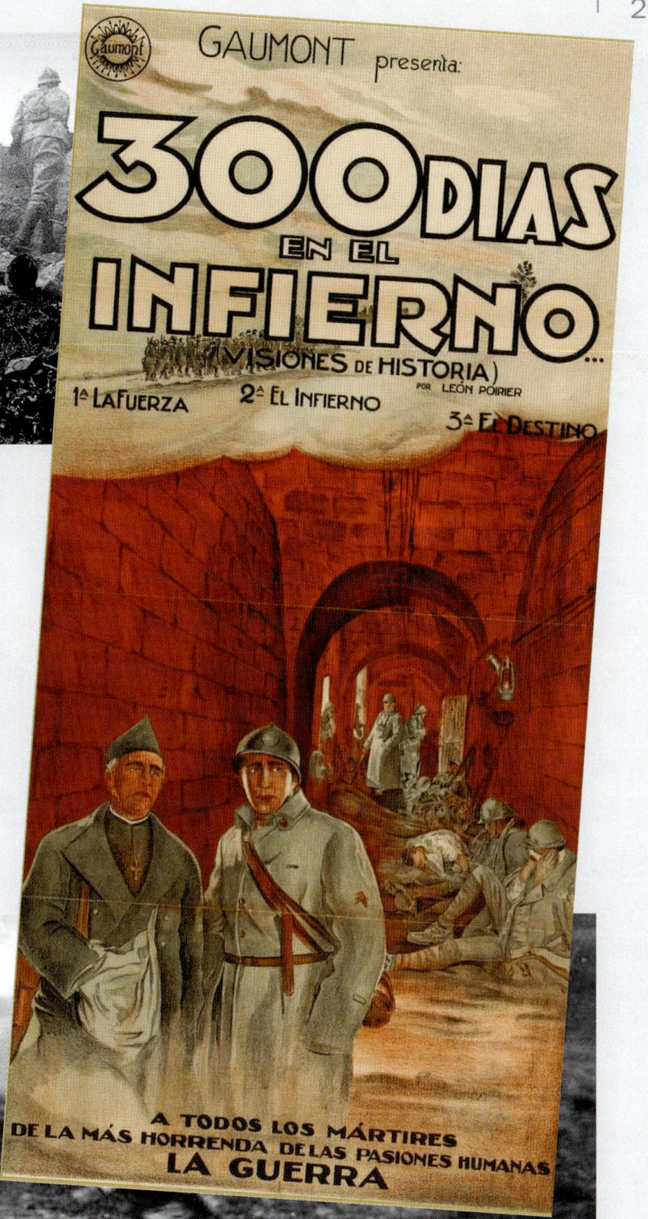

Cartel argentino del filme mudo Verdún, Visions d'Histoire, *estrenado en Buenos Aires como* 300 días en el infierno. *Dirigido en 1928 por León Poirier, está protagonizado por Albert Prejean, Jeanne Marie-Laurent, Suzanne Bianchetti, Hans Brausewetter y Thomy Bourdelle. Los dos fotogramas son de esta producción; muchas de las imágenes que se consideran tomadas en el frente durante la Gran Guerra, en realidad, pertenecen a la película.*

William A. Wellman —arriba, ocupado en montar la cámara sobre un avión— era un desconocido cuando fue elegido para dirigir la película. Los estudios pensaban que sus experiencias como piloto durante la guerra lo ayudarían a agregar algo diferente al montaje; tenían razón. La forma habitual de comenzar el rodaje diario era grabar a los pilotos en el suelo y añadir las acrobacias aéreas posteriormente. El innovador trabajo de la cámara es la razón por la que la película obtuvo el Óscar y merece los aplausos que ha recibido a lo largo de los años.

Westfront 1918. *Dirigida por el alemán G.W. Pabst, en su estreno en Berlín el 23 de mayo de 1930, el realismo implacable de la película provocó que el corresponsal para el* New York Times *la calificara como «el argumento más vívido hasta ahora ideado contra la guerra. A su lado, un libro o un discurso son cosas frías» —concluía el artículo—.*

8

El reparto del mundo. El colonialismo

Cartel publicitario y una vista general del set de producción. Los fastuosos decorados realizados en Las Matas, actualmente terrenos del término de Las Rozas, en las afueras de Madrid, pasaban por estar entre los más bellos de la historia del cine. Se construyeron las murallas de la Ciudad Prohibida a tamaño natural y un barrio entero de Pekín con todo lujo de detalles.

55 días en Pekín *(1962)*

El estadounidense Samuel Bronston estaba encantado de poder rodar en Europa y, concretamente, en España. Tanto, que creó una productora para grabar aquí, porque encontró unos escenarios naturales perfectos, equipo técnico, actores capaces de participar en grandes producciones y un gran abaratamiento de costes.

Cuando se pensó en rodar *55 días en Pekín*, Bronston no cubría los costes de sus anteriores películas, pero, no obstante, decidió echar toda la carne en el asador para esta producción.

El primer problema fue reproducir la ciudad prohibida de Pekín, pues era materialmente imposible rodar allí debido a la hostilidad de la China continental y su aislamiento del mundo occidental. El equipo de decorados tuvo que construir una enorme réplica en la localidad madrileña de Las Rozas, a 24 kilómetros de Madrid. Además, se necesitó contratar a numerosos extras asiáticos, y en España no había personal de aquellas latitudes. Se recurrió a trasladarlos desde el resto de los países de Europa.

Los problemas se sucedían antes de empezar a rodar, y otro bastante complicado fue el vestuario, sobre todo, el empleado por la emperatriz y el príncipe. Por casualidades del destino, se recibieron las vestimentas reales, prestadas por una ilustre familia florentina, que quiso permanecer en el anonimato, que las había rescatado de la Revolución.

Uno de los actores principales fue Charlton Heston, que aseguró que su relación laboral con la actriz Ava Gardner era nefasta debido a su comportamiento poco profesional durante el rodaje. Ava Gardner aceptó intervenir en la película porque necesitaba dinero debido al tren de vida que llevaba en Madrid. Como iba a rodar muy cerca de la capital, no le suponía mucho trastorno asistir, aunque la puntualidad no fuera su fuerte.

Charlton Heston estaba tan cansado de los retrasos que la protagonista generaba en los rodajes, que forzó a la dirección para que cambiase el guión, de manera que la actriz, que interpretaba a la baronesa rusa Natasha, «muriese» media hora antes de terminar la cinta, para así no tener que rodar más con ella.

Otras fuentes apuntan que el guionista, Philip Yordan, primero intervino para que Ava Gardner interpretase el papel de baronesa y luego, por despecho, se lo recortó con muchos menos minutos y accedió gustoso a meter la tijera para «sacarla» del rodaje media hora antes del final.

Debido al fracaso de taquilla tanto de esta película como de *La caída del Imperio romano*, la productora de Bronston tuvo que cerrar.

Aspecto histórico

Emergió en el mundo con el final de las guerras napoleónicas un periodo de cierta calma. Las mejoras tecnológicas, consecuencia de la implantación de la Revolución Industrial, llevaron a varios países europeos a ser capaces de alargar sus líneas de comunicación y aumentar su capacidad de expansión.

Al igual que ocurrió en los siglos XV y XVI, los países más desarrollados iniciaron una expansión tendente a repartirse lo poco aún desconocido o «sin título de propiedad» del mundo, con el afán de ocupar y ensanchar los dominios propios. Estos territorios, llamados «colonias», proporcionaron a muchas metrópolis soporte humano y material que, en muchos casos, permitió cierto despegue económico. Dos continentes fueron especialmente propensos a este reparto: África y Asia.

En el caso de Asia, el Imperio español mantenía ciertos enclaves que aguantaron hasta el año 1898. En África fue distinto: su reparto se llevó a cabo mediante fronteras trazadas con escuadra y cartabón. Si hoy miramos un mapa de ese continente, muchas veces llamado «el continente negro», debería chocarnos lo rectos que son los límites entre los países, en contraposición con los de la vieja Europa, que serpentean a lo largo de macizos, cadenas montañosas o ríos de gran caudal.

España asistió de forma patética a la pérdida de todos sus territorios de América. Este siglo fue, pues, de independencia para los pueblos americanos y de dependencia para los de África, Oriente Medio y parte de Asia.

No hay una secuencia histórica de ocupación o desocupación territorial. Sí existieron escenarios diversos en cada uno de los continentes citados, con un denominador común: la superioridad tecnológica de los países colonizadores frente a los colonizados y, en el caso del Imperio español en el continente americano, la desidia de la política exterior, que dejó languidecer nuestras posesiones de ultramar.

Aspecto militar

El siglo XIX fue la centuria de los avances tecnológicos, pero estos no se incorporaron al ámbito militar hasta los inicios del XX.

No cabe decir que hubo falta de inventos y avances; se pueden esquematizar como sigue:

- —En 1835 Samuel Colt fabricó el primer revólver.
- —En 1836 Johan Dreyse realizó pruebas con el primer fusil de aguja de percusión.
- —En 1856 Wilhem Bauer diseñó uno de los primeros prototipos de submarino.

El reparto de África durante la Conferencia de Berlín. Hacia el último cuarto del siglo XIX se incrementó el número de potencias imperiales y se adquirieron más territorios que durante los tres cuartos anteriores. España y Portugal se lanzaron de nuevo a la conquista, y aparecieron nuevos Estados como Alemania, Italia, Estados Unidos y Bélgica, que nunca habían tenido una tradición colonial, pero ahora querían tener su imperio en ultramar.

—En 1866 Robert Whitehead desarrolló el primer torpedo.

—En 1867 Alfred Nobel inventó la dinamita.

—En 1884 Hiram Steven Maxim creó la primera ametralladora.

No hubo más, salvo los relacionados con el perfeccionamiento de las armas de fuego (pistolas, subfusiles, ametralladoras), el tránsito de los barcos de madera a los de acero gracias a la aplicación de la máquina de vapor y el predominio del caballo como elemento de transporte y movilidad.

Aspecto cinematográfico

El cine, desde sus comienzos en formato sonoro, intentó recrear escenarios exóticos en las salas de proyección. Para los espectadores, ver una película ambientada en India, Crimea, Marruecos o Argelia suponía «ir de viaje» por esos lugares sin moverse de la butaca.

Las películas, con independencia del género cinematográfico al que pertenecen, que abordan ese espacio histórico de la colonización o el fenómeno contrario de la descolonización, y nos acercan a esos combatientes desplegados por todo el globo terráqueo son:

El acorazado Potemkin

Título original: *Bronenosez Potemkin.*
Director: Sergei M. Eisenstein.
Intérpretes: Alexander Antonov, Grigori Alexandrov, Vladimir Barsky y Mijail Gomorov.
Guión: Nina Agadzhanova.
Montaje: Sergei M. Eisentein y Grigori Alexandrov.
Música: Yati Durant y Vladimir Heifetz.
Fotografía: Eduard Tissé y Vladimir Popov.
Nacionalidad: Unión Soviética. B/N, muda, 77 minutos. Año 1925.

El estreno de El acorazado Potemkin *fue un éxito, pero, a la larga, la propaganda de Eisenstein se tornó en cine crítico, tan incómodo, que le llevó a problemas con Stalin.*

Uno de los filmes más importantes de la cinematografía mundial. Se centra en el acorazado. El director de esta obra maestra, Sergei. M. Eisenstein, con tan solo 26 años, realizó el rodaje en un tiempo récord —una semana— y el montaje en 12 días. Fue estrenada en el teatro Bolshoi de Moscú el 21 de diciembre de 1925.

El concepto esencial de este director ruso era el montaje. Elegía imágenes muy específicas, relacionadas con un incidente concreto, y las ordenaba en una secuencia dinámica de contrastes, conflictos y movimientos. Podía transformar una sencilla línea narrativa en una profunda experiencia emocional.

La secuencia de la matanza en las escalinatas de Odessa constituye el máximo ejemplo de sus montajes. Los planos generales de alarma y confusión entre el gentío se intercalan con primeros planos de ojos aterrorizados, personas que gritan, botas que pisan un ramo de flores, un paraguas roto y cuerpos que caen. Insertadas en medio de esas imágenes de confusión generalizada, se encuentran otras más individualizadas y, en paralelo con todas ellas, las de los soldados en su implacable avance. Sus pies en la escalinata se muestran con precisión militar según descienden los escalones y contrastan con el desorden de la multitud que intenta escapar. Los planos en detalle de fusiles que disparan se intercalan entre otros de las ruedas de un coche de niño.

Compuesta por más de 1200 planos, cosa poco habitual para su tiempo, la ejecución en el barco y la masacre en la escalinata de Odessa figuran en todas las antologías de la historia del cine.

TRES LANCEROS BENGALÍES

Título original: *Lives of a bengal lancer.*
Director: Henry Hathaway.
Intérpretes: Gary Cooper, Franchot Tone, Richard Cromwell, Guy Standing, C. Aubrey Smith, Akim Tamiroff, Kathleen Burke, Douglas Dumbrille, Monte Blue, Noble Johnson y Colin Tapley.
Guión: Waldemar Young.
Montaje: Ellsworth Hoagland.
Música: Herman Hand.
Fotografía: Charles Lang.
Nacionalidad: Estados Unidos. B/N, 109 minutos. Año 1935.

Una película en la que su director, Henry Hathaway, recrea la vida de los oficiales de un regimiento de lanceros en Bengala. Hombres de diversas clases sociales y nacionalidades se agrupan en torno a la figura de la unidad madre, el regimiento. El actor Gary Cooper da vida al curtido y experto teniente Mac Gregor, que recibe a dos jóvenes oficiales

Arriba, cartel estadounidense de Tres lanceros bengalíes. *Abajo, Gary Cooper y Franchot Tone en una de las escenas de la película.*

recién llegados, uno de ellos hijo del coronel jefe del regimiento.

Algunos críticos actuales afirman que la película no ha soportado bien el paso del tiempo. No debemos olvidar que en 1935, el año de su rodaje, la Segunda Guerra Mundial estaba lejos de poder imaginarse, e incluso la Guerra Civil no se había iniciado, de ahí que las marcas o secuelas de tan cruentos conflictos no se palpasen en la realización de este tipo de películas. El desenlace de la historia y, sobre todo, el excelente final, nos hacen cambiar de opinión, aunque haya pasado el tiempo.

Destacan a lo largo de su metraje las escenas siguientes:

—La relación entre padre e hijo en las reuniones de mandos.

—El distanciamiento del padre en aras del sentido de la disciplina y el despecho del muchacho, que no ve en el coronel al padre añorado.

—La vida de los oficiales en los pabellones, y las imágenes de archivo, quizás de las últimas en las que podemos contemplar unidades a caballo, que posteriormente desaparecieron con la mecanización y motorización de los ejércitos.

—La voladura del depósito de municiones. La marcialidad con la que el jefe del regimiento impone la condecoración sobre la silla del caballo del oficial fallecido; toda una historia épica plasmada en breves instantes.

Cuando se estrenó fue un éxito. Se ha vuelto a exhibir varias veces, con frecuencia por televisión, aunque en muy pocas ocasiones en versión completa. Obtuvo dos de las seis nominaciones que recibió. El *London Daily Telegraph* señaló: «La mejor película que se haya hecho jamás sobre el ejército. El tema principal es el conflicto entre el deber y los sentimientos».

La crítica pidió de forma unánime el Óscar a mejor actor para Gary Cooper; la Academia, por el contrario, no le consideró merecedor del galardón. Tendría que esperar hasta el año 1941 para obtenerlo por su papel en otra película bélica: *El sargento York*.

LA BANDERA

Título original: *La Grande Relève* o *Escape from yesterday*.
Director: Julien Duvivier.
Intérpretes: Jean Gabin, Annabella, Robert Le Vigan, Raymond Aimos, Margo Lion, Pierre Rendir, Charles Granval y Robert Ozénne.
Guión: Charles Spaak.
Montaje: Marthe Poncin.
Música: Jean Wiener y Roland Manuel.
Fotografía: Jules Kniger y Marc Fossard.
Nacionalidad: Francia. Blanco y negro, 110 minutos. Año 1935.

La bandera, *pese a la popularidad de su pareja protagonista, formada por Jean Gabin y Annabella —futura esposa de Tyrone Power—, no alcanzó la repercusión de otras películas del mismo tipo filmadas por Julien Duvivier, como* Pepe Le Moko. *La cinta fue inicialmente dedicada al general Franco y a sus tropas, un epígrafe que fue eliminado una vez terminada la Guerra Civil.*

Una de las más famosas películas del director francés Julien Duvivier, basada en la novela de Pierre Dumarchais. La acción se desarrolla alrededor de Pierre Gilieth, interpretado por el actor Jean Gabin, que, tras cometer un crimen en París, huye a Barcelona, donde pierde todo su dinero. Con la policía buscándole se une a La Legión española; allí encontrará personas de diversas condiciones y estratos sociales y entablará amistad con dos compañeros, Mulot y Lucas, que intentarán hacerle olvidar sus faltas pasadas.

De esta realización hay que destacar las imágenes de la Barcelona de los años treinta, inmediatamente antes de la Guerra Civil, con vistas y planos realizados desde las azoteas de los edificios, que muestran numerosos tendederos de ropa flameando al viento.

Pierre Renoir da vida al capitán Weller —Luis Vélez en la versión española—; el oficial se muestra con un parche en el ojo y un guante negro que cubre su mano amputada. Es un referente claro y preciso de la imagen del general Millán Astray.

La entrada en el acuartelamiento de la Legión va acompañada de una panorámica que recoge a toda la unidad formada en el patio. Un *travelling* que dura lo mismo que la música de la marcha militar.

Solo durante la escena de la carga final se ve por unos segundos al enemigo. No hay ninguna aparición de actores secundarios o extras que materialicen el ataque a las columnas o el asedio a la pequeña fortificación.

El desfile de la columna de socorro ante los muertos del fortín y el superviviente son un verdadero cuadro de exaltación del misticismo legionario.

Hay cierto paralelismo entre la película y *Beau Geste*, de 1939. En esta, Gabin interpreta a un rufián que acabará por conocer la lealtad, el compañerismo y el espíritu de sacrificio. En *Beau Geste* se trata de tres hermanos, de comportamiento noble y caballeroso, que huyen de la policía para descargarse de culpas unos a otros y se alistan en la Legión Extranjera francesa. Llama poderosamente la atención el hecho de que la mejor película, según la mayoría de los críticos, sobre La Legión española, se haya hecho en Francia.

La carga de la Brigada Ligera

Título original:
The Charge of the Light Brigade.
Director: Michael Curtiz.
Intérpretes: Errol Flynn, Olivia de Havilland, Patric Knowles, Nigel Bruce, David Niven, Donald Crisp y Henry Stephenson.
Guión: Michael Jacoby y Rowland Leigh.
Montaje: George Amy.
Música: Max Steiner.
Fotografía: Sol Polito.
Nacionalidad: Estados Unidos. B/N, 116 minutos. Año 1936.

Errol Flynn interpreta al comandante Vickers y, a su mando, se produce la puesta en escena de la carga de caballería más larga, más costosa e impresionante de la historia del cine, con una duración de nueve minutos.

La acción se sitúa en la Guerra de Crimea, durante la famosa batalla de Balaclava. Idealizada en su resultado, pasa por alto un cierto rigor histórico. El poeta Alfred Tennyson escribió en 1854 unos versos sobre el suceso, algunos de cuyos párrafos aparecen en imagen al iniciarse el avance:

Media legua, media legua
Media legua hacia delante
Por el valle de la muerte
Cabalgaron los seiscientos
Adelante la Brigada Ligera
Cargad contra los cañones
Por el valle de la muerte
Cabalgaron los seiscientos
Cañones a su derecha
Cañones a su izquierda
Cañones enfrente de ellos
Disparando y tronando

La carga de la Brigada Ligera. *Michael Curtiz, director de* Casablanca, *supo sacar partido como nadie a la pareja romántico-aventurera por excelencia de los años treinta y primeros cuarenta: Errol Flynn y Olivia de Havilland.*

La película tuvo mucha popularidad en su momento. El director, Michael Curtiz, insertó imágenes de la carga propiamente dicha con primeros planos de las baterías que, desde los flancos, diezman y aniquilan a la caballería británica.

Beau Geste

Título original: *Beau Geste.*
Director: William A. Wellman.
Intérpretes: Gary Cooper, Ray Milland, Robert Preston, Brian Donlevy, Susan Hayward, Broderick Crawford, J. Carrol Naish, Albert Dekker, Donald O'Connor y James Stephenson.
Guión: Robert Carson.
Montaje: Thomas Scott.
Música: Alfred Newman.
Fotografía: Theodor Sparkuhl y Archie Stout.
Nacionalidad: Estados Unidos. B/N, 112 minutos. Año 1939.

Producción basada en la novela del mismo título, que lleva el nombre de su protagonista: Michael «Beau» Geste. Mal traducida en ocasiones como *Bonito gesto*, fue escrita por Percival Christopher Wren, que ostentó el cargo de comandante en la Legión Extranjera francesa.

La obra fue un éxito, hasta tal punto que tuvo tres versiones cinematográficas, dos de ellas durante la época del cine mudo. El libro forma parte de una trilogía que se completa con *Beau Sabreur* y *Beau Ideal.*

Esta primera narración cuenta la historia de tres hermanos —los Geste— que deciden alistarse en la Legión Extranjera francesa. La cinta nos cuenta su devenir desde la infancia, donde juegan a las batallas

Los hermanos Geste: de izquierda a derecha, John, Michael y Digby (Ray Milland, Gary Cooper y Robert Preston, respectivamente). Existen otras tres versiones cinematográficas basadas en la misma novela. Una de 1926 protagonizada por Ronald Colman, otra de 1966 protagonizada por Guy Stockwell y una miniserie de la BBC de 1982.

con barcos en un estanque, hasta su estancia en el desierto, en el fuerte Zinderneuf, al mando del malvado sargento Markoff. Excelente interpretación de Gary Cooper en el papel de hermano mayor de los Geste, muy bien secundado por Robert Preston, como Digby, y Ray Milland, como John.

A pesar de tratarse de una película ciertamente antigua, la fotografía posee gran realce y la dirección, a cargo de William A. Wellman, antiguo piloto durante la Primera Guerra Mundial, nos muestra el gran dominio de los encuadres, lo que evoca aquel cine de arte colonial que se realizaba casi de manera artesana.

La película se emitió por Televisión Española en un programa de debate llamado *La Clave*, presentado por el periodista José Luis Balbín y realizado en los primeros años de la década de los ochenta, para tratar el tema de aquel día: «¿Hay héroes?». Es, por lo tanto, una historia de heroísmo, amistad, compañerismo y humanidad. Una auténtica película de aventuras bélicas.

Los últimos de Filipinas

Título original: *Los últimos de Filipinas.*
Director: Antonio Román.
Intérpretes: Armando Calvo, José Nieto, Guillermo Marín, Juan Calvo Domenech, Femando Rey, Nani Fernández, Carlos Muñoz, Manuel Káiser, José Miguel Rupert y Pablo Álvarez Rubio.
Guión: Enrique Alfonso Barcones, Rafael Sánchez Campoy, Antonio Román, Enrique Llovet y Pedro de Juan.
Montaje: Bienvenida Sanz.
Música: Manuel Parada y Jorge Halpern.
Fotografía: Enrique Guemer.
Nacionalidad: España. B/N, 97 minutos. Año 1945.

Es esta producción una de las películas clave en la cinematografía española de los años 40. Su temática, muy clara, tuvo un fuerte impacto popular.

Los últimos de Filipinas *se estrenó en las Navidades de 1945 en Madrid. Tanto su publicidad como el programa de mano destacaban su carácter de «heroica gesta».*

La historia reproduce en la pantalla un hecho real acaecido medio siglo antes en Baler, Filipinas, en la zona de Luzón. Un destacamento, al mando de un capitán heroico y tenaz, es uno de los últimos reductos de España en aquellas tierras. La decidida actuación de este oficial hará que su unidad resista más de un año los feroces ataques de los nativos tagalos.

El capitán, incrédulo ante los mensajes que recibe, que indican que se han rendido todas las tropas españolas, aguantará estoicamente con su diezmada unidad los intermitentes ataques tagalos que se producen una y otra vez. Su tenaz resistencia y actitud ejemplar concluyen con una inevitable pero honrosa rendición, ante el respeto del vencedor.

Hasta aquí el hecho histórico que asombró a gran parte del mundo y que, aún hoy en día, sirve de modelo en muchas escuelas y academias militares como ejemplo de máximo exponente de abnegación y espíritu de sacrificio.

Esta realización fue declarada de «interés nacional» por el elevado realismo de su interpretación. Pero hay que ir más allá: la importancia de esta cinta está en mostrar unos hechos reales que provocaron la exaltación del heroísmo y estricto cumplimiento del deber del ejército, y el espíritu de civilización que llevó a que los filipinos rindiesen honores a los supervivientes de esta gesta.

También debemos analizar la doble trama; de un lado, la historia colonial, y de otro, la gesta heroica contenida en el filme, y cómo el director, Antonio Román, sabe con habilidad hacer avanzar la acción de manera intensa. Algo nada fácil, dado el reducido espacio en donde se desarrolla gran parte de la acción.

El montaje da pie a un continuo encadenado de contenidos bélicos con recursos emotivos y nostálgicos. Las interpretaciones, los encuadres y la fotografía son magistrales. Para la antología ha quedado la ya famosa escena en que la joven tagala canta para aquellos sufridos soldados españoles. Es un incunable del cine bélico español.

Zulú

Título original: *Zulu*.
Director: Cy Endfield.
Intérpretes: Ivor Emmanuel, Jack Hawkins, Michael Caine, Nigel Green, Stanley Baker y Ulla Jacobsson.
Guion: John Prebble y Cy Endfield.
Montaje: John Jympson.
Música: John Barry.
Fotografía: Stephen Dade.
Nacionalidad: Gran Bretaña. Color, 133 minutos. Año 1964.

El 22 de enero de 1879 el ejército británico cosechó una de sus mayores derrotas, cuando 1500 soldados fueron masacrados a manos de los zulúes en Isandlwana.

Cartel del estreno en Francia de Zulú. *Los exteriores de la película —arriba— no se filmaron en el auténtico lugar de la batalla, sino más al oeste, en el espectacular «anfiteatro» del macizo Drakensberg, una cadena de montañas de 400 kilómetros que se extiende por Sudáfrica y Lesotho.*

Poco después, durante ese mismo año, ocurrió el enfrentamiento de Rorke´s Drift. Allí, durante más de 12 horas, un contingente algo mayor de un centenar de británicos resistió el ataque de más de 4000 guerreros zulúes.

Tomando como base el hecho real se realizó esta película. Su excelente fotografía, a cargo de Stephen Dade, describe meticulosamente la tensión y el terror del combate. La banda sonora de John Barry da un ambiente clásico de producciones de corte o carácter colonial.

La película tiene una lectura importante, o más importante si cabe que la de la proporción de los que lucharon en uno u otro bando, o de los heroísmos demostrados. Los avatares sitúan a dos tenientes, uno de ingenieros, John Chard (papel de Stanley Baker), que se encuentra «adaptado» a la zona y construye un puente, y otro de infantería, Gonville Bromhead (Michael Caine), que manda el destacamento desplegado, pero más moderno que el oficial de ingenieros.

La inminencia del ataque organizado por los zulúes provoca el comienzo de los preparativos para la defensa de la posición. Ante la sorpresa y malestar del teniente de infantería, es el oficial de ingenieros —por ser más antiguo— el que ejercerá el mando de la defensa. Empleará conceptos inadecuados desde la óptica del infante, pero que darán un resultado espectacular, pues consiguen resistir y detener la avalancha. Como curiosidad, hay que resaltar que gran parte de los 700 zulúes que intervinieron en la película en calidad de extras, eran descendientes de los que cien años atrás combatieron en ese lugar.

Otros títulos de interés son:

Número	Título	Año
01	*A mí La Legión*	1942
02	*Khartoum*	1966
03	*Alhucemas*	1947
04	*Alma aragonesa*	1961
05	*Alma rifeña*	1922
06	*Amanecer zulú*	1979
07	*Bajo dos banderas*	1936
08	*La jungla en armas*	1939
09	*Beau Ideal*	1931
10	*Culpable sin rostro*	1975
11	*Deserción*	1957
12	*Fort Apache*	1948
13	*Desert sands*	1955
14	*Diez fusiles esperan*	1958
15	*Diez valientes*	1951
16	*Drums of the desert*	1940
17	*Gunga Din*	1939
18	*El desastre de Annual*	1970
19	*El héroe de Cascorro*	1929
20	*El león del desierto*	1980
21	*El primer cuartel*	1966

22	*Las cuatro plumas*	1939
23	*55 días en Pekín*	1963
24	*Harka*	1941
25	*Héroes de La Legión*	1922
26	*Héroes del 95*	1946
27	*Los últimos de Filipinas*	2016
28	*La batalla de Argel*	1966
29	*La legión de los condenados*	1948
30	*La legión del desierto*	1953
31	*La leyenda de un valiente*	1967
32	*La llamada de África*	1952
33	*La última carga*	1968
34	*Las cuatro plumas*	2002
35	*Las últimas banderas*	1954
36	*Legión de héroes*	1942
37	*Mando perdido*	1966
38	*Marchar o morir*	1977
39	*Marruecos*	1930
40	*Novios de la muerte*	1974
41	*Revuelta en la India*	1938
42	*Rifles de Bengala*	1960
43	*Tres soldados*	1951

9

Todos contra todos. La Primera Guerra Mundial

El director norteamericano, de origen ruso, Lewis Milestone se curtió tras una cámara después de alistarse como ayudante de dirección en los filmes de entrenamiento de las tropas estadounidenses en la Primera Guerra Mundial. Su gran oportunidad le llegó cuando le encargaron el rodaje de Sin novedad en el frente. *No era un trabajo fácil. En 1930 mostrar un ataque bélico con todas sus consecuencias no era habitual ni sencillo de exhibir en el cine. Milestone, en este sentido, hace suyo el espíritu de la novela original e introduce al espectador sin más dilación en la perspectiva del soldado que se va a enfrentar al enemigo.*

Sin novedad en el frente *(1930)*

El protagonista de esta película, Lew Ayres, solo tenía 22 años cuando participó en esta realización. El director de producción, George Cukor, no quería darle el papel principal porque solo había rodado tres películas, prefería asignarle un papel de reparto o secundario.

En contra de la opinión de Cukor, el director, Lewis Milestone, le veía idóneo para el papel. Finalmente impuso su criterio y Ayres encarnó al combatiente alemán de la Primera Guerra Mundial.

Tanto en la vida real como en su personaje, Lew Ayres fue un gran pacifista, lo que le llevó a declararse objetor de conciencia en la Segunda Guerra Mundial; eso acabó temporalmente con su carrera cinematográfica. Años después se supo que, durante la contienda, había servido con honores como médico militar y arriesgado su vida en repetidas ocasiones bajo el fuego enemigo. Esa labor le permitió volver a ponerse delante de las cámaras.

La interpretación de Ayres fue magistral; tanto, que el filme ganó el premio de la Academia a mejor película ese año. Fue un resonado éxito que aparece en todos los anales de la cinematografía mundial.

Un crítico, después de verla, dijo impresionado: «Esta es una película que debería verse en todos los idiomas y en cada nación año tras año, hasta que la palabra guerra desaparezca de los diccionarios».

Aspecto histórico

Han pasado más de 100 años desde el inicio de la Primera Guerra Mundial y, en tan poco tiempo, el mundo, en su concepción política, económica y militar, ha cambiado muchísimo en lo referente a la planificación y el desarrollo de las operaciones militares. La primera sensación que produce hablar de esta guerra es la de un completo desastre y, a continuación, aparecen ideas tan desalentadoras como trinchera, frío, barro, hambre, enfermedades y millones de muertos.

Siempre me hago las mismas preguntas: ¿Nadie fue capaz de parar tal sangría de vidas humanas? ¿No fue capaz la ciencia militar, si es que existe ese campo de la sabiduría, de encontrar un remedio rápido para concluir una guerra de ese calibre? ¿Puede alguien sentirse orgulloso de haber vencido en un conflicto así? Creo que no existen respuestas claras a estos interrogantes.

Desde sus comienzos fue llamada Gran Guerra, quizás porque, en relación con las anteriores, fue mucho más larga y, sobre todo, mucho más sangrienta. Podemos conocer los hechos y cada cual debe extraer sus consecuencias. Fue una guerra devastadora, mal dirigida por los dos contendientes, mal concluida, y, veinte años después, origen de otra aún de mayor dimensión, cuyos efectos todavía perduran.

Para saber el verdadero origen de la Primera Guerra Mundial hay que conocer cómo se encontraba Europa al inicio del siglo XX. Sus características eran las siguientes:

—Fuerte desequilibrio de fuerzas como consecuencia de la guerra franco-prusiana de 1870 y de la unidad italiana. Antes de 1914 se firmaron los tratados de alianza entre Alemania, Austria-Hungría e Italia y entre Rusia y Francia.
—Necesidad de poseer colonias y zonas de influencia, provocada fundamentalmente por el aumento de la industria.
—Necesidad de asegurar las fronteras mediante obstáculos naturales, como cordilleras o ríos, capaces de ofrecer una defensa disuasoria.

Sobre estas bases se sucederán continuos choques de intereses entre Gran Bretaña y Alemania. Los británicos verán con recelo el crecimiento comercial y el aumento de la flota de guerra germana; además, fruto de su unificación tardía, los alemanes llegarán tarde al reparto de colonias.

1914

Frente occidental

El asesinato de los príncipes herederos del Imperio austro-húngaro,

El archiduque Francisco Fernando y su esposa, la condesa Sofía, en el momento en que los dispara el bosnio Gavrilo Princip, de diecinueve años, miembro del grupo nacionalista Joven Serbia —supuestamente subordinado a la Mano Negra—, que apoyaba la unificación entre Bosnia-Herzegovina y Serbia. Grabado del italiano Achille Beltrame para La Domenica del Corriere.

acaecido en Sarajevo el 28 junio de 1914, a manos del joven bosnio Gavrilo Princip fue el detonante del inicio de las hostilidades. De un lado, los Imperios centrales: Alemania y Austria-Hungría; de otro, Serbia, Rusia, Francia, Bélgica, Inglaterra, Montenegro y Japón. Alemania, dada su situación geográfica entre Francia y Rusia, diseñó una estrategia tendente a eliminar a un adversario primero y luego volverse hacia el otro. En Europa occidental, su plan de ataque consistió en una conversión por Bélgica sobre el flanco y retaguardia del ejército francés para aprisionarlo sobre Suiza, mediante el avance sobre París.

Francia pretendía desencadenar una ofensiva general y llevar la guerra a Alemania a través de Alsacia y Lorena, para amenazar las comunicaciones enemigas en el centro del país. Bélgica decidió establecerse a la defensiva en las plazas fuertes de Lieja y Namur, con la intención de enlazar con las unidades de los ejércitos francés y británico. Gran Bretaña envió un contingente para sumarse a los efectivos de Francia.

Tropas alemanas cruzan Bélgica en 1914. Durante los primeros días de agosto la gente se acercaba a la frontera para intentar ver desfilar a los distintos ejércitos.

El ejército alemán, con 500 000 hombres, avanzó por Bélgica el 4 de agosto y sitió Lieja.

El ejército belga, no apoyado a tiempo por franceses y británicos, se vio obligado a retirarse sobre Amberes. El 14 de agosto empezó al avance francés desde Nancy-Belfort, en dirección a Sarrebruk y Sarreburgo; encontró poca oposición, pero a medida que aumentó la progresión, se intensificó la resistencia alemana. Con el contraataque los franceses fueron rechazados desordenadamente.

Una conclusión importante que se extrae de estos primeros días de combate es el error continuo en la doctrina francesa de atacar siempre con escasa preparación artillera. Incluso con la artillería pesada en los escalones más retrasados. La rápida invasión de Francia llevó a los alemanes, en persecución de los aliados, a las orillas del río Marne, donde su avance quedó detenido. El resultado fue un frente estabilizado hasta el final de la guerra.

Los dos contendientes intentaron romper el frente fijo, y consecuencia de su enfrentamiento fueron las batallas de Iser e Ypres, con resultado pírrico para los aliados, que volaron las esclusas del canal de Furnes e inundaron el campo de batalla. Las pérdidas por parte de cada bando superaron los 200 000 hombres.

Al principio de la guerra, con limitaciones, aparecieron aviones que sobrevolaron los campos de batalla. La aviación no estaba especializada en sus inicios, su rendimiento se reducía a la realización de reconocimientos.

Frente oriental

El ejército austriaco atacó Polonia para impedir la movilización rusa, lo que cubrió el flanco de Alemania.

El ejército ruso atacó a Prusia y Austria desde Vilna y Varsovia.

El ejército alemán, al principio, se situó a la defensiva y cubrió las ciudades de Koenigsberg y Danzig.

El general Hindenburg fue nombrado jefe de las tropas alemanas del frente oriental. Su principal misión era retrasar el avance de las fuerzas rusas e impedir la invasión del suelo alemán mediante la constitución de un grueso núcleo de unidades que, tomando la ofensiva en dirección a Varsovia, cayera a la espalda del grueso principal del ejército ruso.

Con esa idea y, dada la gran desproporción de fuerzas, el ejército alemán buscó dar una batalla decisiva que aniquilara al ejército ruso, consiguiera nivelar la proporción de efectivos y permitiera mantener libre a Prusia. La maniobra consistía en atacar a las tropas rusas a caballo del río Vístula, en dirección a Varsovia, y volver sobre Ivángorod para cortar las comunicaciones del dispositivo ruso.

El 15 de agosto dos ejércitos rusos atravesaron la frontera, entraron en Prusia y se dirigieron contra Koenigsberg y Allestein, respectivamente. Hindenburg, al darse cuenta de que los ejércitos enemigos estaban separados 140 kilómetros, concibió una operación mediante la que dejó enfrente del primer ejército rival una débil cortina formada a base de unidades de caballería y,

Los generales alemanes que intervinieron en Tannenberg fotografiados en Koenigsberg durante las celebraciones del décimo aniversario de la batalla. De pie, de izquierda a derecha: Ludendorff, Von Schmidtfed, Von Conta, Hell, Von Morgen, Franz, Von Staabs y Von Schmettau. Sentados: Von Dunder, Von Mackensen, Von François, Von Hindenburg y Von Scholtz.

con el resto de sus fuerzas, atrajo al segundo ejército ruso a una posición preparada de antemano en Tannenberg. Allí lo cercó y aniquiló en una sangrienta batalla de cuatro días de duración. Luego, los alemanes, reforzados con tropas traídas del frente occidental, se dirigieron contra el primer ejército ruso, que había permanecido casi inactivo. Lo fijaron de frente y trataron de envolverlo en un choque junto a los lagos masurianos del que los rusos se retiraron dejando 45 000 prisioneros. En menos de tres semanas los rusos fueron expulsados de Prusia.

El 20 de agosto, el ejército austriaco atacó en dirección a Lublín-Cholm. Al principio, la ofensiva se desarrolló con facilidad, pero el día 25 los rusos lanzaron un ataque que hizo que los austriacos sucumbieran bajo el peso de su superioridad numérica y se retiraran en desorden a la línea de los Cárpatos. Hindenburg fue el encargado de resolver esta peligrosa situación de Austria. Concentró su ejército en Silesia y desencadenó una ofensiva sobre el flanco derecho del ejército ruso que obligó a su jefe, el gran duque Nicolás, a ordenar la retirada.

1915

Frente occidental

Poco a poco la guerra se convirtió en algo estático. El ejército francés comenzó a usar granadas cargadas con esterbromoacético y, después, con cloroacetona, lo que violaba la Convención de La Haya. El 22 de abril, en un área situada entre Laugemark e Ypres (donde enlazaban los ejércitos francés y británico), se produjo un ataque del ejército alemán con gas de cloro. El efecto de este agresivo químico en las tropas aliadas fue espectacular. Los alemanes hicieron una brecha de más de 10 kilómetros de profundidad, pero no supieron explotar el éxito por falta de reservas y las reticencias del alto mando alemán, muy escéptico respecto a los resultados de este tipo de ataque. Posteriormente, los dos bandos contendientes hicieron uso de diversos agresivos químicos.

Durante este año se registra un gran progreso en la aviación en cuanto a la cooperación para la preparación y ejecución de los ataques. Empieza a ser importante dominar el aire. Se facilita la acción de la infantería y de la artillería mediante sus servicios de enlace y observación; en esta última fase se emplean globos aerostáticos. Los dirigibles se utilizaron en acciones de bombardeo y observación.

Frente oriental

El mando alemán prestó excesiva atención al frente austriaco en 1914, lo que le hizo descuidar su frente en Prusia; dio lugar a una nueva invasión por parte de los ru-

La aviación tuvo grandes avances durante la Primera Guerra Mundial, tanto en combates aéreos como en operaciones de apoyo a las tropas de tierra. En la imagen, biplanos australianos de la 6.ª escuadrilla de entrenamiento en el aeródromo de Minchinhampton, Gran Bretaña.

sos. Ese movimiento y la situación de las tropas austriacas en Galicia produjo las batallas de los Cárpatos y la Masuria.

Respecto al ámbito naval, los planes aliados en el mar se basaban en un sistema de bloqueo a la espera de que la escuadra de los Imperios centrales presentara batalla. Los alemanes no quisieron exponer su escuadra por no perder el dominio del Báltico y la seguridad de sus costas, pero practicaron el corso. Fue el año en que se entabló el combate de Dogger-Bank en el que Alemania perdió el crucero Bluncher; a consecuencia de esta derrota, declarará la guerra submarina sin restricciones.

1916

Frente occidental

En Verdún, defendido por el general Pétain, los alemanes concentraron 234 000 hombres, apoyados por 2000 piezas de artillería, para atacar la ribera derecha del río Mosa, al considerar el número de fuerzas insuficiente para atacar ambas orillas. Los franceses oponían 187 000 hombres y 636 piezas de artillería. El 21 de febrero comenzó la preparación artillera alemana previa al ataque y el 22 se lanzó la infantería al asalto.

A pesar del machaqueo artillero, los escasos supervivientes opusieron gran resistencia al avance, que se hizo a costa de muchas bajas. Los fuegos de flanco ejecutados por los franceses de la orilla izquierda hicieron que se suspendiera el ataque y se preparara otro por las dos orillas. Comenzó el 6 de mayo y fue aún más lento que el anterior. Posteriormente se desarrolló una lucha de desgaste desde el 25 de junio hasta el 11 de julio y se realizó un último esfuerzo alemán que llegó hasta Fleury, a 2 kilómetros y medio de Verdún.

Otra espectacular batalla, la de Somme, comenzó el 1 de julio con una formidable preparación artillera que duró seis días y medio. El ejército alemán cedió las dos primeras posiciones, pero resistió en la tercera. Se produjo un duro forcejeo desde agosto hasta noviembre en el que solo se avanzó de 10 a 15 kilómetros, con grandes pérdidas por ambos bandos. A consecuencia de esta «carnicería» fueron sustituidos los generales en jefe de Francia y Alemania; Jofre y Falkenhayn, por Nivelle y Hindenburg.

Cartel francés de The Trench, La trinchera, *de 1999, una de las pocas producciones británicas que se ocupan de la muerte de miles de jóvenes británicos durante el ataque del Somme.*

Frente oriental

Las aspiraciones rumanas sobre la Transilvania húngara llevaron a Rumanía a declarar la guerra a los Imperios centrales. Rumanía movilizó 640 000 hombres en cuatro ejércitos; dos para operar contra Transilvania, uno para enlazar con el ejército ruso y el cuarto para defender Drobudja y la línea del Danubio. Los rumanos resistieron tenazmente en Transilvania, pero tuvieron que retirar tropas del frente de los Alpes, lo que permitió el avance de los ejércitos de los Imperios centrales, que los derrotaron en la batalla de Argés, a pesar de la ayuda del ejército ruso, que llegó con retraso en auxilio de su aliado. Los rumanos perdieron más de 200 000 hombres.

1917

Frente occidental

A causa de la prolongación de la guerra y de la escasez de recursos

Un tanque Mark IV abandonado en una trinchera alemana durante la batalla de Cambrai. El asalto blindado organizado en secreto para tomar la localidad francesa de Flesquières debería haber sido un elemento clave en el primer ataque en masa de tanques de la historia. Pero el plan salió mal cuando fueron emboscados por los alemanes, que lograron retrasar el avance británico.

en los Imperios centrales y en Rusia, se produjeron dos hechos de gran trascendencia:

—La guerra submarina sin restricciones: implantada por el Imperio alemán, produjo varios hundimientos de buques norteamericanos, lo que provocó la entrada en la guerra de los Estados Unidos.

—La revolución rusa: el estallido revolucionario provocó la rendición del ejército ruso en el frente oriental.

En los primeros días de abril comenzaron las ofensivas aliadas de Artois y Aisne, detenidas a los pocos días por los alemanes, con unas pérdidas por parte del ejército francés de 30 000 muertos y 95 000 heridos. Este nuevo fracaso, unido a los efectos de la rendición rusa, provocó el nacimiento de una ola de creciente derrotismo con abundantes casos de indisciplina dentro del ejército. Nombrado el general Pétain jefe supremo de los ejércitos franceses, dictó medidas tendentes a restablecer el orden.

Un hecho importante para el curso de la guerra se produjo del 20 de noviembre al 10 de diciembre en la batalla de Cambrai: las tropas británicas ensayaron un nuevo método de ataque —alguien por fin pensó en innovar no solo mediante agresivos agentes químicos— en el que aprovecharon el invento realizado en 1911 por Burstyn, que había diseñado un carro blindado, conocido como «carro de combate», transportado a Francia en cajas con el rótulo «tanque». Se modificó la preparación artillera, que fue de corta duración, pero intensa, y se lanzaron al asalto más de 450 tanques precediendo a la infantería. Lograron avanzar 10 kilómetros en diez horas, lo que demostró que se podía romper un frente estabilizado. Sin embargo, este gran éxito quedó neutralizado por un contraataque alemán que recuperó la mayor parte del terreno perdido.

Frente oriental

La intervención estadounidense, una vez eliminada Rusia, equilibró la balanza de fuerzas enfrentadas. La victoria aliada en Macedonia obligó a Bulgaria a solicitar un armisticio, que fue concedido el 24 de septiembre. Supuso para los ejércitos de los Imperios centrales el aislamiento de Turquía y la invasión del Imperio austro-húngaro. Debido a la victoria italiana en Vittorio-Veneto y el estallido revolucionario en su retaguardia, Austria se vio obligada a solicitar el armisticio el 30 de octubre. El ejército turco fue vencido en Mesopotamia y Palestina por tropas británicas, lo cual, junto a la proximidad aliada a Constantinopla, obligó también a Turquía a pedir el armisticio. Se firmó el 31 de octubre.

1918

Frente occidental

La capitulación de Rusia hizo concebir a las potencias centrales confianza en la victoria. El mando alemán planeó extraer del frente ruso tropas para poder emplearlas en el frente occidental, pero tardaron demasiado en poder ser retiradas debido a la dilatación de los mandatarios rusos, presididos por Trostki, en las negociaciones de paz. La misma postura tomaron los rumanos. Aunque con retrasos, acabó por firmarse la capitulación rusa y rumana.

El estado de inestabilidad social, política y revolucionaria obligó a los alemanes a dejar gran cantidad de tropas en retaguardia para mantener la seguridad y el orden.

El mando alemán decidió atacar en marzo para conseguir la rendición de Francia antes de la llegada de la gran cantidad de recursos humanos y materiales procedentes de América, a pesar de que la entrada de los Estados Unidos en la guerra no fuera determinante para el desarrollo de esta.

Kaiserschlacht, la ofensiva iniciada en la primavera de 1918, fue el último ataque organizado por el Estado Mayor alemán antes de su rendición. A pesar de que consiguió romper el frente con enormes pérdidas por ambas partes, los aliados lograron detenerla. Para el 29 de abril, se dio por concluida sin apenas ganancias territoriales.

Con la idea de separar a los ejércitos francés y británico se concibió un plan con el ataque principal entre Arrás y La Fere, que comenzó el 21 de marzo. Rompió el frente, avanzó hacia Amiens y creó una profunda brecha de 20 kilómetros. Los aliados lograron taponarla en parte por la rapidez de disposición de sus reservas y en parte por la falta de unidades de caballería del ejército alemán, que no pudo profundizar y explotar el éxito.

En verano, ambos bandos se dieron un respiro. Los efectivos aliados alcanzaban 3 500 000 hombres frente a 3 200 000 alemanes. El general Foch fue nombrado jefe supremo de las fuerzas aliadas y, aprovechando su superioridad numérica, diseñó un plan para impedir que los alemanes pudieran acudir con sus reservas a los puntos atacados.

Comenzó el ataque en Picardía, entre Somme y Havre. Siguió el mismo modelo de asalto frontal a las líneas enemigas, pero con una gran cantidad de tanques, que precedieron a la infantería. Se obtuvieron diversos éxitos hasta el otoño.

Durante este año, la aviación dio un paso de gigante con la aparición del caza con ametralladora sincronizada, los bombarderos bimotores y el avión de estructura metálica, capaz de acompañar a la infantería en los ataques con el fuego de sus ametralladoras.

El 11 de noviembre, durante la preparación del enésimo ataque de los aliados, llegó el armisticio. El príncipe alemán Maximiliano de Baden, que gobernaba desde finales de octubre, fue el iniciador de las negociaciones de paz. La debilidad del Gobierno permitió que naciera una revuelta entre la marinería el 4 de noviembre; posteriormente se propagó a Berlín y a otras ciudades de Alemania. Finalmente, el príncipe de Baden proclamó la abdicación del emperador, exiliado en Holanda, y el nuevo Gobierno solicitó y consiguió el armisticio.

La capitulación impuso condiciones durísimas a Alemania. El mapa de Centroeuropa cambió radicalmente al crearse Estados con tiralíneas, carentes de identidad histórica, fronteras naturales o capacidad económica. Amalgamas sin base de raza, lengua o religión, que originaron en las décadas siguientes tensiones, discordias y guerras civiles. Hubo roturas nacionales, como

El 11 de noviembre de 1918, en un vagón de tren situado en la estación de Compiègne, Francia, los alemanes firmaron el armisticio que se haría efectivo ese mismo día. De izquierda a derecha: el almirante alemán Ernst Vanselow; el conde Alfred von Oberndorff, del Ministerio de Relaciones Exteriores; el general Detlof von Winterfeldt; el capitán de la Royal Navy *Jack Marriott, ayudante del primer lord del Almirantazgo; Matthias Erzberger, jefe del Partido de Centro; el contraalmirante británico George Hope; el almirante Rosslyn Wemyss, primer lord del Almirantazgo; el mariscal de Francia Ferdinand Foch y el general Maxime Weygand.*

el caso de Austria y Hungría, tras la cual la primera perdió su salida al mar y la segunda difícilmente podría subsistir económicamente.

Aspecto militar

Los orígenes

Desde el punto de vista militar, la Primera Guerra Mundial se fraguó en las conclusiones de la guerra franco-prusiana. La victoria de Alemania en 1870 fue debida a su perfecta preparación bélica, en oposición a las deficiencias mostradas por Francia. Los errores tácticos y estratégicos de los generales franceses anularon el valor demostrado por sus soldados.

La formación de combate de la infantería alemana utilizó prácticamente durante todo el conflicto tres escalones de despliegue: guerrilla, sostén y reserva. La caballería perdió gran parte de su importancia táctica, y quedó reducida a las acciones de exploración a distancia y a su empleo como sacrificio en las retiradas. La artillería influyó poderosamente en el éxito alcanzado en los combates por su movilidad, alcance, rapidez y precisión en los disparos.

La Primera Guerra Mundial comenzó con dos bandos enfrentados en los que las ideas de tipo ofensivo eran similares y puramente napoleónicas, pero con conceptos doctrinales muy distintos.

Las doctrinas

La del ejército alemán contempla básicamente el envolvimiento de ala sin posible modificación, consistente en desbordar el ala izquierda francesa con un potente grueso de unidades de maniobra obtenido a base de debilitar el frente. La idea se basaba en una teoría del general Alfred Graf von Schlieffen, que en 1909, siendo jefe del Estado Mayor General, publicó la obra *Cannas*. En ella, Von Schlieffen realizaba una serie de estudios tácticos y estratégicos, asombrado por el genio de Aníbal, y explicaba cómo, alargando su frente, se podían constituir dos masas de maniobra destinadas a desbordar por las alas al enemigo. Tendrá gran influencia en toda una generación de oficiales y aplicará esta doctrina en su famoso plan contra un enemigo concreto: Francia.

Poco antes del inicio de la guerra, al frente del Estado Mayor alemán le sucedió el general Moltke, que adoptó la idea inicial de Von Schlieffen, pero la debilitó en su concepción original al reforzar el centro del dispositivo para evitar el riesgo de una ruptura. La doctrina de Von Schlieffen admitía estar a la defensiva solo en situaciones excepcionales, como ocurrió en la frontera oriental, mientras se aniquilaba Francia mediante una acción de ala, prevista y preparada. El enemigo no podía reaccionar ante una acción de esas características, porque los ejércitos modernos, con efectivos gigantescos, no eran capaces de hacer un cambio de frente rápido; necesitaban tiempo, y cuando lo conseguían era tarde.

La doctrina del ejército francés contemplaba dos tendencias: la primera de ellas estimaba que la potencia de fuego imponía limitaciones, como la imposibilidad de formaciones cerradas, que quedaban para los desfiles, las paradas o como medio de mantener la disciplina de la tropa. No era posible el ataque, ni menos el asalto, sin haber logrado la superioridad de fuego.

En el combate se distinguían tres momentos: aproximación hasta la distancia de los fuegos de la infantería, combate por el fuego y asalto. Para asegurar la reiteración de esfuerzos, los batallones de primera línea se escalonaban con una profundidad de 1000 metros, formados en cuatro grupos: tiradores, sostén, refuerzos y reserva.

La otra tendencia, sin negar la potencia de fuego, no admitía que el ataque pudiera ser conducido con éxito hasta el asalto por la primera línea de tiradores, sobre la que el mando no podía ejercer más que una acción indirecta y débil. Las formaciones eran rígidas en este caso, con los cuatro escalones reducidos a tres: tiradores, sostén y reserva, con una profundidad de 500 metros. Eran tan estrictas, que desaparecía en los mandos cualquier tipo de iniciativa. Según un autor francés, «tal inflexibilidad hacía que la victoria se encontrase en los reglamentos».

Se olvidaban totalmente los reglamentos de preparar el ataque con el fuego de artillería. Otra omisión importante que se daba en los reglamentos franceses y alemanes era no valorar los recursos que la fortificación puede ofrecer a una unidad a la defensiva. También llama la atención la falta de previsión respecto a la guerra de trincheras, que tanto se desarrolló en un conflicto que ya era inminente. Los alemanes admitieron su posibilidad mediante la ligera referencia al hecho de que, ante una posición fortificada, los ataques tomaran la forma de asedio, quizás influenciados por la guerra franco-prusiana.

Respecto a la doctrina alemana de alargamiento de los frentes para el envolvimiento, los franceses consideraron que no se debía responder con un frente más extenso, sino con un fuerte golpe profundo que rompiera el dispositivo enemigo.

La estrategia

En el caso alemán se consideraba solo el envolvimiento de ala, sin posible modificación. Era el plan de Von Schlieffen de desbordar el ala. Si los franceses atacaban frontalmente, vencerían en ese punto con facilidad, pero, como en Cannas, cuanto más penetraran, más

Artilleros franceses con un cañón de 75 mm, cerca de Seddülbahir, en la península de Galípoli, durante la tercera batalla de Krithia, el 4 de junio de 1915 Las mismas tácticas empleadas en el frente occidental se aplicaron en las campañas de Oriente, lo que supuso graves problemas a la hora de aplicar estrategias obsoletas en terrenos más amplios que los europeos.

fácil sería envolverlos. Su sucesor, el general Moltke, temió la penetración francesa en territorio alemán y consideró que el riesgo era excesivo, por lo que modificó el dispositivo inicial. Trasladó fuerzas del ala derecha y reforzó el centro, con lo cual ningún punto era tan fuerte como para realizar la ofensiva.

La estrategia francesa era ofensiva. Consistía en un ataque frontal de ruptura del dispositivo enemigo en dos direcciones hasta alcanzar sus vitales líneas de comunicación. Como la nueva distribución de fuerza dada por Moltke reforzaba el centro, dudaron los franceses sobre cuál sería el plan alemán y se mantuvieron a la expectativa, con lo que su concepción inicialmente ofensiva se convirtió en defensiva.

Los hechos no se sucedieron conforme a las previsiones de ambos bandos. Los alemanes no consiguieron el envolvimiento y los franceses no intentaron la ruptura. A los dos les faltó decisión para llevar a cabo sus estrategias. El centro se inmovilizó porque los franceses, temerosos del posible envolvimiento, trasladaron fuerzas a su ala izquierda. Mientras, los alemanes, para lograr su objetivo, alargaron el frente y dieron lugar a una maniobra que se denominó «carrera hacia el mar». Consecuencia de estos movimientos fue el establecimiento de un frente continuo desde la costa norte hasta la frontera suiza.

La táctica

Se confiaba demasiado en la fuerza moral y se pensaba que la victoria se alcanzaba a punta de bayoneta. El soldado francés de 1914 era, esencialmente, un combatiente a la bayoneta. Todo era consecuencia del menosprecio del fuego, de la ofensiva a ultranza y de la sobrestimación del valor del combatiente. Con estas ideas no son de extrañar las hecatombes de 1914 frente a un enemigo que valoraba debidamente la potencia de fuego en la defensa y era prudente en el ataque. Contra él, las cargas de caballería y los heroicos asaltos de los infantes fracasaron desde su partida. Estas ideas evolucionaron a lo largo de la guerra de una manera notable.

Aspecto cinematográfico

A partir de la década de los años veinte del siglo pasado, el cine caminó con los vaivenes de la humanidad. Solo la Guerra de Vietnam no estuvo en consonancia con lo que aparecía en las pantallas. La Primera Guerra Mundial fue narrada, desde el punto de vista cinematográfico, pocos años después de su conclusión. Al principio, las películas contaban hechos acaecidos durante el conflicto, circunscribiéndose fundamentalmente a las consecuencias sufridas por los que volvían del frente, los que no regresaban o las familias que esperaban ansiosas el retorno de sus seres queridos. Toda esta constelación de sentimientos se representaba en un tipo de cine muy artesanal, de carácter mudo, hasta los últimos años de la década de los veinte.

La aparición de las películas sonoras motivó no solo el declive de actores y actrices cuyo registro de voz hacía desaconsejable que continuaran su carrera cinematográfica, también permitió que parte del público tuviera conocimiento de la imagen y el sonido de un combate, es decir, de una guerra. Antes de eso, pocas personas sabían qué ruido hacía un proyectil de artillería al surcar el cielo o al caer en tierra de nadie. También se hicieron familiares los tableteos de las ametralladoras, así como las explosiones de las granadas de mano. Todo un mundo de sonidos que, poco a poco, las pantallas introdujeron en la percepción sensorial del espectador. El mundo entero empezó a horrorizarse al contemplar películas como *Cuatro de infantería* o *Sin novedad en el frente*, que describían la guerra y su escenario principal: la primera línea. No es de extrañar el nacimiento de movimientos pacifistas en la década de los años treinta y el intento a la desesperada de las democracias occidentales de evitar otra guerra ante el recuerdo aún fresco de esta.

Son títulos destacables.

Alas

Título original: *Wings*.
Director: William A. Wellman.
Intérpretes: Clara Bow, Charles «Buddy» Rogers, Richard Arlen, Jobyna Ralston y Gary Cooper.

El gran desfile, *dirigida en 1925 por King Vidor. Jim es un niño rico que nunca ha trabajado. Cuando estalla la Primera Guerra Mundial, Jim, presionado por su novia, se alista junto a otros dos jóvenes, Bull y Slim. Cuando llegan a Francia se dan cuenta de que la guerra no es lo que esperaban. Una película muda cuya estética la convirtió enseguida en todo un clásico del séptimo arte.*

Guión: John Monk Saunders, Hope Loring, Louis D. Lighton y Julian Johnson.
Montaje: E. Lloyd Sheldon y Lucien Hubbard (sin acreditar).
Música: J. S. Zamecnik.
Fotografía: John Arnold.
Nacionalidad: Estados Unidos. Muda. B/N, 136 minutos. Año 1927.

En 1927, William A. Wellman era el único director contratado por la Paramount que había sido piloto durante la Primera Guerra Mundial. En la primera ceremonia de entrega de los Óscar, en 1929, este filme obtuvo el premio a la mejor película. La Paramount empleó en la proyección promocional de la producción el proceso magnascope de pantalla grande, sistema que consistía en ampliar el fotograma completo varias veces su tamaño normal.

La historia se centra en las vivencias de dos jóvenes que se disputan a la misma mujer. Ambos se alistan en las incipientes fuerzas aéreas durante el primer conflicto mundial. Con este argumento se da paso a una película de corte bélico, carácter entretenido y mucha acción. Destacan las escenas aéreas, realizadas con gran precisión, y el sobrevolado sobre las trincheras. También son importantes las escenas en tierra y de reconstrucción, como la del Café de París, para la cual los técnicos de la Paramount construyeron una plataforma de tamaño gigante que permitió rodar secuencias con la cámara moviéndose a través de las mesas.

La realización llega a su punto álgido en la secuencia de la batalla de Saint Mihiel, para la que se escogió una localización de dos kilómetros de longitud y se consiguió que el ejército la bombardeara con piezas de artillería. Posteriormente, trabajadores cavaron trincheras. El resultado fue tan eficaz que varios aviadores que habían volado en Francia confesaron a Wellman que el simple hecho de sobrevolar la posición les ponía nerviosos. Para estas escenas se emplearon en una sola jornada 3500 soldados y 60 aviones.

SIN NOVEDAD EN EL FRENTE

Título original: *All quiet on the western front.*
Director: Lewis Milestone.
Intérpretes: Lew Ayres, Louis Wolheim, John Wray y George «Slim» Summerville.
Guión: Maxwell Anderson, George Abbot y Del Andrews (basado en la novela de Erich Maria Remarque).
Montaje: Edgar Adams, Milton Carruth y Edward L. Cahn (sin acreditar).
Música: Sam Perry, Heinz Roemheld y David Broekman.
Fotografía: Arthur Edeson y Karl Freund.
Nacionalidad: Estados Unidos. B/N, 138 minutos. Año 1930.

Relato de los avatares de un grupo de estudiantes alemanes que ingresan en el ejército y combaten en la guerra de trincheras del primer conflicto mundial. Presenciamos cómo son enaltecidos por el maestro de su escuela antes de partir al frente, y cómo se desmoralizan durante su larga estancia en primera línea.

Durante muchos años, y en muchos círculos, se consideró esta cinta una película antimilitarista o pacifista, mientras que en otros se la criticaba por ser de carácter eminentemente bélico.

Curiosamente, aunque en Alemania estuvo prohibida en la década de los años treinta la obra de Remarque, calará muy hondo en parte de la Europa del apaciguamiento, donde sería lectura obligada y analizada.

Podemos ver toda la fluidez del cine mudo y la movilidad del cine sonoro al mezclar el ruido de las bombas y las explosiones con los diálogos; algo cotidiano en el cine de hoy, pero atrevido y revolucionario en 1930, cuando acababa de nacer el cine sonoro.

A pesar de ser una película bélica, no llegó a emplear a más de 150 extras, algo inusual en este género. Por entonces, hace ya 90 años, se empleaban centenares o miles de personas en calidad de extras para dar más verosimilitud a los planos.

La cinta, realizada por los estudios Universal, contó con una grúa gigante y, para facilitar aún más su movimiento, se construyeron tres kilómetros de carretera para desplazarla. Gracias a esa técnica innovadora podemos contemplar unas escenas en las que la cámara se mueve al mismo ritmo que las ametralladoras alemanas para, literalmente, barrer a la infantería francesa.

Entre los numerosos galardones que recibió, figuran el Óscar a la mejor película y al mejor director. Se considere película pacifista o bélica, muestra perfectamente la guerra de trincheras y toda su dimensión humana.

El sargento York

Título original: *Sergent York.*
Director: Howard Hawks.
Intérpretes: Gary Cooper, Walter Brennan, Joan Leslie, George Tobias, Margaret Wycherly y Stanley Ridges.
Guión: John Houston, Howard Koch y Abem Finkel.
Montaje: William Holmes.
Música: Max Steiner.
Fotografía: Sol Polito.
Nacionalidad: Estados Unidos. B/N, 134 minutos. Año 1941.

En la historia cinematográfica de los Estados Unidos existe una película que influyó decisivamente en la opinión pública a la hora de entrar en la Segunda Guerra Mundial. No es un relato de grandes ejércitos o unidades, tampoco de un jefe o mando determinado, es simplemente la vida de un granjero llamado Alvin C. York que se convirtió en el héroe más condecorado del ejército durante la Primera Guerra Mundial. Lo paradójico de esta narración estriba en que su protagonista es un personaje real que encarna lo que hoy podríamos llamar un objetor de conciencia.

La película muestra la vida de un humilde granjero de las montañas de Tennesse, su entorno rural, su conversión a la fe católica y, en general, sus anhelos de casarse y establecerse pacíficamente en las montañas de su pueblo.

Cartel del estreno en Estados Unidos de Sergent York. *La película se presentó en los cines meses antes de que el país se incorporara a la Segunda Guerra Mundial; su tema patriótico e inspirador sirvió para alentar a los espectadores a unirse al ejército como voluntarios.*

Gary Cooper, caracterizado como Alvin York, recibe honores del ejército francés. York, uno de los héroes estadounidenses más condecorados de la Primera Guerra Mundial, había rechazado numerosas peticiones para filmar la historia de su vida, pero finalmente cedió después de establecer varias condiciones; una de ellas fue que Cooper lo representara. Aunque el actor se creía demasiado mayor para el papel, acabó por aceptar.

Todo este entorno pasa a un segundo plano cuando recibe la citación para prestar el servicio militar en la América de 1917. El joven York apela y recurre a todas las juntas de reclutamiento, en las que alega que «matar va contra la Biblia»; finalmente, su objeción basada en el dilema «servir a Dios o servir a mi país» es rechazada. Ingresa en el ejército, donde, como consecuencia de los informes que le preceden, es observado con lupa para ver si se trata de un agitador o busca provocar desórdenes.

Nada más lejos de la realidad. El soldado York se comporta de una manera ejemplar; limpia el fusil de manera extraordinaria y, para asombro de sus instructores, resulta ser un tirador de primera. Incluso tiene una peculiar forma de realizar puntería al humedecer el dedo pulgar con saliva e impregnar con ella el punto de mira para que brille. Es tan bueno su comportamiento que asciende a cabo y, con su unidad, parte para Francia. Participa en la ofensiva de Argonne y captura a 132 soldados alemanes, hecho que le vale la concesión de diversas condecoraciones y un ascenso por méritos de guerra.

Gary Cooper recibió el Óscar al mejor actor por esta película, que nos muestra a un hombre ingenuo, bueno y valiente, que comprende el deber de luchar por su país. Se trata de una película amena, galardonada con dos Óscar —el de Cooper y otro al mejor montaje—, entretenida y con la artesanal dirección de Howard Hawks.

SENDEROS DE GLORIA

Título original: *Paths of Glory*.
Director: Stanley Kubrick.
Intérpretes: Kirk Douglas, Ralph Meeker, Adolphe Menjou, George MacReady, Wayne Morris, Richard Anderson, Joe Turkel, Timothy Carey, Peter Capell, Bert Freed y Emile Meyer.
Guión: Stanley Kubrick, Jim Thompson y Calder Willingham.
Montaje: Eva Kroll.
Música: Gerald Fried.
Fotografía: Georg Krause.
Nacionalidad: Estados Unidos. B/N, 84 minutos. Año 1957.

No permitáis que la ambición se burle
del esfuerzo útil de ellos.
De sus sencillas alegrías y oscuro destino.
Ni que la grandeza escuche,
con desdeñosa sonrisa,
los cortos y sencillos hechos de los pobres.
El alarde de la heráldica,
la pompa del poder y todo el esplendor,
toda la abundancia que da,
espera igual que lo hace la hora inevitable.
Los senderos de la gloria
no conducen sino a la tumba.

El escritor Humphrey Cobb se inspiró en este contundente poema de Thomas Gray para titular la novela *Paths of Glory*, escrita en 1935 a partir de sus vivencias en el frente, durante la Primera Guerra Mundial.

Los hechos narrados se sitúan en Francia en plena Gran Guerra. El ataque de una unidad del ejército francés contra las posiciones alemanas en Agnoc, un punto estratégico de vital importancia, se convierte en un fracaso estrepitoso. Para escarmentar a las tropas con un castigo ejemplar, el general Mireau, uno de los principales responsables del ataque, convoca inmediatamente un consejo de guerra, con una decisión insólita: soldados elegidos al azar por sus superiores serán acusados de cobardía ante el enemigo y se enfrentarán a la pena de muerte.

La película incide en el conflicto, para mostrar la violencia y el horror de la guerra, a partir del enfrentamiento entre los oficiales y los solda-

Como la mayor parte de la obra de Kubrick, Senderos de gloria *está dividida en tres actos bien diferenciados que, en esta ocasión, gracias a una prodigiosa cohesión, funcionan perfectamente y dejan el relato bien cerrado.*

La patrulla perdida. *Dirigida por John Ford, cuenta la historia de un grupo de soldados en la campaña de Mesopotamia durante la Gran Guerra, se filmó en las dunas de Algodones, California, y el desierto de Yuma, Arizona, entre el 31 de agosto y el 22 de septiembre de 1933.*

dos. También nos muestra una de las características del enfrentamiento: la guerra de trincheras.

Se pueden valorar los sentimientos, las motivaciones y los principios morales que mueven a los oficiales protagonistas de la historia (el coronel Dax, los generales Broulard y Mireau), mediante los parecidos y diferencias que se pueden establecer entre ellos y su relación con los soldados que están a sus órdenes.

El coronel Dax, interpretado por Kirk Douglas, representa el humanismo y el idealismo; el general Mireau, encarnado por George Macready, simboliza la tiranía en el ejército, y el general Broulard, Adolphe Menjou, nos muestra la corrupción. Esta dura crítica a la guerra más que enfrentar a países o nacionalidades confronta al poder y la autoridad con sus servidores y subordinados.

Gallipoli

Título original: *Gallipoli.*
Director: Peter Weir.
Intérpretes: Mel Gibson, Brian Anderson, David Argue, Harold Baigent,

Gallipoli *continuó la llamada* Australian New Wave *de películas bélicas, como* Breaker Morant *(1980), y precedió a la serie de televisión en cinco capítulos* ANZACs *(1985) y* The Lighthorsemen *(1987).*

Saltbush Baldock, Don Barker, Clive Bennington, Phyllis Burford, Diane Chamberlain, Les Dayman, Steve Dodd y Graham Dow.
Guión: David Williamson.
Montaje: William M. Anderson.
Música: Brian May.
Fotografía: Russell Boyd.
Nacionalidad: Australia. Color, 110 minutos. Año 1981.

Los australianos Archy Hamilton y Frank Dunne, interpretados por Mark Lee y Mel Gibson, respectivamente, comparten la misma pasión por el atletismo, tanto que se convierten en dos jóvenes promesas. Por diferentes motivos deciden alistarse en el ejército.

Archy, para seguir los pasos de su ídolo, el campeón olímpico Harry Lasalles, quién, ya retirado de la práctica deportiva, toma la decisión de combatir por su país. Frank, sin una motivación especial, solo para escapar de la monotonía diaria y vivir nuevas experiencias.

Mel Gibson ofrece una impresionante actuación en la convincente historia de amistad y aventuras entre los dos soldados. Ambos cruzan continentes y grandes océanos, escalan las pirámides y caminan por las milenarias arenas de Egipto, para unirse a su regimiento en la fatídica batalla de Gallipoli, durante la Primera Guerra Mundial.

Hechos históricos que se entremezclan con el destino de los dos amigos, al formar parte del duro enfrentamiento entre Australia y Turquía, aliada de Alemania en el conflicto. Espectaculares las escenas en las pirámides y las carreras al salir de las trincheras.

Otros títulos de interés que pueden reseñarse son:

Número	Título	Año
01	*40 000 horsemen*	1941
02	*Ace of Aces*	1933
03	*Aces High*	1976
04	*Adiós a las armas*	1932
05	*Adiós a las armas*	1957
06	*Aerial Gunner*	1943
07	*Agente secreto*	1936
08	*El águila y el halcón*	1933
09	*Águilas*	1929
10	*Águilas heroicas*	1936
11	*Águilas rivales*	1933
12	*Air Cadet*	1951
13	*Ángeles del infierno*	1930
14	*Anzacs*	1985
15	*Arsenal*	1928
16	*L'aviateur masqué*	1921
17	*Behind the Lines*	1997
18	*Beyond Victory*	1931
19	*Corazones del mundo*	1918
20	*Los combatientes del 69*	1940
21	*Crimson Romance*	1934
22	*Cuatro de infantería*	1930
23	*Los diablos del aire*	1935

24	*El baron rojo*	1971
25	*La escuadrilla de la aurora*	1930
26	*La escuadrilla del amanecer*	1938
27	*El espía negro*	1939
28	*The Flag Lieutenant*	1933
29	*Flight Command*	1940
30	*Flyboys*	2006
31	*The Four Just Men*	1939
32	*French Leave*	1937
33	*Frontline*	1999
34	*La Gran Guerra*	1959
35	*El gran impostor*	1935
36	*Hombres sin miedo*	1932
37	*Horizontes de gloria*	1938
38	*I Was a Spy*	1933
39	*In Love and War*	1958
40	*El gran desfile*	1925
41	*J´accuse*	1918
42	*Johnny cogió su fusil*	1971
43	*King and Country*	1964
44	*Lawrence de Arabia*	1962
45	*La legión de los condenados*	1928
46	*The Lighthorsemen*	1987
47	*The Log of the U-35*	1919
48	*The Long Day´s Dying*	1968
49	*The Lost Squadron*	1932
50	*Love Light*	1921
51	*The Mad Parade*	1931
52	*Malamore*	1982
53	*Mare Nostrum*	1926
54	*Los marinos de Kronshtadt*	1936

55	*Mata-Hari, agente H-21*	1935
56	*Mata-Hari*	1931
57	*Mata-Hari*	1995
58	*Men with Wings*	1938
59	*Die Standarte*	1977
60	*La mujer enigma*	1937
61	*My Four Years in Germany*	1923
62	*Niemands Land*	1931
63	*Octubre*	1927
64	*La patrulla perdida*	1934
65	*Our Fighting Navy*	1937
66	*El pabellón de los oficiales*	2002
67	*Pack Up Your Troubles*	1932
68	*Le pantalon*	1935
69	*Phantom Soldiers*	1987
70	*El precio de la gloria*	1927
71	*El precio de la gloria*	1952
72	*El puente de Waterloo*	1931
73	*La escuadrilla Lafayette*	1958
74	*Regeneration*	1997
75	*El retorno del soldado,*	1982
76	*Rey y patria*	1964
77	*Scarlet Dawn*	1932
78	*Las águilas azules*	1966
79	*Sin novedad en el frente*	1979
80	*Sirocco*	1951
81	*Sky Hawk*	1930
82	*Stosstrupp 1917*	1933
83	*Submarine Patrol*	1938
84	*Suicide Fleet*	1931
85	*Surrender*	1931

86	*Tannenberg*	1932
87	*Tragedia submarina*	1930
88	*La tranchee des espoirs*	2002
89	*Tres camaradas*	1938
90	*La trinchera*	1999
91	*U-9 Weddigen*	1927
92	*La última ofensiva del Marne*	1937
93	*El batallón perdido*	2001
94	*Verdún.*	1927
95	*Vivamos hoy*	1933
96	*Vuelo nocturno*	1933
97	*Zeppelin*	1971

10

El mundo en guerra. La Segunda Guerra Mundial

Objetivo Birmania. *La película se realizó con auténtico material militar estadounidense de la Segunda Guerra Mundial, aviones y planeadores. Los exteriores se filmaron en el Arboreto y Jardín Botánico del Condado de Los Ángeles, California; también se utilizó gran cantidad de metraje de combate real filmado por camarógrafos del Cuerpo de Señales del Ejército de Estados Unidos en el teatro de operaciones China-Birmania-India, así como en Nueva Guinea.*

Objetivo Birmania *(1945)*

La selva de Birmania se materializó en esta producción mediante el rodaje en California, en las marismas de Orange County.

Por primera vez se mostraba en una película bélica a un soldado que quitaba el seguro de una granada de mano con los dientes. Este método se repetiría posteriormente en muchas películas de género bélico.

A pesar de que los medios de comunicación británicos hablaron muy mal de ella, está considerada, en todo el mundo, una de las mejores película bélicas.

El director, Raoul Walsh, y el actor principal Errol Flynn eran grandes amigos, vividores, marrulleros y con gran encanto personal.

Jack Warner, director de la compañía Warner Bross, encargó al director Raoul Walsh que acompañase al protagonista, Errol Flynn, en la promoción de la película *Objetivo Birmania* en la ciudad de Nueva York a principios de enero de 1945, para evitar que el actor incurriese en gastos superfluos dada su fama de mujeriego, extravagante y derrochador.

En menos de un mes, Flynn gastó más de 6000 dólares en flores para una recepcionista de la cual se enamoró perdidamente, dos perros de raza y todo tipo de bebidas alcohólicas acompañadas de caviar y ostras.

De vuelta a los estudios, cuando vio la abultada factura de gastos, Jack Warner increpó a Raoul Walsh por el dispendio, y sobre todo preguntó (y no encontró respuesta) por el paradero de los dos perros de caza.

Aspecto histórico

La principal causa de la Segunda Guerra Mundial fue el Tratado de Versalles, que puso fin a la Primera Guerra Mundial. Las potencias vencedoras no supieron resolver ninguno de los viejos problemas que aquejaban al continente europeo. La derrota de los llamados Imperios centrales trajo consigo el desmembramiento de Austria y Hungría, la creación de nuevas nacionalidades (en el caso de Polonia, que ya había existido antes como Estado soberano) y situaciones como las de Checoslovaquia, Yugoslavia y los llamados Estados bálticos, que fueron reconocidos como Estados independientes. Alemania quedó reducida territorial y económicamente, lo que dificultó su existencia como nación independiente.

Las condiciones impuestas a Alemania en el Tratado de paz de Versalles la convirtieron en un país moralmente humillado. La ruina de Alemania se plasmó en una sociedad en donde la miseria de las clases proletarias (con 7 millones de parados), la crisis económica y la confusión política en general ayudaron a crear en el pueblo un espíritu nada tranquilizador. Esta semilla fue recogida por un nuevo partido político, el Nacionalsocialista, cuyo máximo mandatario, Adolfo Hitler, estableció como punto principal sacudirse la humillación del Tratado de Versalles. La voz de este hombre se dejó oír cada vez más en paralelo al debilitamiento de las posiciones de Francia y Gran Bretaña.

En cerca de diez años la aceleración que vivió el mundo fue de una intensidad nunca vista en la historia.

1935

Se produjeron diversas alianzas como la firma por parte de Francia de un tratado de amistad franco soviético que fue complementado con el firmado entre la Unión Soviética y Checoslovaquia. Poco después Gran Bretaña y Alemania rubricaron un acuerdo sobre el contingente permitido a la marina de guerra germana, por el cual las fuerzas navales alemanas podían ser el 33 % de las que tuviese en cualquier momento Gran Bretaña.

1936

Además del inicio de la cruenta guerra civil en España, Alemania, aprovechando la debilidad militar y la desunión entre Francia y Gran Bretaña, ocupó con sus fuerzas la zona desmilitarizada de Renania estableciendo guarniciones en Coblenza, Colonia y Fráncfort. Esta acción tampoco hizo que las fuerzas aliadas se opusieran abiertamente, tan solo se limitaron a elevar la cuestión a la Sociedad de Naciones. Poco a poco Alemania fue iniciando una expansión política y militar con un aliado principal en Europa: Italia y con ella su máximo jefe, Benito Mussolini. Esta comunidad de intereses entre Adolfo Hitler y Benito Mussolini se materializó en mayo de 1939 en un tratado político-militar conocido con el nombre de Pacto de Acero.

1938

En paralelo a estos hechos, la política expansionista alemana fructificó y el 12 de marzo de 1938 se produjo la anexión de Austria (*Anschluss*) por parte de Alemania, sin manifestar Gran Bretaña y Francia ninguna oposición.

La guerra parecía inevitable, pero, *in extremis*, el 29 de septiembre de 1938 se reunieron en Múnich los mandatarios de Gran Bretaña, Francia, Alemania e Italia. En esta reunión se acordó la reincorporación a Alemania del territorio de los Sudetes, estableciendo las bases para un arreglo pacífico de todas las cuestiones pendientes. En esta conferencia el primer ministro británico Chamberlain regreso a su país confiado en haber parado la guerra. Checoslovaquia aceptó la solución forzada por sus aliados, pero la tensión con Alemania no desapareció.

1939

El 14 de marzo las fuerzas alemanas penetraron en Checoslovaquia anexionando Bohemia y Moravia bajo la forma de un protectorado y convirtiendo a Eslovaquia en un Estado satélite de Alemania.

Las insistentes reclamaciones de Hitler sobre el territorio de los Sudetes, en Checoslovaquia, llevaron a la crisis en el verano de 1938. Chamberlain no dudó en entrevistarse con él para garantizar una salida pacífica a la situación. Finalmente, el 29 de septiembre se reunió en Múnich una conferencia a la que asistieron Hitler, Mussolini, Chamberlain y Daladier.

El 22 de agosto, Alemania sorprendió al mundo con la noticia de que su ministro de Asuntos Exteriores, Von Ribbentrop, volaba hacia Moscú con el objeto de firmar un pacto de no agresión con la Unión Soviética. La suerte de Polonia estaba decidida, ya que, detrás de este pacto, figuraba una cláusula secreta por la que la Unión Soviética y Alemania se dividirían el territorio polaco.

El 1 de septiembre, sin previa declaración de guerra, las fuerzas alemanas penetraron en Polonia. Dos días después el embajador británico en Berlín presentó un ultimátum al Gobierno alemán exigiendo la retirada de las tropas alemanas. Al no recibir contestación, Gran Bretaña declaró la guerra a Alemania. Francia presentó un ultimátum idéntico, sumándose también a la declaración de guerra. Italia también proclamó su beligerancia, como aliada de Alemania y reservándose el derecho de intervenir.

Para el hipotético caso de una guerra con Alemania, el Estado Mayor polaco había concebido una maniobra de doble acción ofensiva-defensiva.

Alemania preparó un plan rápido, ofensivo, que intentaba eliminar a Polonia antes de que pudiesen actuar Francia y Gran Bretaña, para lo cual proyectó una maniobra envolvente en forma de tenaza que debería converger sobre Varsovia.

Un día después del inicio de la guerra los alemanes consiguieron la supremacía aérea y cinco días más tarde se produjo el enlace entre el ejército alemán y el pasillo de Danzig, aislando a los ejércitos polacos. En la segunda semana de guerra ya no existió maniobra, solo la aniquilación del ejército polaco. Finalmente, el ataque concéntrico de todas las fuerzas sobre Varsovia obligó a esta ciudad a capitular.

La estrategia alemana buscó como objetivo la destrucción rápida del enemigo, y la táctica creó una nueva forma de combate, la guerra relámpago (*Blitzkrieg*). Los carros de combate se emplearon agrupados en grandes unidades (divisiones panzer) y no como simples acompañantes de la infantería. Su misión fue de ruptura y explotación del éxito.

La aviación llevó a cabo misiones de exploración, enlace y apoyo por el fuego. Polonia, a diferencia de Alemania, fue a la contienda con la doctrina desarrollada sobre los parámetros de la Primera Guerra Mundial. Esperaba que después de una declaración de guerra, los alemanes iniciasen un avance lento y metódico por todo el frente protegido por una cortina de caballería. Frente a esta concepción, los polacos pensaban oponer una resistencia también convencional que les diera tiempo para la movilización general. Los alemanes consiguieron sorprender por completo

Unidades de la 1.ª división de infantería alemana, ya en territorio polaco, la mañana del 1 de septiembre de 1939. Salvo dos pelotones que custodiaban los puentes en Janowo, no encontrarían resistencia hasta el día 2, en Mlawa.

en cuanto al momento, los medios y los modos de combate.

El pacto de amistad germano-soviético proporcionó libertad de acción a la Unión Soviética para extender su influencia sobre los países Bálticos y Finlandia. Los soviéticos pretendieron hacer valer el derecho a establecer en Lituania, Estonia y Letonia bases navales y aéreas. Finlandia se opuso a estas pretensiones y, en plenas negociaciones, la Unión Soviética, sin previa declaración de guerra, el 30 de noviembre, bombardeó varias localidades mientras su ejército penetró en territorio finlandés. Los soviéticos efectuaron su ofensiva con la intención de alcanzar Helsinki a través del istmo de Carelia, para lo cual intentaron envolver la línea Manerheim que cerraba el paso del citado istmo. A pesar de la superioridad numérica soviética, los finlandeses ofrecieron una tenaz resistencia.

1940

Finlandia

Durante este año la guerra se extendió a toda Europa, comenzando desde el norte con la denominada guerra de invierno entre Finlandia y la URSS. Las bajas temperaturas de enero impusieron una pausa en las operaciones reanudándose un mes después con el rebasamiento de la línea Manerheim por parte de las vanguardias rusas, hecho que obligó al Gobierno finlandés a establecer conversaciones de paz. El acuerdo puso fin a la llamada guerra de invierno permitiendo a Finlandia conservar su independencia a costa de importantes pérdidas territoriales. Cedió a la Unión Soviética la totalidad del istmo de Carelia, el lago de Ladoga, varias islas del golfo de Finlandia, Petsamo y la península de Pescadores, además de arrendar a los soviéticos, por treinta años, la península de Hango y el derecho a establecer en ella una base militar.

A la vez o en paralelo, concluida la invasión de Polonia, el alto mando alemán consideró la difícil situación para su país si los aliados llegaban a ocupar Noruega y desde allí ejercían presión sobre Suecia. Podría quedar interrumpido el envío de mineral de hierro sueco por el puerto de Narvik (materia prima esencial para la industria bélica germana). Por otro lado, la ocupación de Noruega por fuerzas alemanas proporcionaría la seguridad en la importación del mineral sueco y también la salida al Atlántico de los buques alemanes. Para llevar a cabo los planes previstos el Estado Mayor alemán organizó varias agrupaciones tácticas navales cuyos objetivos eran ocupar por sorpresa Oslo y las principales ciudades noruegas.

El 9 de abril la fuerza naval penetró en el puerto de Oslo. El rey no acepto las exigencias alemanas, se retiró al norte del país y ordenó la movilización general y la resistencia al invasor, exiliándose más tarde a Gran Bretaña.

Posteriormente, Dinamarca fue ocupada sin resistencia. La campaña de Noruega fue la primera operación conjunta de las tres fuerzas armadas en la historia militar.

En esta operación fue empleada profusamente, por parte de los alemanes, la aviación, con el objetivo de atacar a los buques enemigos en un intento de compensar su inferioridad naval. Todo esto se combinó con el lanzamiento de paracaidistas y el transporte de armamento, material y víveres por diferentes ejércitos. Alemania consiguió con este éxito forzar a Gran Bretaña a retrasar su línea de bloqueo. Después de la conquista de Noruega y Dinamarca la nueva demarcación quedó establecida por la línea Escocia-Islas Feroe-Islandia-Groenlandia.

Holanda, Bélgica y Francia

La frontera entre Francia y Alemania había sido organizada por ambas con obras de fortificación permanente.

Francia había construido la línea Maginot, un conjunto de obras acorazadas y subterráneas que se extendían desde la frontera suiza hasta gran parte del territorio francés.

Por parte alemana, la línea Sigfrido comprendía un gran número de obras pequeñas, distribuidas en profundidad con arreglo a un concepto ofensivo.

Al iniciarse el ataque alemán a Polonia y para aparentar fortaleza,

Francia decidió realizar un ataque en el frente de Lorena. Fue un ataque al estilo de los efectuados en la Primera Guerra Mundial: avance lento y metódico que alcanzó una profundidad máxima de 5 kilómetros, sin llegar a las fortificaciones de la línea Sigfrido. A mediados de octubre los franceses se retiraron a su base de partida.

El plan de ataque alemán era idéntico al antiguo ideado por Schlieffen. Consistía en el envolvimiento del ejército francés por el ala derecha alemana, penetrando para ello en Bélgica y ocupando para su seguridad las costas holandesas. Pocas semanas antes del ataque se aceptó la propuesta del general Von Manstein, que consistía en romper el frente por el centro entre Namur y Sedán, cercando al ejército francés en la línea Maginot.

Todos los planes de operaciones aliados estaban basados en el supuesto de que los alemanes pondrían en práctica el plan Schlieffen. Adoptaron el llamado plan Dyle, por el cual todo el ejército estacionado en la frontera belga establecería contacto con las fuerzas holandesas para constituir un frente rígido y profundo. El 10 de mayo de 1940, el ejército alemán avanzó atravesando simultáneamente las fronteras de Holanda, Bélgica y Luxemburgo. En Holanda, tras fuertes bombardeos aéreos descendieron unidades paracaidistas sobre Rotterdam y La Haya, ocupando los aeródromos, puentes y nudos vitales de comunicaciones.

Ese mismo día 10 de mayo, en Bélgica, una audaz operación de zapadores alemanes sobre planeadores permitió la toma del fortín Eben

Soldados belgas capturados por las fuerzas alemanas tras la batalla del fuerte Eben-Emael, el 11 de mayo de 1940. Eben-Emael está ubicada entre las ciudades de Lieja y Maastricht, cerca del canal Alberto; su función era defender Bélgica de una posible invasión alemana. Fue construida entre 1931 y 1935, y se ganó la reputación de ser impenetrable.

Emael. Con este fuerte también se ocuparon los puentes colindantes con el canal Alberto, rompiendo todas las defensas belgas. Lieja podía ser envuelta y los caminos hacia el interior del país se abrían libres a las divisiones alemanas.

El día 14, sin posibilidad alguna de resistencia, la reina Guillermina y su Gobierno abandonaron el país trasladándose a Gran Bretaña. En cinco días Holanda fue derrotada y totalmente ocupada

Pero el centro de gravedad del ataque alemán va a rotar (con arreglo a los planes del general Von Manstein) impactando donde no lo esperaban los aliados. Los alemanes, con una gran concentración de unidades blindadas al mando del general Guderian, y con la protección de una potente fuerza aérea lograron establecer cabezas de puente en la orilla sur del río Mosa para poder preparar el paso de los carros de combate. Los blindados germanos obligaron a los franceses a evacuar Sedán, abriéndose una brecha que el día 15 de mayo tenía una profundidad de 50 kilómetros.

El frente francés entre Sedán y Namur se hundió y los alemanes, seguros de que las mejores unidades del ejército francés se encontraban en Bélgica, decidieron cambiar su plan efectuando una marcha rápida hacia el oeste; llegaron al mar, encerrando en una gran bolsa al ejército franco-belga-británico.

El cerco fue completo, quedando los ejércitos que luchaban en Bélgica separados de Francia. Ante esta situación, el rey de Bélgica decidió capitular sin condiciones dejando al descubierto el ala izquierda del despliegue aliado, que se replegó apresuradamente hacía Dunkerque. Es en esta ciudad donde se procede al reembarque del ejército expedicionario inglés (operación Dinamo) en condiciones dramáticas. El día 4 de junio se produce la ocupación de Dunkerque y la rendición de las unidades francesas cercadas.

Al día siguiente de la ocupación de Dunkerque, el ejército francés emprende la retirada para reorganizarse más al sur, pero es hostigado continuamente y carece de reservas que puedan frenar el ataque alemán. El Gobierno francés, ante esta situación calamitosa, declaró abierta la ciudad de París, que fue ocupada sin combatir el 14 de junio. Sin apenas detención, las unidades acorazadas del general Guderian avanzaron hasta alcanzar la frontera suiza. La línea Maginot quedó envuelta por retaguardia. Los ejércitos acantonados en ella se rindieron o penetraron en Suiza.

Italia, impresionada por el rápido triunfo alemán y con el ánimo de no llegar tarde al reparto, decidió entrar en el conflicto declarando la guerra a Gran Bretaña y Francia el 10 de junio, cuando esta última ya estaba vencida. Ante esta derrota inevitable, el primer ministro del Gobierno

Junio de 1940. Las tropas alemanas desfilan por la avenida de los Campos Eliseos de París tras la derrota del ejército francés. El día 18, De Gaulle habló por radio desde Londres. Rechazó la idea de que Francia hubiera dicho la última palabra en la guerra y comunicó a sus oyentes: «Ocurra lo que ocurra, la llama de la resistencia francesa no debe apagarse y no se apagará».

francés, Paul Reynaud, dimitió, haciéndose cargo del poder, el anciano mariscal Pétain, quien solicitó un armisticio a Roma y Berlín. El día 21 de junio, en el mismo lugar y en el mismo vagón de ferrocarril en donde se firmó el armisticio que puso fin a la Primera Guerra Mundial, se rindió Francia ante Alemania de manera incondicional. La aplicación del armisticio comenzó el día 25 de junio, y por él las fuerzas francesas de tierra, mar y aire fueron desarmadas y desmovilizadas, con excepción de las necesarias para mantener el orden interior y la seguridad del imperio colonial. Para asegurar los intereses del Reich alemán en su lucha con Gran Bretaña, una parte del territorio francés quedó guarnecida por tropas alemanas con todos los derechos de nación ocupante. Esta zona comprendía el norte de Francia con París y toda una franja a lo largo del Atlántico. El resto de territorio fue conocido por el nombre de Francia de Vichy (al estar ahí su capital) y con el Gobierno recién creado dirigido por Pétain.

Algunos políticos y militares franceses refugiados en Gran Bretaña, y al frente de ellos el coronel Charles

De Gaulle, declararon ilegal al Gobierno de Vichy, constituyeron un Comité Nacional para regir los destinos de la Francia libre y acordaron continuar la guerra contra Alemania. El Gobierno británico se apresuró a reconocer como legítimo el comité presidido por De Gaulle.

Grecia

El dominio británico en el Mediterráneo oriental y la seguridad del canal de Suez pivotaban sobre la estabilidad del territorio griego con su complejo insular. Por esto, para impedir que Gran Bretaña se asentase en Grecia, Italia, sin consultar con su aliado germano, el 28 de octubre de 1940 envió al Gobierno griego un ultimátum exigiendo ocupar puntos del territorio heleno.

El jefe del Ejecutivo griego declaró que consideraba la nota italiana como una declaración de guerra y, en consecuencia, ordenó la movilización general, pidiendo ayuda a Gran Bretaña. Los británicos accedieron a ello mientras Yugoslavia, Bulgaria y Turquía se declararon neutrales. En cumplimiento de su promesa, Gran Bretaña ocupó la isla de Creta, proporcionando apoyo aéreo y naval. La ofensiva italiana tuvo un éxito inicial, pero a los once días los griegos iniciaron una contraofensiva, obligando al ejército italiano a replegarse y poniéndolo en una situación tan comprometida que Mussolini pidió ayuda a Alemania y esta tuvo que intervenir en los Balcanes.

El norte de África

Otro escenario de carácter bélico se desarrolló en la franja del norte de África entre Libia y Egipto.

Desde Alejandría partía un ferrocarril y una carretera hacia el oeste hasta Sidi-Barrani. El mariscal Graciani, jefe del ejército italiano, aprovechó la superioridad de medios sobre los británicos para iniciar una ofensiva. Rota la primera línea de resistencia el 13 de septiembre de 1940, en tres días los italianos ocuparon Sollum y Sidi-Barrani, a 100 kilómetros de la línea de partida. La longitud de las vías de comunicación y la dificultad de abastecimientos, sobre todo de agua, impidieron continuar la ofensiva. Los italianos se establecieron al este de Sidi-Barrani en espera de resolver los problemas logísticos. Esta detención sirvió a los británicos para reorganizar sus unidades y preparar una contraofensiva.

El 9 de diciembre iniciaron los británicos su primera ofensiva atacando y rompiendo el campo atrincherado italiano de Sidi-Barrani, forzando una apresurada retirada y alcanzando a los pocos días Sollum. Los británicos continuaron su avance sobre Bardía, ciudad fortificada con obras de carácter permanente, contra la cual concentraron fuerzas terrestres, navales y aéreas hasta lograr su rendición cuatro días después. Capturaron gran cantidad de prisioneros y abundante material. La táctica utilizada por primera vez en esta ocasión, y luego repetida por ambos contendientes, consistía en el empleo en vanguardia de zapadores que limpiaban de minas un estrecho pasillo y rellenaban o demolían los obstáculos contra carros. Por este camino abierto, se introducían los carros de combate seguidos de la infantería encargada de ensanchar la brecha.

1941

El norte de África

El día 6 de enero de 1941 las fuerzas británicas llegaron hasta Tobruk, la cual, dos días después se rindió. Un mes después la ofensiva inglesa se detuvo en El Aghelia, a las puertas del desierto de Sirte, agotadas las unidades por el esfuerzo realizado. El triunfo británico en su primera ofensiva y la casi destrucción del ejército italiano pusieron en peligro el prestigio del Eje, por lo cual el alto mando alemán ordenó la permanencia de una flota aérea alemana en el sur de Italia y el envío a Trípoli de un cuerpo expedicionario acorazado (*Afrika Korps*) al mando del general Erwin Rommel. Italia también envió refuerzos, ante lo cual las fuerzas del Eje, a mediados de marzo de 1941, disponían de gran superioridad sobre las fuerzas británicas.

El 24 de marzo de 1941, un audaz golpe de mano sobre El Aghelia puso de manifiesto la debilidad del enemigo, que fue aprovechada por Rommel para lanzar sus carros contra las tropas británicas que le cerraban el paso. Las derrotó con facilidad. La batalla marcó el derrumbamiento de la resistencia británica en Cirenaica. Una parte de las fuerzas vencidas se retiró a Tobruk. Sollum se ocupó el 3 de abril y Tobruk quedó cercada. En doce días Rommel había consegui-

Tobruk, *de 1967, es una historia ficticia de miembros del* Long Range Desert Group *británico que se esfuerzan por destruir los tanques de combustible del* Afrika Korps *del* generalfeldmarschall *Erwin Rommel.*

do reconquistar todo lo abandonado por los italianos; pero estos habían perdido gran parte de su ejército, mientras que los británicos mantenían el suyo casi intacto. Al mismo tiempo, los británicos, mandados por el general Aunchinleck, concentraron sus fuerzas con nuevos modelos de carros de combate a la par que intensificaban los ataques por mar a los transportes de abastecimiento de las fuerzas del Eje.

Yugoslavia y Grecia

La acción diplomática de Alemania había logrado la adhesión de Hungría, Rumanía y, posteriormente, la de Bulgaria, así como la neutralidad de Turquía. Yugoslavia se adhirió a la política alemana, pero un golpe de Estado impuso un Gobierno de corte antialemán, y Hitler decidió declararle la guerra el 6 de abril de 1941, a la vez quea Grecia.

El plan alemán de invasión consistía en penetrar en el territorio por tres puntos: por el norte, sobre Zagreb, donde se unirían con fuerzas italianas que atravesarían la frontera por Tarvisio; por el centro, desde Bulgaria, para asediar Belgrado en combinación con otras fuerzas que, desde Hungría, siguiendo el Danubio, concurrirían sobre la capital; al sureste, desde Bulgaria, se lanzarían tropas sobre Salónica para aislar al

Tropas australianas trasladadas desde El Cairo para la defensa de Grecia, en Vevi, Macedonia, junto a la frontera búlgara. La caída de Yugoslavia aceleró la retirada de las unidades británicas, que corrían el riesgo de ser cercadas.

ejército de Macedonia del resto de las unidades aliadas.

El plan se desarrolló tal como fue concebido, y después de ocupar Zagreb y Belgrado, los alemanes se dirigieron sobre Sarajevo, importante nudo de comunicaciones del ejército yugoslavo. Ocupado el 16 de abril, Yugoslavia fue obligada a capitular. Las divisiones griegas de Macedonia, aisladas del resto de su territorio, se retiraron y embarcaron rumbo a Creta y a otras islas del mar Egeo. Al mismo tiempo, otra columna alemana penetró en Grecia y rebasó y cercó a las fuerzas griegas desplegadas en Epiro, que tuvieron que rendirse el 23 de abril de 1941. El Gobierno griego comprendió la imposibilidad de defenderse y, tras agradecer la intervención de las fuerzas británicas, aconsejó su reembarco. Atenas fue ocupada casi sin resistencia el 27 de abril de 1941, abandonada por las tropas anglo-griegas en retirada hacia el sur, en busca de los puertos de reembarque. Los británicos consiguieron evacuar la mitad de sus fuerzas expedicionarias.

Creta

La guarnición griega de la isla, cerca de 14 000 hombres, estaba reforzada con tropas británicas y alcanzaba los 27 500 efectivos, la mayor parte evacuados de Grecia, donde habían dejado su equipo pesado. La artillería era casi inexistente y los medios acorazados se reducían a 8 carros de combate medianos y 16 ligeros. La aviación disponía de 43 cazas y 90 bombarderos diseminados entre Creta y Egipto. A principios de mayo de 1941 los servicios de información británicos conocieron los preparativos del ataque a la isla. El general neozelandés Freyberg distribuyó sus efectivos en cuatro grupos independientes con la misión de defender los tres aeródromos y Canea.

El ataque a Creta ocupa una escueta línea en los libros de historia, a pesar de que fue espectacular y toda una innovación en el mundo militar. Los alemanes organizaron una fuerza especial aeroterrestre al mando del general Student. Este general fue uno de los fundadores de las unidades aerotransportadas en Alemania y jefe de este tipo de operaciones en Holanda. Esta fuerza disponía de 530 aviones de transporte, 53 planeadores con el apoyo aéreo de 150 aviones tipo Stuka y 300 cazas. Las tropas de combate alemanas consistían en una división aerotransportada, un regimiento de paracaidistas y una división alpina, que sumaban un total de 25 000 hombres. Otra fuerza de 5000 hombres con carros de combate, artillería antiaérea, contra carros y de campaña sería transportada al segundo día de ataque para desembarcar cerca de Malene.

El 20 de mayo de 1941, 29 planeadores alemanes aterrizaron en

Paracaidistas alemanes en Creta durante un descanso en los combates del mes de mayo. A pesar de esta fotografía de propaganda, la operación Mercurio fue un desastre. Los paracaidistas perdieron el 40 % de sus fuerzas.

las proximidades de Malene. Las fuerzas aerotransportadas desplegadas destruyeron las armas antiaéreas y protegieron el descenso de los paracaidistas. Minutos después se lanzaron dos batallones de paracaidistas para conquistar el aeródromo.

Horas más tarde un regimiento de paracaidistas se lanzó sobre Retimo y otro sobre Heraclion para la conquista de los aeródromos y las ciudades: los cuatro grupos intentaron establecer contacto entre sí con la idea de que una división alpina sería trasladada en aviones de transporte y en unión de las fuerzas desembarcadas procederían a la ocupación de la isla. Este desembarco aéreo fue precedido de intensos ataques de los bombardeos alemanes sobre los buques aliados de Creta y sobre las organizaciones defensivas de la isla, que consiguieron debilitar en gran medida las defensas aliadas facilitando la invasión alemana, que si, en principio, no pudo desarrollarse con arreglo al plan previsto, (ya que solo el grupo de Malene cumplió su misión), los restantes grupos inmovilizaron y aislaron importantes fuerzas enemigas que, posteriormente, habrían de ser destruidas, terminando con un completo éxito alemán.

Con la conquista de Creta se privaba a los británicos de bases para atacar a los pozos petrolíferos de Rumanía y se obtenía, en cambio, la posibilidad de poder atacar Alejandría, el canal de Suez y la navegación aliada por el Mediterráneo oriental, ataque que Hitler impidió realizar. Y aun cuando no se utilizó, constituía una excelente base de partida para operaciones defensivas alemanas sobre el Oriente Próximo y el canal.

La Unión Soviética

El pensamiento de Hitler tomó forma concreta en unas instrucciones secretas de fecha 18 de diciembre de 1940 en las que se señalaba como objetivo aniquilar a la Unión Soviética en una campaña rápida. La potencia militar de la Unión Soviética fue subestimada por Hitler, y la invasión se llevó a cabo en contra de la opinión de su Estado Mayor, que consideraba un gran error atacar a los soviéticos sin haber terminado antes con Gran Bretaña para evitar la guerra en dos frentes.

El plan alemán de invasión fue diseñado por el jefe del Estado Mayor, el general Halder. Su concepción obedecía a las condiciones geográficas de la Unión Soviética. La llanura rusa entre el mar Báltico y el mar Negro, entre los ríos Volga y Vístula, está cerrada para una marcha de oeste a este por dos regiones difícilmente practicables para un ejército moderno: los pantanos de Pripet, entre Kiev y Minsk, y la meseta del Valdai con sus bosques y lagos, entre Leningrado y Moscú. Estas dos zonas de obstáculos dejan libres tres corredores de penetración que conducen a puntos de interés vital de Rusia.

Al norte a lo largo de la costa báltica, la ruta conduce a Leningrado, centro industrial de gran importancia, y a Kronstad, base naval de la escuadra rusa del Báltico, cuya ocupación interesaba a Alemania para evitar la amenaza sobre el transporte de mineral de hierro sueco.

En el centro, otro corredor seguido por una autopista conducía a Moscú, capital de la nación, centro industrial más importante todavía que Leningrado, además de ser nudo de comunicaciones de carretera y ferrocarril.

Al sur, por último, entre las marismas del Pripet, un tercer corredor en dirección divergente de los otros dos, conducía por Kiev al trigo de Ucrania, al hierro de Donetz y al petróleo del Cáucaso.

El día 22 de junio de 1941 (el mismo día que 129 años antes había emprendido Napoleón la misma invasión) comenzó la operación Barbarroja (nombre del asalto a la Unión Soviética). Un violento ataque de la aviación alemana sobre los aeródromos soviéticos causó en los primeros seis días la destrucción de 4000 aparatos.

Hasta mediados de agosto las operaciones se desarrollaron conforme al plan previsto. Los tres grupos de ejército avanzaron independientes a lo largo de sus corredores. Se había ganado la batalla de las fronteras y se encontraba rota por varios puntos de la línea Stalin. Más que de una línea se trataba de una faja fortificada de una profundidad de 40 kilómetros que seguía el curso del río Dniester por su orilla oriental.

Los soviéticos habían centrado sus reservas en la región de Moscú para la defensa de la capital. Según la idea de maniobra del Estado Mayor alemán, el Grupo de Ejércitos del Centro tenía la oportunidad no solo de conquistar el objetivo que se consideraba más importante, Moscú, sino también de poder aniquilar la concentración principal del ejército enemigo. El plan consistía en aprovechar los meses de septiembre y octubre, antes de la llegada del invierno, para un ataque envolvente sobre Moscú. Este plan fue rechazado por Hitler quien, el 21 de agosto, dio nuevas instrucciones señalando que antes del invierno los objetivos más importantes eran la ocupación de Crimea, la conquista de la región industrial y minera del Donetz en el sur y en el norte, el cerco de Leningrado y el enlace con las tropas finlandesas. Para desarrollar esta maniobra el ejército acorazado del general Guderian fue concentrado en Gómel, emprendiendo el 23 de agosto el avance en dirección sur. Un mes después se producía la conquista de Kiev y la captura de medio millón de prisioneros soviéticos.

Paralelamente, en el norte, el Grupo de Ejércitos Norte cercó la ciudad de Leningrado e intentó enlazar con las unidades finlandesas. Leningrado fue sometida a un intenso bombardeo de artillería y de aviación, pero resistió, así como la base naval de Kronstad. Los finlandeses reconquistaron la península de Hango y los territorios perdidos en la guerra anterior, progresando hacia el río Svir, entre el lago Ladoga y el Onega, y conquistaron el importante nudo de carreteras de Tilhvin.

En el sur, las unidades acorazadas, alargando extraordinariamente su penetración, alcanzaron la ciudad de Rostov, en la desembocadura del río Don, el 23 de noviembre.

El Grupo de Ejércitos del Centro quedó debilitado por el empleo de importantes núcleos de sus fuerzas acorazadas en provecho de los ejércitos del norte y del sur. Los contraataques soviéticos se hicieron cada vez más frecuentes, hasta convertirse en una contraofensiva sobre todo el frente alemán entre Valdai y Briansk. Hitler decidió entonces atacar Moscú, cuando la oportunidad había pasado y el invierno se presentaba como su peor enemigo. Devolvió al Grupo de Ejércitos del Centro las unidades que antes había traspasado al norte y al sur, e incluso lo reforzó con el ejército acorazado del norte. Las batallas de Briansk y Viazna, libradas del 2 al 14 de octubre, abrieron a los alemanes el camino de Moscú. Comenzaba así la operación Tifón.

Artillería antiaérea soviética dispuesta para la defensa de Moscú. La operación Tifón anunció el comienzo de una de las mayores ofensivas alemanas de la Segunda Guerra Mundial. De hecho, solo la superaron las operaciones encaminadas a la invasión de Francia y los Países Bajos en mayo de 1940 (plan Amarillo), y la propia invasión de la Unión Soviética en junio de 1941 (operación Barbarroja).

Ni el material ni el ejército alemanes estaban equipados para operar en tan adversas circunstancias climatológicas. Los soviéticos, por el contrario, aclimatados y equipados para combatir con las bajas temperaturas, se encontraban en su ambiente y en mejores condiciones. De un extremo a otro el frente alemán llegó al límite del esfuerzo, y las condiciones adversas citadas, junto con el espíritu de lucha del soldado ruso por la defensa de su territorio, propiciaron la primera derrota del invencible ejército alemán. Los acontecimientos posteriores, entre ellos la importante ola de frío y la contraofensiva desencadenada por los soviéticos el 6 de diciembre, obligaron a los alemanes a retroceder en toda la línea con gravísimas pérdidas. La batalla en Moscú terminó en un desastre para el ejército alemán.

1942

El norte de África

A finales de 1941 comenzó la ofensiva británica conocida con el nombre de batalla de Marmárica. se desarrolló durante tres semanas, hasta que, reforzadas considerablemente, las fuerzas británicas iniciaron un a maniobra de envolvimiento más amplio. Intentaron inútilmente la destrucción del ejército de Rommel y en su avance llegaron a Bengasi para ser luego detenidos al este de El Aghelia el 11 de enero de 1942. Los británicos habían conquistado el terreno, pero la potencialidad del ejército alemán se mantenía completamente operativa. Nueve días después del fin de la ofensiva, las fuerzas de Rommel iniciaron sus ataques contra los destacamentos avanzados, que fueron obligados a retirarse. El 23 de enero de 1942 tuvo lugar una encarnizada batalla en la que los británicos tuvieron grandes pérdidas en elementos acorazados, siendo obligados a replegarse y recorrer una vez más en el sentido contrario el mismo camino de su avance. Esta vez Rommel se vio detenido en el oeste de Tobruk en Al Gazala, produciéndose un largo periodo de calma que duró desde marzo hasta mitad de mayo.

El equilibrio fue roto por el inicio de la ofensiva alemana del 26 de mayo, en la cual Tobruk cayó a consecuencia de un intenso bombardeo aéreo y de un asalto simultáneo de cuatro divisiones alemanas. El general Rommel fue ascendido a mariscal y el general Auchinleck fue relevado del mando. Aún pudieron los británicos detener al enemigo una semana ante Sollun, pero finalmente tuvieron que replegarse. El VIII ejército británico, reforzado con una división neozelandesa traída con urgencia de Palestina, logró hacer alto en la línea de El Alamein (preparada con antelación), a 100 kilómetros de Alejandría. Para el mando del VIII ejército, replegado ahora a la línea de El Alamein, fue designado el general Montgomery que durante el verano de 1942 organizó nuevas unidades dotadas de material superior al alemán y se preparó para tomar la ofensiva a principios de otoño. Esta se inició el día 24 de octubre con una intensa preparación artillera y de aviación que duró hasta las primeras horas de la noche. Al

Prisioneros italianos custodiados por soldados británicos en El Alamein. La larga batalla por el control del territorio próximo a El Cairo, que daba acceso a ocupar la capital egipcia, fue el punto de inflexión del Afrika Korps *en el frente norteafricano.*

día siguiente, el frente ítalo-germano había sido roto en el norte y el sur. Las unidades británicas penetraron profundamente en el dispositivo germano. Las pérdidas de las fuerzas del Eje fueron cuantiosas: de los 500 carros de combate italianos y germanos no le quedaron a Rommel más que 12 y cerca de 60 000 hombres.

La única solución era la retirada, que fue dirigida de manera magistral hacia Túnez sin sufrir pérdidas de importancia. Esta retirada no tuvo las mismas características que las anteriores, y su éxito se debió en gran parte a la prudencia de Montgomery en la persecución. No se detuvo Rommel en las fronteras de Trípoli como en otras ocasiones porque su ejército estaba amenazado por el frente y por la retaguardia, ya que los norteamericanos habían desembarcado en África del norte francesa y pretendían conquistar las bases del Eje en el continente africano. Los triunfos de Rommel presentan la característica extraordinaria de ser obtenidos disponiendo de medios inferiores y a menudo sin el dominio del aire. Su mérito estuvo en saber apreciar y descubrir el punto decisivo, sobre el cual concentraba a toda velocidad el grueso de sus tropas.

El 8 de noviembre de 1942, fuerzas estadounidenses en su mayoría efectuaron desembarcos en distintos puntos de la costa atlántica del Marruecos francés (Orán y Argel). Ante estos hechos, el ejército colonial fran-

Victoria en Túnez. *Uno de los muchos documentales realizados por Metro Goldwyn Mayer para ayudar al esfuerzo de guerra.*

cés, intacto y encargado de la defensa de su territorio, se encontró ante una situación de gran desconcierto. El almirante Darlan, llegado días antes a África del norte como alto comisario con plenos poderes del Gobierno francés del mariscal Pétain, ordenó el cese de toda resistencia.

El éxito del desembarco fue completo para los aliados. Los alemanes enviaron tropas a ocupar todo el territorio metropolitano francés y la isla de Cerdeña y, a Túnez, tropas al mando del coronel Von Armin para reforzar al maltrecho ejército de Rommel. Este ocupó la línea Mareth, que Francia había construido en la frontera con Libia.

La Unión Soviética

En la primavera de 1942, el derrotado ejército alemán, obligado a retirarse pudo establecer una línea de detención formada por las ciudades de Novgorod, Rejev, Orel, Kursk y Tanganrog. A pesar de su victoria en invierno, el ejército ruso no se encontraba en condiciones de llevar una operación ofensiva de mucha envergadura. La primavera de 1942 proporcionó un tiempo para reorganizarse a ambos contendientes. El plan alemán consistió en mantenerse a la espera aumentando su potencial blindado, sobre todo para hacer frente a los nuevos carros de combate soviéticos modelo T-34.

La impaciencia de Hitler obligó a iniciar una campaña sin estar el ejército totalmente reequipado. Eligió el sector sur para atacar el Cáucaso en busca de la riqueza económica de esa zona. Para poder alcanzar esa región había que eliminar una amenaza en el flanco derecho: Sebastopol, defendida con un ejército ruso atrincherado dentro de ella. La toma de Sebastopol tuvo que esperar, ya que los soviéticos atacaron en el norte y en el sur sobre la ciudad de Járkov. El ataque ruso no tuvo éxito, pero obligó a los alemanes a emplear ingentes cantidades de hombres y material que acabaron venciendo los ataques soviéticos el 30 de mayo de 1942. Concluido esto, el general Von Manstein inició el día 3 de junio el ataque hacia Sebastopol sometiendo la plaza a una preparación artillera de más de tres días de duración. Al amanecer del 7 de junio la infantería se lanzó al asalto a una lucha encarnizada. El 4 de julio la ciudad fue conquistada a costa de grandes pérdidas.

Surgieron discrepancias entre Hitler y su Estado Mayor. Continuó obsesionado con la idea de avanzar hacia el Cáucaso, para lo cual dio órdenes de dirigirse al río Volga y hacia la ciudad de Stalingrado. El propio Hitler elaboró el plan de ataque, que empezó casi a la antigua usanza de la guerra relámpago. El 11 de septiembre varias divisiones alemanas alcanzaron el río Volga, aguas abajo de Stalingrado. Comenzó el asedio a la ciudad y una batalla de desgaste en donde los alemanes entraban cada vez más descuidando sus flancos. Mientras las tropas alemanas se desgastaban delante de Stalingrado con combates como el de la fábrica de acero Octubre Rojo, los soviéticos preparaban una contraofensiva sobre las alas del dispositivo alemán, guarnecidas por unidades rumanas, húngaras e italianas de calidad muy inferior a las germanas. El 19 de noviembre de 1942, se desencadenó la contraofensiva rusa sobre todo el frente alemán. El alto mando alemán envió un ejército de socorro al mando de Von Manstein, pero fue detenido y rechazado por la tenaza soviética, que cada vez se cerraba más. El VI ejército alemán al mando del mariscal Von Paulus

Soldados soviéticos defienden las ruinas de Stalingrado. La batalla, iniciada el 23 de agosto de 1942, entre el Ejército Rojo y la Wehrmacht y sus aliados del Eje por el control de la actual Volgogrado, junto a la posterior de Kurks (julio-agosto), el mayor enfrentamiento de tanques de la historia, cambió el curso de la Segunda Guerra Mundial.

acabó rindiéndose el 2 de febrero de 1943 con más de 90 000 prisioneros supervivientes de un contingente superior a 250 000 soldados. Al mismo tiempo que se desarrollaba la batalla de Stalingrado, los soviéticos atacaron en otros frentes obligando al ejército alemán a replegarse en todos los sectores.

1943

La Unión Soviética

Después de la batalla de Stalingrado la situación militar general y la particular del frente ruso no permitían a Alemania liderar una acción ofensiva. El Estado Mayor alemán, valorando exactamente la situación y los medios con que contaba, consideró que lo mejor era una retirada a líneas defensivas más favorables con una reducción de la longitud total del frente. Tanto en el aire como en tierra, el ejército ruso superaba en número al alemán. Sus efectivos alcanzaban las 500 divisiones, sin contar la calidad de las tropas, la superioridad numérica clave de su victoria fue aplastante, no faltaban hombres, ni material, ni municiones, gracias a la ayuda norteamericana. Hitler, que concentraba en su mano todo el poder militar, no permitió ningún repliegue por el efecto desmoralizador que produciría en la retaguardia y en las mismas fuerzas combatientes. El frente permaneció inactivo hasta julio de 1943, fecha en la que los alemanes, para deshacer la ofensiva que preparaban los soviéticos, atacaron desde los sectores de Orel y Bielgorod pretendiendo estrangular el entrante de Kursk.

Resistieron los soviéticos la embestida y los asaltos de las divisiones alemanas, que fueron a estrellarse ante las densas barreras de artillería rusa que excedía a todas las concepciones tácticas del momento. El 28 de julio pasaron los soviéticos a la ofensiva sobre el saliente de Orel, y el 3 de agosto sobre el de Bielgorod-Járkov. Los ataques fueron apoyados por una numerosa artillería (290 piezas por kilómetro). La batalla terminó con la reconquista de las ciudades de Orel y Jarkov. Estas operaciones pusieron de manifiesto que los soviéticos ya estaban capacitados no solo para detener a los alemanes en invierno, sino también en el verano, y comenzó aquí un retroceso continuo del ejército alemán durante todo este año 1943.

El norte de África

La indecisión del mando norteamericano y la poca efectividad de las fuerzas francesas permitieron a las unidades del *Afrika Korps* organizar en Túnez una sólida cabeza de puente desde donde pudieron extraer tropas al continente. El 31 de mayo de 1943 no quedaba en tierras de África ni un solo soldado del Eje.

La ofensiva desde El Alamein, los desembarcos aliados que desembocaron en la campaña de Túnez, los ataques soviéticos en los sectores del Volga, la reacción aliada en el Pacífico, aunque sin obedecer a un plan estudiado e independientes en el espacio y en los medios empleados, señalaron el comienzo del final de las conquistas del Eje. A partir de ese momento la iniciativa pasó a manos de los aliados. En el plan aliado entró también el empleo de la potencia aérea como forma de destrucción de las fuentes del poder económico enemigo para desmoralizar a las poblaciones con intensos bombardeos.

Italia

Como continuación de los combates en el norte de África los aliados ocuparon la isla de Sicilia. El 10 de julio de 1943 se inició la invasión, las unidades italianas apenas ofrecieron resistencia retirándose al interior de la isla, de tal forma que la conquista de Sicilia quedó concluida en menos de cuarenta días.

Mientras esto ocurría en los frentes italianos, el partido fascista y su jefe Benito Mussolini fueron apartados del poder por decisión real, y aquel detenido el 25 de julio de 1943. El rey encargó la dirección del Gobierno de la nación al mariscal Badoglio, el cual, declaró su decisión de continuar la guerra al lado de los alemanes, pero, al mismo tiempo negociaba con los aliados las condiciones de un armisticio. El plan aliado consistía en establecer una cabeza de playa que permitiese a la escuadra aliada actuar en el estrecho de Mesina (operación Baytown), que debía completarse con una maniobra de envolvimiento mediante un desembarco en Salerno (operación Avalanche). Ambas operaciones se llevaron a cabo en los primeros días del mes de septiembre de 1943 sin que las unidades costeras italianas opusieran resistencia. Mussolini fue liberado por tropas paracaidistas alemanas al mando de Otto Skorzeny y creó en el norte de Italia la República social italiana. Alemania estaba dispuesta a defender Roma, para lo cual organizó una línea principal de resistencia en los ríos Sangro y Garellano.

La batalla de Anzio, desde el 22 de enero de 1944 hasta el 24 de mayo, abrió el camino a los aliados para liberar Italia. En la película Anzio, *de 1968, los protagonistas son ocho soldados estadounidenses, únicos supervivientes de una emboscada alemana, que se esfuerzan en regresar a sus líneas a través de una zona ocupada por el enemigo.*

La guerra naval

El mando alemán, al tener conocimiento de los preparativos aliados para el desembarco en Normandía, ordenó intensificar la guerra contra el tráfico marítimo mediante el empleo de la aviación y de los submarinos. Concentró toda la actividad de los astilleros en la construcción de nuevos tipos de submarinos, siendo nombrado para dirigir esta nueva política naval el almirante Doenitz, hasta entonces, jefe de las unidades de submarinos. En marzo de 1943 empezó la llamada ofensiva de Doenitz, que obtuvo algunos éxitos iniciales, pero a costa de grandes pérdidas debido a la acción antisubmarina aliada.

1944

Italia

En enero empezó nuevamente el ataque aliado contra la línea de defensa ítalo-germana. Los alemanes, ante la imposibilidad de defender Roma, se retiraron a una línea de defensa más al norte. A esta decisión contribuyó el éxito logrado por los aliados en la conquista del monasterio de Montecassino, punto clave de la defensa, después del reducirlo a escombros por una fuerza aérea de 250 bombarderos que arrojaron en un solo día 800 toneladas de bombas.

Los aliados siguieron el movimiento de repliegue alemán, y el 4 de junio de 1944 entraron en Roma. A partir de esa fecha la actividad bélica en Italia disminuyó debido a la retirada del frente de numerosas unidades para prestar apoyo colateral al desembarco aliado en Normandía.

Europa occidental

La creación de un tercer frente contra Alemania (denominado curiosamente con el nombre de «segundo frente») con el desembarco aliado en Normandía (operación Overlord) fue de gran importancia para el curso de la guerra. Los preparativos fueron llevados a cabo con el mayor secreto durante los meses de enero a junio de 1944, por el Estado Mayor combinado británico y norteamericano. Mientras en el este y en Italia se desarrollaban ofensivas que ponían en retroceso al ejército alemán, el Estado Mayor combinado logró resolver, en un tiempo récord, los problemas de concentración y entrenamiento de las fuerzas destinadas a la operación. El sector de desembarco se dividió en dos partes: la mitad oriental para las fuerzas anglocanadienses y la occidental para las norteamericanas, apoyadas ambas por agrupaciones aeronavales de sus respectivas nacionalidades.

Al producirse la invasión, los alemanes tenían la máxima concentración de tropas en la costa del canal de la Mancha. El plan de obstáculos submarinos no había sido determinado y el proyecto de Rommel de organizar una zona fortificada que se extendiese desde la costa hasta 8 o 10 kilómetros en el interior y que pudiese ser defendida en ambos sentidos, pensando en los ataques de fuerzas aerotransportadas, no había sido ni tan siquiera iniciado. Esta operación se preparó mediante intensos bombardeos sobre Alemania, especialmente sobre las fábricas de municiones, centros petrolíferos, astilleros y comunicaciones, al objeto de destruir su potencial económico. Debido a estos bombardeos, los alemanes no pudieron desarrollar su plan de construcciones. Los bombardeos sistemáticos aliados alcanzaron tal intensidad durante las semanas anteriores a la invasión que las comunicaciones estaban permanentemente destruidas.

Contando con el dominio del mar y del aire, el 6 de junio de 1944, a la una de la madrugada, saltaron sobre el continente cuatro divisiones aerotransportadas aliadas (dos en la

Normandía, 6 de junio de 1944. La decisión de emprender una invasión a través del canal de la Mancha se tomó en la Conferencia Trident, en Washington, en mayo de 1943. El general estadounidense Eisenhower fue nombrado comandante del Cuartel General Supremo de la Fuerza Expedicionaria Aliada y el general británico Montgomery, comandante del XXI Grupo de Ejércitos. El lugar elegido fue la costa de la región francesa de Normandía, donde se seleccionaron cinco playas a las que se dieron nombres en clave: Utah, Omaha, Sword, Gold y Juno.

zona británica para establecer una cabeza de puente al oeste del río Orne, y dos en la zona norteamericana, en la península de Carentan). La operación sorprendió a los alemanes, ya que a causa del mal tiempo su escasa aviación no había realizado vuelos de reconocimiento sobre las costas británicas. Las estaciones de radar de la costa habían sido inutilizadas en su mayoría por los bombardeos de los días anteriores, y las que quedaban aún operativas fueron confundidas por el lanzamiento de tiras metálicas de pequeños bloques de aluminio entre las distintas zonas de desembarco. Bajo una intensísima protección naval y aérea que neutralizó totalmente las defensas alemanas, a las 6:30 horas empezaron a desembarcar en las playas normandas las primeras oleadas de infantería y carros de combate. La zona fortificada con casamatas de hormigón para los cañones y armas automáticas se extendía hasta 4 o 6 kilómetros hacia el interior. Detrás de estas líneas no había otra línea secundaria capaz de detener al invasor.

Durante las siguientes semanas las fuerzas desembarcadas fueron uniendo entre sí las distintas cabezas de playa, tomando contacto con las

Patton *es una película de guerra, biográfica, producida en 1970, sobre el papel desempeñado por el general estadounidense George S. Patton durante la Segunda Guerra Mundial. Dirigida por Franklin J. Schaffner a partir de un guión de Francis Ford Coppola y Edmund H. North, está basada en el libro* Patton: Ordeal and Triumph *de Ladislas Farago.*

fuerzas aerotransportadas. Conquistaron Bayeux, Isgny y Carentan. Se atacó Cherburgo, que resistió hasta el día 28 de junio de 1944, pero los daños causados en el puerto fueron tan importantes que no se pudo utilizar hasta finales del mes de julio. Hacia el interior la situación parecía estabilizarse por la enconada resistencia entre Saint Lo y Caen, y por la acción ofensiva alemana en dirección a Carentan, para dividir a las fuerzas norteamericanas. Ese ataque no tuvo éxito por falta de medios suficientes y por la debilidad de las fuerzas aéreas alemanas.

Por la destrucción de las vías de comunicación, a la que contribuyeron las organizaciones clandestinas francesas, los alemanes no pudieron concentrar las unidades necesarias para llevar a cabo un contraataque profundo que arrojase al mar a los invasores. El forcejeo en Caen se resolvió, por fin, a favor de los británicos, que ocuparon la ciudad el 10 de julio de 1944. A finales de este mes los aliados dominaban por completo Carentan y sus fuerzas ocupaban una línea que iba desde Caen a Avranches, dispuestas a lanzarse sobre el interior de Francia. Este éxito lo explotó el ejército del general Patton, que dotado de unidades acorazadas ocupó Rennes.

A finales de 1944 los alemanes lanzaron su último esfuerzo ofensivo en la región de las Ardenas. Su objetivo era Amberes, mediante cuya conquista habrían cercado al grupo de ejércitos del mariscal Montgomery. Para esta acción se reunieron tropas germanas, debilitando peligrosamente el ya débil frente oriental. Alemania atacó con 10 divisiones panzer y 14 divisiones regulares al mando del mariscal Von Rundstedt, creando un gran efecto sorpresa entre los aliados. El dispositivo aliado fue roto y los alemanes llegaron a las proximidades del río Mosa, dejando cercado a un núcleo norteamericano en Bastogne. La aviación aliada no pudo actuar durante varios días a causa del mal tiempo, apoyó el contraataque y el 26 de diciembre pudo restablecer contacto con el grupo cercado en Bastogne, anulando la contraofensiva alemana.

La Unión Soviética y Polonia

A principios de junio de 1944, los soviéticos emprendieron una ofensiva, rompiendo el frente entre el río Dnieper y los pantanos de Pripet. El 23 de junio de 1944, los alemanes se encontraban aproximadamente en las mismas líneas desde las cuales tres años antes habían empezado la guerra contra la Unión Soviética. Una formidable masa de aviación y artillería apoyó el ataque. A finales de julio todo el frente alemán se había derrumbado. En ese momento las fuerzas polacas de la resistencia clandestina al mando del general Bor, conociendo la presencia de las tropas rusas en las cercanías de Varsovia y considerándolas libertadoras, se levantaron en armas contra los alemanes. Esta insurrección se desarrolló ante la pasividad de los soviéticos, que presenciaron cómo los patriotas polacos resistieron (sin recibir ayuda) la dura represión alemana hasta su total aniquilamiento.

La poderosa influencia soviética en Bulgaria, Yugoslavia, así como las intenciones de obtener una salida al Mediterráneo, provocaron, al retirarse los alemanes de Grecia, una lucha interna entre los comunistas y los elementos contrarios. Las fuerzas griegas no consiguieron dominar la situación; comprendiendo Gran Bretaña la gran importancia estratégica de Grecia, desembarcó fuerzas en apoyo del Gobierno, primero en Creta y posteriormente en el continente. Un plebiscito nacional aseguró al rey Jorge en el trono griego y eliminó la dominación comunista.

Finlandia había entrado en guerra contra la Unión Soviética con el objetivo de recuperar los territorios que había perdido en 1940, pero con la retirada alemana el Gobierno finlandés pidió al de Alemania que retirase sus fuerzas. Estas pasaron a Noruega, siendo firmado el 19 de septiembre el armisticio ruso-finlandés, por el cual se restablecieron las fronteras de 1940 con una base aeronaval en la península de Hango.

1945

Europa occidental

El objetivo de la ofensiva germana de las Ardenas había fracasado, pero había ganado tiempo en espera de la aparición de nuevas armas o para dar lugar a una solución política de la guerra. El ejército alemán sufrió 120 000 bajas, perdiendo 600 carros de combate y 1600 aviones; con ello se agotaron las últimas reservas de Alemania. A partir de este momento el avance aliado fue meteórico hasta llegar en la primavera al puente de Remagen. Gracias a él las fuerzas aliadas pudieron penetrar en el corazón de Alemania. Hitler siguió cursando órdenes de resistir, aunque algunos dirigentes empezaron a entablar negociaciones de paz, que fueron rechazadas por los aliados, no admitiendo otro final de la guerra que la rendición incondicional. Los aliados penetraron en Alemania en un avance que fue el último del conflicto, de tal forma que los ejércitos británicos y norteamericanos enlazaron el día 3 de mayo de 1945 con las fuerzas soviéticas en Wismar.

La Unión Soviética

Al comenzar el año, los alemanes disponían de 120 divisiones mal equipadas e incompletas, frente a las más de 270 de los soviéticos, provistas de un número muy superior de piezas de artillería.

El esfuerzo principal del ataque se llevó en dirección Varsovia-Pose-Fráncfort-Berlín. Durante los primeros meses del año 1945 el avance del ejército ruso fue imparable y el retroceso del ejército alemán en la misma proporción. El día 15 de abril de 1945 fue tomada la ciudad de Viena y al día siguiente comenzó el ataque sobre Berlín. A continuación, se rebasó la capital alemana por el norte y se ocuparon los suburbios orientales. La lucha en las calles fue de una gran dureza hasta que la desigual contienda terminó el 2 de mayo con la capitulación de los últimos defensores y el suicidio de Hitler.

La moral de la población alemana y del ejército se sostenía a pesar del éxito del desembarco aliado y los continuos ataques a ello gracias a una propaganda que ponía toda su confianza en la aparición de nuevas armas, capaces de hacer cambiar el signo de la guerra. Estas eran las armas V, nuevos aviones a reacción y nuevos modelos de submarinos. Pero dichas armas llegaron demasiado tarde y los germanos no dispusieron del número suficiente de ellas para conseguir el efecto deseado. Por otra parte, los ataques de la aviación aliada habían conseguido destruir los centros alemanes de producción, quedando esta extraordinariamente reducida y el ejército alemán incapacitado para la defensa. La creación de las milicias populares, con el fin de continuar con una lucha de guerrillas, puso de manifiesto el fanático propósito de Hitler de continuar la resistencia, en cuya decisión le acompañaban jerarcas como Goebbels y Borman. Pero otros dirigentes políticos, como Goering y Himmler, realizaron desde el mes de abril gestiones de paz, tratando de rendirse únicamente ante los británicos. Esta condición no fue aceptada por Gran Bretaña ni por los Estados Unidos, que exigieron la rendición ante las tres potencias aliadas. Durante el mes de abril, Hitler permaneció en la capital alemana, y el día 30, cuando los carros de combate soviéticos se encontraban ya en las calles próximas a la cancillería, nombró sucesor en la jefatura del Estado al almirante Doenitz. Posteriormente se suicidó, dejando ordenado que su cadáver fuera pasto de las llamas. El día 4 de mayo de 1945 el almirante Doenitz hizo pública la rendición sin condiciones del ejército alemán; una fecha que se considera como la del final de la guerra en Europa.

Japón

La Segunda Guerra Mundial finalizó con la victoria, en el teatro de operaciones del Pacífico, de los Estados Unidos sobre Japón en los primeros días de agosto de 1945. En esas fechas se lanzaron sendas bombas atómicas sobre las ciudades japonesas de Hiroshima y Nagasaki, hecho que provocó la rendición incondicional del Imperio japonés ante este primer y único ataque nuclear hasta el momento.

Aspecto militar

Es una tarea imposible hacer un estudio detallado de la guerra acaecida entre 1939 a 1945, pero sí se pueden esbozar las concepciones más importantes que se aplicaron durante toda la contienda.

El esquema alemán

La guerra relámpago caracterizó las operaciones en Polonia, Europa

Hiroshima. Los restos irreconocibles de la Escuela Primaria Honkawa, «daños colaterales» de un «bombardeo estratégico». Junto a ellos, la conocida Cúpula Genbaku. Como la bomba detonó en el aire, pudo permanecer en pie, a pesar de encontrarse a tan solo 150 metros de la zona cero.

central y en Rusia hasta finales de 1941. Fue una concepción y materialización plenamente germana, ya que solo este país disponía de los medios para llevarla a cabo. El ejército alemán disponía, en junio de 1940, de 10 divisiones de carros de combate tipo *Panzer* con un total de 3 000 carros y más de 500 autoametralladoras cañón. Gracias a esta cantidad de recursos blindados Alemania pudo poner en práctica su teoría de la guerra relámpago. Este ejército blindado fue obra de un conjunto de técnicos y teóricos militares que estudiaron a fondo la Primera Guerra Mundial. Al factor sorpresa que tanto éxito tuvo en 1914 hacía falta añadirle la potencia capaz de romper y explotar. El arma blindada ý motorizada pudo hacerlo, junto con una poderosa aviación de apoyo que permitió realizar el binomio carro-avión característico de la guerra relámpago.

Las fuerzas aéreas (*Luftwafe*) por medio de sus escuadrillas de bombarderos participaran de lejos y de cerca en la preparación. Los aviones de apoyo (*Stukas*) sembraron el pánico en las tropas enemigas y en muchas ocasiones deshicieron el contraataque en sus comienzos. Las unidades paracaidistas se apoderaron de antemano de puntos de interés vital.

La espectacular campaña de Polonia consagró doctrinalmente la guerra relámpago. La frontera polaca ofrecía una inmensa curva que facilitaba la maniobra envolvente.

El ataque a Francia respondió a las expectativas más optimistas de la nueva escuela alemana. El estilo de la maniobra de ruptura, seguida de la explotación y envolvimiento, ejecutada de manera audaz fue la mejor expresión de la doctrina alemana del momento. Hubo un gran error táctico alemán al no atacar plenamente al Cuerpo Expedicionario Británico que pudo ser rescatado en Dunkerque gracias a la operación Dynamo. El temor de las vanguardias alemanas de progresar en exceso permitió a los británicos reembarcar sus tropas derrotadas en la batalla de Francia. El poder político y militar alemán estaba convencido de que su victoria sobre Francia impresionaría de tal manera a Gran Bretaña que pediría la paz.

El error estratégico fue no atacar a los británicos, que en ese momento estaban quebrantados, y permitir que pudieran ser después la base para la contraofensiva aliada. Si este grave error propició la existencia del frente occidental por no haber derrotado completamente a Gran Bretaña, el ataque a la Unión Soviética acarreó otro frente abierto, que a la larga fue definitivo en el curso de la contienda. De esta forma se enfrentaron dos estrategias: una periférica, marítima, por parte aliada, y otra continental, que operaba por líneas interiores, que ya había fracasado en la Primera Guerra Mundial.

Las teorías de la Guerra Relámpago en las extensas llanuras rusas no resultaron como se esperaba. La inmensa longitud de las líneas de abastecimiento acabaron por pasar factura al despliegue alemán.

Los triunfos de la guerra relámpago en las llanuras de Polonia y Francia fueron asombrosos, pero no pudieron vencer las enormes extensiones del territorio soviético, dando fin a este tipo de guerra.

A partir de 1943 los ejércitos alemanes empiezan a sentir el empuje de los soviéticos y se verán obligados a aplicar una nueva teoría: la defensa elástica impuesta por la imposibilidad de oponer una barrera sin fisuras al poder creciente del ejército soviético.

Alemania se organizó como una potencia terrestre y aérea, dada su situación geográfica. El objetivo de su armada desde el primer día del conflicto fue la interceptación del tráfico marítimo, a fin de privar a Gran Bretaña de sus comunicaciones vitales.

Los británicos, en cambio, sintieron la necesidad de constituirse en una gran potencia marítima. En sus planes estratégicos ese poder naval tenía como objetivo el bloqueo de Alemania y, sobre todo, asegurar las rutas marítimas para poder recibir las materias primas y alimentos necesarios para su subsistencia.

El esquema aliado

No se puede hablar en detalle del desarrollo sobre teatros tan variados como son los de Europa, África y Extremo Oriente.

¿Cuáles fueron las causas de la catastrófica derrota francesa en 1940?

—El servicio de información no recogió, o si lo hizo no

fue atendido por el mando, el cambio del plan alemán.

- —El criterio defensivo del Estado Mayor francés consideraba la maniobra defensiva como capaz de resolver victoriosamente una guerra.
- —Francia diseñó un plan dual de semiofensiva que no podía tener éxito, pues dejaba sin utilizar las organizaciones defensivas preparadas antes de las operaciones.
- —El ejército francés se encontraba peor instruido y adiestrado, en comparación con el alemán, que desde hacía cinco años se ejercitaba y organizaba.
- —La política pacifista y antimilitarista, que sembró la tibieza en el ánimo de lucha del pueblo francés.

En sus memorias el general Eisenhower nos describe la concepción y la preparación del plan Overlord (el desembarco aliado en Europa, también denominado «apertura del segundo frente»). Hay un largo y minucioso diseño de la operación, que empieza al plantearse la realización; continúa con el embarque, el transporte a su objetivo y concluye con el sostenimiento de las fuerzas de asalto. Son tres fases que hay que considerar: la preparación de los medios materiales necesarios para la operación, la concentración de las tropas y el material y su embarque y transporte por mar y aire. Todo ello supone un largo periodo de gestación.

En enero de 1943 se tomó la decisión del asalto al continente europeo por los jefes del Estado Mayor aliado. El plan preliminar se terminó a finales de noviembre. En diciembre, el general Eisenhower fue designado comandante en jefe, pero el nombramiento no se hizo público hasta febrero. La operación fue prevista para el 1 de mayo, pero, a falta de buques con tonelaje suficiente, fue aplazada a junio y, hasta el último momento, el plan estuvo sujeto a las variaciones que las circunstancias imponían.

Igual que los alemanes tuvieron fe en el arma blindada, también los soviéticos confiaron en su poder. Al final de la guerra, las ofensivas soviéticas revelan una potencia de choque que nunca tuvo el ejército alemán. Después de formidables concentraciones de artillería y aviación, entran en línea los carros, en un extenso frente, pero en pequeños grupos, que a cualquier costa deben alcanzar un punto de reunión determinado de antemano, en el que los supervivientes se reagrupan para la eventual explotación. Es la maniobra en X, invención del general Koniev, posible gracias a la escasa potencia aérea de los alemanes.

El arma atómica, utilizada para dar el golpe de gracia a Japón, no permitió extraer muchas consideraciones salvo las propias de desestabilizar el orden convencional establecido.

La Segunda Guerra Mundial concluye desde el punto militar con un nuevo cambio de tornas en donde quedan cuestionadas todas las tácticas y estrategias anteriores.

Aspecto cinematográfico

Después de la Segunda Guerra Mundial nada volvió a ser igual.

La percepción del cine se hizo menos alegre y más sombría que en la década de los años treinta.

El mundo había cambiado, las gentes se afanaban por reconstruir una existencia que nunca volvería a ser como antes. Media Europa estaba derruida y la otra medía pasaba hambre y privaciones. Los Estados Unidos emergían como un coloso, y las películas norteamericanas aún conservaban cierto ánimo, ya que esa sociedad no había vivido tan de cerca la guerra. Por esta razón el cine europeo de la década de los años cincuenta es casi inexistente y por el contrario el norteamericano se encuentra en todo su esplendor.

De todas las películas centradas en la Segunda Guerra Mundial destacaron como obras maestras las siguientes:

Objetivo Birmania

Título original: *Objetive Burma*.
Director: Raoul Walsh.

Objetivo Birmania *se realizó inmediatamente después de los eventos que describe y antes del final de la Segunda Guerra Mundial. Lo más problemático en el momento de su lanzamiento fue el hecho de que implicaba que Birmania fue liberada por los estadounidenses, cuando la mayoría de las fuerzas aliadas de la campaña eran británicas, sudafricanas, indias o chinas.*

Intérpretes: Errol Flynn, James Brown, William Prince, George Tobias, Henry Hull, Warner Anderson, John Alvin, Mark Stevens y Richard Erdman.
Guión: Ronald MacDougall.
y Lester Cole.
Montaje: George Amy.
Música: Frank Waxman.
Fotografía: James Wong Howe.
Nacionalidad: Estados Unidos. B/N, 131 minutos. Año 1945.

El actor Errol Flynn encarna al capitán Nelson (oficial paracaidista norteamericano) que es enviado a la selva de Birmania con la intención de destruir una estación de radar japonesa que no ha podido ser neutralizada por la aviación aliada. El argumento, casi convencional, es como el de la mayoría de los filmes bélicos de los años cuarenta, aunque existen diferencias significativas: la película tiene matices semidocumentales, incluso utiliza imágenes de archivo. Ha resistido el paso del tiempo gracias a la excelente realización de su director Raoul Walsh, caracterizado por proporcionar gran ritmo a sus películas. En muchos países es considerada la película «de los paracaidistas» por mostrar claramente el uso de este tipo de unidades en los denominados envolvimientos verticales, empleados durante la Segunda Guerra Mundial.

El rodaje se realizó en tiempo de guerra, pero cuando se estrenó ya había finalizado el conflicto. Lamentablemente, casi omitía la presencia británica en la zona, razón por la cual no tuvo mucha aceptación en Gran Bretaña. Admirable la puesta en escena del joven teniente Sydney Jacobs y del abnegado reportero de guerra, los cuales, junto al arquitecto convertido en capitán Nelson, configuran un grupo humano capaz de conducir a los hombres por las selvas birmanas en un ejercicio de ejemplaridad, tenacidad y dotes de mando.

El factor que hace de esta cinta una de las mejores del género es el ritmo narrativo y la capacidad de mostrar todos los elementos propios de cualquier operación militar: misión, terreno, enemigos y medios.

Una película soberbia.

Los mejores años de nuestra vida

Título original: *The best years of our lives.*
Director: William Wyler.
Intérpretes: Myrna Loy, Fredric March, Dana Andrews, Teresa Wright, Virginia Mayo, Cathy O'Donnell, Hoagy Carmichael, Harold Russell, Gladys George, Roman Bohnen, Ray Collins, Minna Gombell, Walter Baldwin, Steve Cochran y Dorothy Adams.
Guión: Mackinlay Kantor y Robert E. Sherwood.
Montaje: Daniel Mandell.
Música: Hugo Friedhofer.
Fotografía: Gregg Toland.
Nacionalidad: Estados Unidos. B/N, 162 minutos. Año 1946.

Los mejores años de nuestra vida. *Memorable melodrama que inauguró un tema emblemático en el cine norteamericano de los siguientes años: las cicatrices dejadas por la reciente guerra a través de la difícil reinserción civil de los combatientes, oscilando entre el tono negro y el mensaje esperanzado.*

El argumento narra el retorno de tres militares norteamericanos (del Ejército de Tierra, la Armada y las Fuerzas Aéreas) a su sociedad de origen. El actor Fredric March interpreta a un sargento del ejército licenciado, que regresa a su antiguo empleo de cajero en una entidad bancaria. Intentará, también, aclimatarse a la situación de negar o conceder créditos a otros excombatientes que carecen de avales, pero que han hecho más méritos que él en el campo de batalla. La armada está representada por el actor Harold Russell que encarna a un marinero mutilado (él mismo) sin manos, que lleva en su lugar unos ganchos de hierro.

Su inadaptación es tan grande que no sabe si abrazar a su novia con sus brazos de hierro o dejarse querer por los de ella, y no duda en esconder el trauma de tener que retomar la vida que dejó en esas condiciones. Finalmente, la aviación militar está representada por el actor Dana Andrews, que luce el uniforme para orgullo de su mujer, pero que tiene que trabajar de dependiente de unos almacenes para mantener el nivel de vida, capricho y alterne de su atractiva esposa. El filme transmite un mensaje claro: las guerras hay que ganarlas en dos lugares bien distintos. Por un lado, en los teatros de operaciones o frentes de batalla y, por otro, en la retaguardia, mediante la adaptación de los que han sobrevivido y regresado a casa. En ese segundo frente, la película nos muestra que al que regresa del infierno de una guerra hay que acogerle, valorarle y ayudarle a adaptarse.

El mensaje de la cinta caló muy hondo en la sociedad norteamericana, pero, curiosamente, treinta años después, y al volver de otra guerra (esta vez denominada «conflicto»), la de Vietnam, gran parte de esa sociedad obvió a sus excombatientes y creó un verdadero trauma en toda una nación. Quizás esta película debería ser vista por todos los militares, pero quienes sí tendrían que verla son todas aquellas personas que no tienen nada que ver con la milicia, ya que, sin exagerar, es una obra maestra del sentimiento militar. Fue triunfadora en la ceremonia de los Óscar y ganó ocho estatuillas.

El puente sobre el río Kwai

Título original: *The Bridge of the river Kwai.*
Director: David Lean.
Interpretes: William Holden, Alec Guinness, Jack Hawkins, Sessue Hayakawa, James Donald, Geoffrey Horne, André Morell, Peter Williams, John Boxer, Percy Herbert, Harold Goodwin, Ann Sears, Heihachiro Okawa y Keiichiro Katsumoto.
Guión: Michael Wilson, Carl Foreman y David Lean.
Montaje: Peter Taylor.
Música: Malcolm Arnold.
Fotografía: Jack Hildyard.
Nacionalidad: Gran Bretaña. Color, 94 minutos. Año 1957.

Una historia convencional: la construcción de un puente por parte de prisioneros de guerra británicos de un campo de concentración japonés durante la Segunda Guerra Mundial. Bajo este argumento se muestra el enfrentamiento entre dos militares de carrera que tienen la intención de cumplir las órdenes recibidas al pie de la letra. Los dos con el mismo rango, coronel, pero uno prisionero y otro carcelero. Ambos hombres encarnan códigos de conducta distintos.

Por un lado, un coronel británico (Nicholson, interpretado por Alec Guinness) representa el prototipo de *gentleman* inglés que sufre estoicamente la tortura por defender el principio de que los oficiales no trabajaran en ningún caso junto a simples soldados, incluso en un momento de este tira y afloja con el nipón, le expresa su opinión: «Sin ley no hay civilización».

Por otro lado, el coronel japonés Saito (el actor Sessue Hayakawa) representa al guerrero del imperio del sol naciente, el del código del honor o *bushido*, e incluso, en algunas secuencias, aparece vestido con el tradicional kimono japonés y con su espada ceremonial próxima. El

Uno de los filmes más famosos de la historia del cine, cuyo mito ha llegado a oscurecer su valor real. Basado en la novela de Pierre Boulle, propone una disección del espíritu militar británico a través de una situación donde la obcecación será llevada hasta sus últimas consecuencias. Su impecable factura no impide que no todas sus implicaciones estén perfectamente reflejadas.

coronel Saito desprecia a los ingleses y lo manifiesta con frases como: «Habéis sido derrotados, pero no os sentís avergonzados».

Tienen órdenes distintas y se esfuerzan por cumplirlas. Uno, la del alto mando imperial, que marca un límite para tener concluido el puente; el otro, que se le permita acogerse a la Convención de Ginebra y no trabajar a favor del enemigo. Las posturas se irán acercando y llegaran a colaborar conjuntamente en la construcción, sufriendo ambos un verdadero cambio. El coronel Nicholson quiere demostrar que los prisioneros británicos son capaces de diseñar y construir el puente en un tiempo récord obsesión que le llevara prácticamente a la locura, solo abandonada en los últimos instantes.

Es una película para ver y reflexionar sobre cómo se muestra el mando, el ejercicio del mando y la obsesión por la misión; y de qué forma puede llegar a ser como una auténtica droga. Esta fue la primera realización británica que consiguió el Óscar a la mejor película, además de obtener otros seis premios más. También es de destacar su excelente banda sonora, con una de las melodías más conocidas de la historia del cine. Magnífica.

Los cañones de Navarone

Título original: *The Guns of Navarone*.
Director: J. L. Thompson.
Interpretes: Gregory Peck, David Niven, Anthony Quinn, Stanley Baker, Anthony Quayle, James Darren, Irene Papas, Gia Scala, James Robertson Justice, Richard Harris, Bryan Forbes, Allan Cuthbertson, Michael Trubshawe, Percy Herbert y George Mikell.
Guión: Carl Foreman.
Montaje: Alan Obiston.
Música: Dimitri Tiomkin.
Fotografía: Oswald Morris.
Nacionalidad: Estados Unidos. Color, 150 minutos. Año 1961.

La acción se desarrolla durante la Segunda Guerra Mundial en las aguas del mar Mediterráneo, donde los alemanes tienen un eficaz sistema de defensa en el fortín de Navarone, que gracias a sus gigantescos cañones cierra el paso a la navegación por el mar Egeo. Gregory Peck interpreta a un alpinista retirado que recibe la orden de escalar un muro junto con un grupo de operaciones especiales al objeto de conducirlos a la estribación de una montaña donde se encuentran situados los potentes cañones de Navarone. Anthony Quinn encarna a un coronel del ejército griego que, a pesar de haberse rendido, lucha contra los alemanes, y finalmente el actor David Niven da vida a un terco cabo del ejército británico, pero experto conocedor del manejo de los explosivos.

Los tres, junto con un trío de actores de reparto entre los que destaca Anthony Quayle, conforman un grupo humano que con precisión militar afronta la marcha, la aproximación y la llegada a un objetivo justo por detrás del mismo. Incluso durante la filmación se narra los lugares por donde van pasando y la hora en la que se producen los hechos, dándole más rigor si cabe a la producción.

Hay escenas para destacar prácticamente en toda la película; se pueden resaltar: el ataque a la patrullera alemana; la llegada del barco al arrecife; el inicio de la escalada a la montaña de noche y con lluvia; la llegada a las ruinas, a la espera del contacto con la resistencia; la entrada en el fortín de Navarone y, sobre todo, la tensión que se produce con la colocación de las cargas y la explosión consiguiente.

Los títulos de crédito permiten percibir el gran trabajo del responsable de la música Dimitri Tiomkin, expresado con letras de carácter griego sobre un fondo azul recortado, con imágenes de ruinas de los templos de la Grecia antigua. La película es trepidante desde el comienzo hasta el final, y si hubiera que hacerle alguna salvedad sería el hecho de considerar a los alemanes como malos, tópico muy utilizado durante las producciones realizadas durante la década de los años sesenta. Una de las mejores películas de toda la historia del cine, con un reparto auténticamente de lujo y una fotografía soberbia.

El día más largo

Título original: *The longest day*.
Director: Ken Annakin, Andrew Morton, Gerd Oswald, Bernard Wicki.
Interpretes: Eddie Albert, Paul Anka, Sean Connery, John Wayne, Mel Ferrer, Henry Fonda, Steve Forrest, Jeffrey Hunter, Curd Jürgens, Peter Lawford, Sal Mineo, Robert Mitchum, Kenneth More, Edmond O'Brien, Robert Ryan, Tommy Sands, George Segal, Rod Steiger y Robert Wagner.
Guión: Cornelius Ryan, Romaní Gary, James Jones, David Pursall y Jack Seddon.
Montaje: Samuel E. Beetley.
Música: Maurice Jarre, Paul Anka.
Fotografía: Jean Burgoin, Walter Wottitz.
Nacionalidad: Estados Unidos. B/N, 173 minutos. Año 1962.

La obra de Cornelius Ryan *El día más largo* sirvió de base argumental para llevar a cabo esta producción centrada en la reconstrucción del desembarco aliado realizado en Normandía el 6 de junio de 1944.

El día más largo, *una de las mayores superproducciones de la historia del cine, lo que se nota sobre todo en el amplio reparto, que incluye a casi todas las estrellas de la época. Ganó dos premios Óscar en el año 1962, en las categorías de mejores efectos especiales y mejor fotografía.*

El acontecimiento, como acción u operación bélica, ha sido llevado a la pantalla en varias ocasiones con títulos como *Día D: Hora H*, *Salvar al soldado Ryan* o, más recientemente, la serie televisiva *Hermanos de sangre*. Es muy famosa la escena de la apertura de brechas realizada por zapadores mediante el uso de pértigas explosivas.

También son muy conocidas las vivencias (casos reales) de las unidades paracaidistas norteamericanas. Desde el caso del paracaidista que quedó colgado junto a las campanas de la iglesia y cuyo repique durante toda la noche le dejo sordo, hasta el piloto que, lanzado en paracaídas contempla a su enemigo desde el suelo y se fija en que lleva las botas puestas al revés. La película fue realizada por cuatro directores y por un elenco de actores que permiten hablar de ella como una superproducción. La realización fue escrupulosamente supervisada para acercarse lo más posible a lo sucedido realmente.

La batalla de Inglaterra

Título original: *The Battle of Britain.*
Director: Guy Hamilton.
Interpretes: Harry Andrews, Michael Caine, Trevor Howard, Curd Jürgens, Ian McShane, Kenneth More, Lawrence Olivier, Nigel Patrick, Christopher Plummer, Michael Redgrave, Ralph Richardson, Robert Shaw, Patrick Wymark, Susannah York y Michael Bates.
Guión: James Kennaway y Wilfred Greatorex.
Montaje: Bert Bates.
Música: Ron Goodwin.
Fotografía: Freddie Young.
Nacionalidad: Gran Bretaña. Color, 125 minutos. Año 1969.

El argumento se desarrolla en el verano de 1940, durante la Segunda Guerra Mundial, inmediatamente después de la caída de Francia frente al invencible ejército alemán.

Desde los dos puntos de vista se reconstruye la confrontación producida entre las fuerzas aéreas alemanas, conocidas como *Luftwafe*, y la RAF, la fuerza aérea británica. Está confrontación buscaba, desde el punto de vista alemán, obtener la supremacía aérea para poder iniciar la invasión de Gran Bretaña. Una mirada a los títulos de crédito permite ver que fue realizada en España, Gran Bretaña y Francia, su director (Guy Hamilton) buscó y logró gran veracidad en las escenas aéreas. Grandes interpretaciones realizadas por los mejores actores británicos del momento realzan esta producción aderezada con una excelente banda sonora. Entre este elenco de actores sobresale la interpretación de Lawrence Olivier en su papel de jefe de la aviación británica.

En una de sus intervenciones, ante el comienzo de la batalla, le censuran por su falta de fe ante el uso del radar, y él responde diciendo: «Es vital, pero, no derribará aviones».

Los pilotos alemanes en particular y la *Luftwafe* en general también están representados en su dinámica y problemática. En la película es recogido el famoso incidente en el cual el mariscal Goering (jefe de las fuerzas aéreas alemanas) preguntó a un grupo de pilotos qué necesitaban para doblegar a Gran Bretaña, a lo que contestaron: «Una escuadrilla de Spitfire».

Están perfectamente plasmados aspectos como:

- —El temido Spitfire, invención del gran Mitchell.
- —Las limitaciones de los radios de alcance de los bombarderos alemanes.
- —El bombardeo de ciudades como táctica de castigo y el bombardeo de la aviación en tierra.
- —El sistema de prevención de alerta próxima, y todo ello sobre el marco humano del sentir de los pilotos y su constante fatiga, fruto de la presión a la que están sometidos.

El primer ministro británico, Winston Churchill, calificó esta batalla aérea como esencial y por tal motivo pronunció (en el otoño de ese mismo año 1940) las siguientes palabras en la cámara de los Comunes: «Nunca en la historia de los conflictos humanos tantos debieron tanto a tan pocos».

El submarino

Título original: *Das boot.*
Director: Wolfgang Petersen.
Intérpretes: Jürgen Prochnow, Herbert Grönemeyer, Klaus Wennemann, Hubertus Bengsch, Martin Semmelrogge, Bernd Tauber, Erwin Leder, Martin May, Heinz Hoenig, Uwe Ochsenknecht, Claude-Oliver Rudolph, Jan Fedder, Ralf Richter, Joachim Bernhard y Oliver Stritzel.
Guión: Wolfgang Petersen, basado en la novela de Lothar-Günther Buchheim.

El submarino, *una adaptación de la exitosa novela del mismo nombre de Lothar-Günther Buchheim, costó 32 millones de marcos. El rodaje duró casi un año a causa de los muchos problemas técnicos que hubo que superar durante la filmación.*

Montaje: Hannes Nikel.
Música: Klaus Doldinger.
Fotografía: José Vacano.
Nacionalidad: Alemania, 150 minutos. Color. Año 1981.

Desde La Rochelle, Francia, un submarino alemán sale a la mar en una misión de patrulla durante la Segunda Guerra Mundial. Junto a su tripulación va también un periodista para escribir un artículo sobre la vida dentro de un submarino. La cinta muestra todos los personajes que componen la tripulación, que viven días de angustia durante esas patrullas y que, cuando se encuentran fuera de servicio, se extralimitan porque piensan que quizás la próxima sea la última misión.

El capitán es un líder nato, soberano de su nave, humano, experimentado y respetado, que intenta cumplir su deber lo mejor posible y regresar con vida. La cinta nos muestra con una riqueza espectacular las condiciones de vida que son extremadamente agobiantes por la falta de espacio. Tras torpedear con éxito varios barcos de un convoy aliado emergen para comprobar con horror cómo marinos británicos arden vivos.

Nuevas órdenes hacen que el submarino ponga rumbo a Italia, atravesando el estrecho de Gibraltar, donde será localizado por los británicos y casi hundido. Con muchísimas penalidades, consiguen regresar a su base a pesar de los terribles daños, pero el destino tiene algo reservado para ellos. La conjunción entre el drama y la banda sonora es total, tanto que se transmite al espectador la sensación de claustrofobia, sobre todo en las escenas del paso del estrecho. Tan grande es el efecto de esta sensación que, cuando el submarino emerge al final en la base alemana, uno tiene la sensación de encontrarse respirando el mismo aire. Para muchos expertos está considerada como la película que mejor muestra la vida y los avatares dentro de un submarino. Un auténtico peliculón, del denominado subgénero de submarinos dentro del género bélico, aunque aquí es todo un género. Una obra maestra del cine alemán, con grandes dosis de antibelicismo, y todo un tratado soberbio y lacerante del ahogo, tanto físico, como psíquico y moral.

Salvar al soldado Ryan

Título original: *Saving Private Ryan.*
Director: Steven Spielberg.
Intérpretes: Tom Hanks, Tom Sizemore, Edward Burns, Barry Pepper, Adam Goldberg, Vin Diesel, Giovanni Ribisi, Jeremy Davies, Matt Damon, Ted Danson, Paul Giamatti, Dennis Farina, Joerg Stadler, Max Martini y Dylan Bruno.
Guión: Robert Rodat.
Montaje: Michael Kahn.
Música: John Williams.
Fotografía: Frank Darabont, Robert Rodat
Nacionalidad: Estados Unidos. Color, 171 minutos. Año 1998.

El 24 de julio de 1998, Hollywood recibió con los brazos abiertos uno de los retratos más duros de la Segunda Guerra Mundial en el cine: Salvar al soldado Ryan. *La que puede considerarse una de las mejores películas de Steven Spielberg se ha convertido en un clásico del cine bélico y en una de esas cintas cuya influencia se deja notar dos décadas después de su estreno. Una de las condiciones del director a la hora de ser fiel a la realidad de la batalla fue no ahorrar ni un solo minuto de violencia gráfica.*

La película reproduce en su primera parte el desembarco aliado efectuado en las playas de Normandía el 6 de junio de 1944. Los primeros 22 minutos son, como denominó la crítica, de vomitar fuego, muerte y sangre. Durante la invasión de Normandía un grupo de soldados norteamericanos, al mando de un capitán, asume su última gran misión: salvar a un solo hombre. La patrulla del capitán John Miller debe arriesgar sus vidas para encontrar y devolver a casa al soldado James Ryan, cuyos tres hermanos han muerto en el conflicto bélico. La realización de esta película arroja algunos datos que dan idea de la extrema dificultad que entraña hacer una película de corte bélico:

- —La diseñadora de vestuario tuvo que confeccionar más de 3000 uniformes, ya que no se conserva ninguno de la Segunda Guerra Mundial.
- —Se localizó a la misma empresa que fabricó las botas militares originales y se le encargó la fabricación de 2000, siguiendo el diseño auténtico.
- —Para escenificar la invasión de Normandía, se recurrió al ejército irlandés (al igual que en *Braveheart*), que aportó 750 extras aprovechando la logística de utilizar playas de ese país.
- —Los actores tuvieron un entrenamiento militar constante y completo, y se construyeron 2000 armas para reproducir las originales. Entre los múltiples galardones de esta película se destacan sus once nominaciones para los Óscar de Hollywood.

Obtuvo cinco premios Óscar: mejor director, fotografía, montaje, sonido y efectos sonoros. Resulta casi imposible destacar una escena determinada, dado la gran cantidad y precisión de todas ellas. No obstante, podemos citar como más impactantes las siguientes:

- —El momento del desembarco: las expresiones de miedo en los rostros de los combatientes dentro de la barcaza. Real como la vida misma. El que vomita, el que reza, el que se queda bloqueado y, sobre todo, el que aprieta el crucifijo con toda su fuerza. Con el final impresionante en el momento de apertura del portón cuando se reciben los primeros impactos.
- —El desorden en la playa: el desconcierto que se produce en el momento de quedar clavados en la arena, fruto del fuego enemigo.
- —Cómo cada cual hace su trabajo como puede. Real, como cualquier operación que depende de tantos factores cambiantes.
- —El capellán arrastrándose entre los moribundos, los médicos y sanitarios reptando, escribiendo en la frente del herido el tipo de lesión que tiene o la clase de asistencia que precisa
- —La visión desde el ametrallador alemán: Spielberg consigue poner prácticamente la cámara en la misma culata de la ametralladora alemana

MG-42. En un sensacional plano que, por cierto, se aprecia fenomenal en el cine y fatal en versiones posteriores de video, vemos, al fondo, la hilera de infantes norteamericanos desembarcando de las lanchas y, delante de nosotros, el brazo del supuesto soldado alemán, el retroceso del arma y la salida de las vainas con su característico ruido o tintineo al caer al suelo y chocar entre sí.

Preguntado por el objeto de esta película, su director, Steven Spielberg concluyó: «Lo que he querido hacer con *Salvar al soldado Ryan* es recrear el aspecto, el sonido y hasta el olor de un verdadero combate».

Cartas desde Iwo Jima

Título original: *Letters from Iwo Jima*.
Director: Clint Eastwood.
Intérpretes: Ken Watanabe, Kazunari Ninomiya, Tsuyoshi Ihara, Ryo Kase y Shido Nakamura.
Guión: Paul Haggis y Iris Yamahsita.
Montaje: Joel Cox y Gary D. Roach.
Música: Clint Eastwood.
Fotografía: Tom Stern.
Nacionalidad: Estados Unidos. Color, 141 minutos. Año 2006.

Una producción que ofrece la versión nipona de la batalla de Iwo Jima plasmada en otro filme por el mismo director (Clint Eastwood) con el título de *Banderas de nuestros padres*. La

Clint Eastwood decidió contar la misma historia desde dos miradas. La norteamericana, en Banderas de nuestros padres, *y la japonesa, en* Cartas desde Iwo Jima. *A pesar de conformar un díptico en el que cada parte es independiente, ambas son complementarias.*

película, rodada íntegramente en japonés, se centra en la resistencia nipona, organizada inteligentemente a través de túneles gracias a la estrategia del general Tadamichi Kuribayashi, interpretado magistralmente por el actor Ken Wanatabe.

La espléndida música, compuesta por el propio Clint Eastwood, imprime un carácter y un carisma a los personajes fuera de lo común. Que un norteamericano tenga el coraje suficiente para tratar de entender la visión japonesa de la Segunda Guerra Mundial es complicado, pero

Treinta segundos sobre Tokio *cuenta la misión real de varios pilotos de B25 que se presentaron como voluntarios para el primer bombardeo rápido sobre la isla principal de Japón, que se llevó a cabo despegando desde un portaaviones en el Pacífico.*

que además tenga talento suficiente para transformarlo en una gran película es casi imposible. Pero Clint Eastwood, al mejor estilo de John Ford, consigue hacer un retrato autentico del general Kuribayashi y del soldado Saigo (panadero convertido en fusilero), con visiones retrospectivas en determinados momentos de la cinta.

Las escenas para destacar son innumerables, entre ellas:

—La llegada del general a la isla.
—Los suicidios de los soldados.
—Las lágrimas contenidas de Saigo cuando habla con el general.
—La carta que porta el soldado norteamericano capturado.

La realización se premió con el galardón de Globo de Oro a la mejor película de habla no inglesa. También fue nominada a los premios Óscar en las categorías de: mejor película, mejor director, mejor guión original y mejor edición de sonido. Si con el tiempo no es obra maestra, muy poco le va a faltar.

Se pueden referenciar más de 1000 películas de género bélico situadas en torno a la Segunda Guerra Mundial. Su listado exhaustivo figura en mi obra *Diccionario de películas: el cine bélico*. Algunas de las que allí recogí son:

Número	Título	Año
01	*13 rue Madeleine*	1944
02	*36 horas*	1964
03	*A zori zdes tikhie*	1972
04	*Abandonen el barco*	1957
05	*Acción en el Atlántico norte*	1943

06	*Alas y una plegaria*	1944
07	*Aquella noche en Varsovia*	1941
08	*Arde París*	1966
09	*Bombardero*	1943
10	*Bombarderos B - 52*	1957
11	*Comandante Prien U-47*	1958
12	*Comando en el mar de la China*	1970
13	*De aquí a la eternidad*	1952
14	*Día D, 6 de junio*	1956
15	*Duelo en el Atlántico*	1957
16	*El baile de los malditos*	1958
17	*El coronel Von Ryan*	1965
18	*El desafío de las Águilas*	1960
19	*El gran Mitchell*	1942
20	*El motín del Caine*	1954
21	*El orgullo de los marines*	1945
22	*El puente*	1959
23	*El sargento inmortal*	1943
24	*El único evadido*	1957
25	*Embajadores en el infierno*	1956
26	*Enemigo a las puertas*	2001
27	*Escrito bajo el sol*	1957
28	*Escuadrón 633*	1964
29	*Escuadrón de combate*	1948
30	*Escuadrón de la muerte*	1941
31	*Estrella señal de socorro*	2002
32	*Un puente lejano*	1977
33	*La batalla de Midway*	1976
34	*La cruz de hierro*	1977
35	*Fuego en la nieve*	1949
36	*Fugitivos del desierto*	1958

37	*Hasta donde los pies me lleven*	2001
38	*Himno de batalla*	1957
39	*Hombres de infantería*	1953
40	*Hundid el Bismarck*	1960
41	*Ike, desembarco en Normandía*	2004
42	*Infierno bajo las aguas*	1959
43	*Infierno en el Pacífico*	1968
44	*Infierno en las nubes*	1951
45	*Invasión en Birmania*	1962
46	*Jornada desesperada*	1942
47	*Kanal*	1957
48	*La balada del soldado*	1959
49	*La gran evasión*	1963
50	*La patrulla del coronel Jackson*	1945
51	*La colina*	1965
52	*La delgada línea roja*	1998
53	*Puente de mando*	1949
54	*Regreso del infierno*	1955
55	*Rommel, el Zorro del Desierto*	1952
56	*Playa roja*	1967
57	*Por el valle de las sombras*	1944
58	*Banderas de nuestros padres*	2006
59	*Los desnudos y los muertos*	1958
60	*Los héroes del Telemark*	1965
61	*Mac Arthur, el general rebelde*	1977
62	*Mar eterno*	1955
63	*Más allá de las lágrimas*	1955
64	*Memphis Belle*	1990
65	*Destino Tokio*	1943
66	*Almas en la hoguera*	1949
67	*El tren*	1964

68	*El puente de Remagen*	1969
69	*Ha llegado el águila*	1976
70	*Stalingrado*	1992
71	*Uno rojo división de choque*	1980
72	*Walkyria*	2003
73	*Situación desesperada*	1950
74	*Talvisota*	1989
75	*También somos seres humanos*	1945
76	*Sangre en Filipinas*	1943
77	*Sangre, sudor y lágrimas*	1942
78	*Tobruk*	1967
79	*Tora, tora, tora*	1970
80	*Torpedo*	1958
81	*Traidor en el infierno*	1953
82	*Treinta segundos sobre Tokio*	1944
83	*Tuntematon sotilas*	1955
84	*U-571*	2000
85	*Un condenado a muerte ha escapado*	1956
86	*Un paseo bajo el sol*	1945
87	*Un taxi para Tobruk*	1960
88	*Windtalkers*	2001
89	*Un mundo azul oscuro*	2002
90	*El hundimiento*	2004
91	*Fuerzas aéreas*	1943
92	*Doce del patíbulo*	1967
93	*Patton*	1970

11

La crudeza de la Guerra Fría. Corea, Indochina y Vietnam

Coppola encontró una forma no demasiado rígida para ir aumentado la locura del trayecto de los protagonistas río arriba. Desde la civilización inicial, y el puro Rock N Roll alucinógeno de la época, los protagonistas se van encontrando puestos cada vez menos civilizados, sin líder, ley ni mando. Así pasan de una plantación francesa, que simboliza para el director el pasado colonial y los modales de una sociedad perdida, a encontrar al coronel Kurtz y su tribu, que representan el lado primitivo y animal de ese viaje.

Apocalypse Now *(1979)*

En 1968, el guionista John Milius se ofreció voluntario para alistarse en la infantería de marina estadounidense e ir a Vietnam. Fue rechazado por sufrir asma. Tras su fracaso militar, decidió estudiar cine en la Universidad de California, en la que compartió aula con George Lucas, creador años más tarde de *La guerra de las galaxias*. Durante una clase, un profesor llamado Irwin Blacker convenció a todos los alumnos de que ningún guionista había conseguido la adaptación al cine del texto de Joseph Conrad, *El corazón de las tinieblas*. La obsesión truncada de Milius de ir a una guerra y el reto que el profesor Blacker había dejado en su inquieta cabeza terminaron combinándose para generar el guión que acabó en la gran pantalla bajo el nombre de *Apocalypse Now*.

El rodaje fue un caos en donde se tomaban todo tipo de sustancias, la más ligera el alcohol. El principal problema fue la llegada del actor Marlon Brando, cuya presencia requería menos jornadas de rodaje, aunque su papel como el coronel Kurtz era muy importante.

Pero lo peor fue que el flamante actor de *El Padrino* llegó con 40 kilos de sobrepeso y sin haber leído el guión. Todo el vestuario que había sido diseñado para él tuvo que desecharse porque no podía interpretar con ese exceso de peso a un curtido boina verde. Eso obligó al director a encontrar una manera de adaptarse a rodar con el nuevo aspecto de Brando, por lo que empezaron a ponerle en escena entre sombras y siluetas, haciendo así su personaje más misterioso.

El director, Francis Ford Coppola, confesó en la presentación del filme en el Festival de Cannes: «Mi película no es sobre la guerra de Vietnam; es Vietnam».

Aspecto histórico

La guerra de Corea (1950-1953)

Puede considerarse la más clásica de las guerras posteriores a 1945. En ella, a semejanza del segundo conflicto mundial, se emplearon enormes contingentes de tropas en gran variedad de operaciones militares, como acciones retardadoras, defensivas elásticas, envolvimientos, desembarcos navales y aéreos, golpes de mano y acción psicológica (desarrollada especialmente en los campos de prisioneros).

Los antecedentes históricos del conflicto se encuentran en el siglo XIX, cuando China, Rusia y Japón mostraron sus deseos de anexión de la península de Corea. Al finalizar la guerra ruso-japonesa en 1905, el Tratado de Portsmouth reconoció en varias de sus cláusulas los intereses japoneses en el territorio. Cinco años más tarde estos intereses desembocaron en la anexión de la península, que permaneció desde ese momento bajo el poder nipón. Mediada la Segunda Guerra Mundial, en la Conferencia de El Cairo, en 1943, se esbozó la decisión de conceder a Corea libertad e independencia. La idea fue ratificada al final de la guerra, en 1945, durante la Conferencia de Potsdam. Se estableció que las unidades soviéticas aceptarían la rendición japonesa al norte del paralelo 38 y las fuerzas estadounidenses al sur de este. Era una línea teórica, sin justificación geográfica, histórica ni política, que produjo una fractura del país en dos mitades Norte y Sur. Una comisión mixta Unión Soviética-Estados Unidos, creada por el acuerdo de Morch, debía establecer un mandato o tutela que en cinco años llevase a Corea a su completa independencia. No obtuvo éxito y, en 1948, la Organización de las Naciones Unidas recomendó la realización de elecciones, que solo tuvieron lugar en el Sur. De ellas nació la República de Corea y poco más tarde, por oposición a lo anterior, los comunistas del Norte se convirtieron en la República Democrática Popular de Corea.

El intento de reunificar el país por la fuerza, llevado a cabo por los norcoreanos en 1950, iba a sumir a este pueblo en una cruel guerra que, sin sobrepasar los límites de su península, se convirtió de civil en internacional y estuvo a un paso de transformase en mundial.

Se caracterizó en el aspecto político porque los dos grupos contendientes pretendieron por la fuerza arrastrar a su órbita respectiva a la totalidad de Corea. Los medios puestos en juego condujeron, a costa de sufrir dos millones de bajas, a una situación muy similar a la inicial, con la definitiva partición del país.

Se distinguen en el conflicto tres fases bien diferenciadas:

Soldados norcoreanos camino de la frontera de Corea del Sur. Un error de inteligencia de la CIA impidió que se advirtiera al Gobierno de Estados Unidos de la invasión. Describió los movimientos de tropas de Corea del Norte, en una nota desclasificada en 1950, como «una medida defensiva destinada a compensar el aumento de fuerzas del ejército surcoreano con mentalidad ofensiva».

—Incursión norcoreana.
—Reacción de las Naciones Unidas.
—Intervención de China.

Las hostilidades comenzaron en la madrugada del 25 de junio de 1950, cuando las fuerzas norcoreanas organizadas en dos cuerpos de ejército, el I al oeste y el II al este, tras una corta preparación artillera, cruzaron el paralelo 38 y siguieron como ejes principales las vías de comunicación que se dirigían hacia el Sur, con el esfuerzo principal sobre Seúl, sin que la tímida reacción de los surcoreanos, que no se encontraban en estado de alerta, fuera suficiente para detener el avance.

Se produjo la reacción internacional con el deseo de contener la invasión, sin que este hecho extendiese los combates a otros teatros de operaciones y con la amenaza permanente de desencadenar la tercera guerra mundial. Los Estados Unidos empeñaron en Corea gran parte de su potencial aéreo con base en Japón; además, su flota se estableció en el estrecho de Formosa para impedir cualquier reacción externa de China.

El primer obstáculo de importancia al sur del paralelo 38 sobre el que podría organizarse una sólida posición defensiva era el río Hari, por el que los norcoreanos descendieron a lo largo de la costa este. Batidas las tropas surcoreanas, que

Artillería estadounidense durante la guerra de Corea. El 27 de julio de 1953, tras la firma del armisticio, un corresponsal de la revista Time *preguntó a un oficial británico si la División de la Commonwealth lo celebraría con los fuegos artificiales tradicionales. «No, contestó, no hay nada que celebrar. Ambas partes han perdido».*

fueron desorganizadas en los primeros días de la guerra, no acertaron a establecer una línea defensiva que retrasase el movimiento del enemigo, a pesar del apoyo aéreo suministrado por los Estados Unidos.

Los surcoreanos fueron derrotados en dos ocasiones, primero en Taegón y después en Taegú. Las fuerzas de las Naciones Unidas, después de la caída de las ciudades anteriores, se acogieron al fuerte obstáculo natural cerca del puerto de Fusán. Los norcoreanos lo cercaron, pero no pudieron conquistarlo. El general norteamericano MacArthur llevó a cabo un desembarco en Inchon, segundo puerto más importante de Corea, cercano a Seúl y al aeropuerto de Kimpo, que controlaba las comunicaciones que unían el Norte con el Sur. El objetivo inmediato era la ruptura del cerco de Fusán y, aunque en principio los norcoreanos resistieron, la falta de abastecimientos les debilitó; tuvieron que renunciar al cerco, lo que provocó la rendición de divisiones norcoreanas completas.

Hasta ese momento habían combatido las dos Coreas y las fuerzas de las Naciones Unidas, pero ahora entraba en juego China, cuyo proyecto era atacar a las fuerzas de Naciones Unidas con la finalidad de destruirlas o ponerlas en fuga para expulsarlas de Corea. Empezaron la ofensiva los primeros días de 1951 con siete ejércitos chinos y uno norcoreano, que atacaron la línea del paralelo 38. El 13 de enero se aprobó en la ONU, por una abrumadora mayoría, un acuerdo de alto el fuego en Corea y la repatriación de las tropas; pero China inicialmente no aceptó esas proposiciones.

El presidente de Estados Unidos, Harry Truman, destituyó al general MacArthur y lo sustituyó por el general Rigdway. Las fuerzas chinas se lanzaron a una espectacular ofensiva frente a Seúl. Su penetración quedó detenida el 29 de abril de 1951. En mayo, las fuerzas de la ONU contraatacaron en la mayor parte de la línea sin encontrar gran resistencia. Restablecieron las posiciones perdidas y continuaron la penetración, con la intención de llevar a cabo en la retaguardia del ejército chino una operación anfibia que permitiese su cerco y posterior destrucción. Esta idea de maniobra fue vetada por el criterio político, inclinado más a la negociación que a una victoria militar.

Durante casi dos años, del 10 de julio de 1951 al 27 de julio de 1953, se desarrollaron las conversaciones de paz. Se iniciaron en Kaesong y finalizaron en Pan-Mun-Jon; en ellas no solo se debatía el fin de las hostilidades, sino también el futuro político de Corea y la preponderancia en el Este de Asia. Mientras se alargaban las negociaciones, los contendientes se limitaron a una guerra de trincheras hasta concluir los acuerdos de paz. El cese de las hostilidades no tuvo lugar hasta julio de 1953. Se acordó que la línea entre ambos contendientes podría ser la antigua del paralelo 38.

Dos acontecimientos de gran trascendencia exterior tuvieron repercusiones a la hora de acordar la paz:

—La elección el 4 de noviembre de 1952 del general Eisenhower como presidente de los Estados Unidos.

—La muerte de José Stalin, máximo dirigente de la Unión Soviética.

Ambos hechos favorecieron un mayor entendimiento en las relaciones bilaterales. Fue una guerra ni ganada ni perdida por nadie.

La guerra de Indochina (1945-1954)

En 1858, al establecerse los franceses en el territorio, Tonkín era una de sus más prósperas e importantes colonias del sudeste asiático. En 1941 nació el frente Vietminh o Liga para la Independencia del Gran Anam. Su jefe era Ho Chi Minh, que desde los primeros momentos se postuló para luchar contra los franceses y los japoneses. A partir de 1943 comenzaron a actuar grupos guerrilleros, hasta el año 1947, en el que los choques armados en Tonkín tuvieron el carácter de una verdadera guerra, llegando a combatirse en el propio Hanoi.

Francia se vio obligada a enviar tropas para poder controlar los puestos fronterizos. Su acción fue importante para poder cerrar la frontera con China en su parte más accesible, mediante los puestos de Lon Kay, Cac Bang, Dong Khe y Lang Son. La fuerza francesa fue de 20 000 hombres, aunque su despliegue era de tipo colonial, propio para una acción político-militar de pacificación. En aquel momento, las fuerzas del Vietminh recibieron orden de rehuir el combate e instalarse en la jungla, en las zonas montañosas, al objeto de llevar a cabo acciones guerrilleras en todo el territorio para minar la moral de la población indígena y atraerla hacia su bando.

Al producirse en China el triunfo comunista contra Chang-Kai-Chek, el 20 de enero de 1950, el partido Vietminh reconoció a Mao Tse Tung, con lo que ganó un poderoso aliado. Las provincias chinas de Yun Nam y Kuang Si se convirtieron en dos grandes y seguras bases de retaguardia. Ho Chi Minh comenzó a organizar un ejército, que en el otoño de 1950 era todavía modesto: unos 25 000 hombres. Las guerrillas suministraron los hombres que habían de formarlo, tras unos cursos de preparación en escuelas chinas. El material también fue suministrado por China. El mando se le dio a Von Nguyen Giap, colaborador de Ho Chi Minh. Eran unidades de gran calidad por su combatividad y sus escasas necesidades logísticas. Cualidad nacida en la sobriedad de la guerrilla, lo que le daba una gran movilidad.

Se inició una arrolladora ofensiva en la frontera, en la que Francia perdió la batalla por la destrucción de todos sus puestos fronterizos, mientras que los comunistas estaban en contacto con las bases chinas que constituían su centro operativo en Tonkín. Conseguido esto, el mando comunista apuntó su acción hacia el delta del río Rojo (el granero de arroz de Indochina), que tenía además dos importantes ciudades, Hanoi y Haifong. El laberinto de canales, pantanos y bosquecillos servía a la defensa, pero también a la infiltración comunista. Según se había llevado a cabo la limpieza de una zona, y las tropas francesas se dirigían a otra, las unidades comunistas volvían a actuar en el territorio abandonado, siguiendo los principios de Sun Tzu: «Si el enemigo ataca, nos retiramos; si se retira, le atacamos».

De esta forma, al terminar 1951, el delta tonkinés había sido pacificado en gran parte, pero seis meses después otra vez estaba en poder de las fuerzas comunistas.

Insurgentes del Vietminh durante la guerra de Indochina. El movimiento político, creado en 1941 por Ho Chi Minh, pretendía combatir la ocupación japonesa y conseguir la independencia de la dominación francesa.

En octubre de 1952, la ofensiva de estas les permitió apoderarse de las regiones entre los cursos medio y alto de los ríos Rojo y Negro. El ataque sorprendió al servicio de información francés a pesar de que hubo una gran concentración artillera enemiga. En marzo de 1953, comenzó la primera ofensiva sobre el norte de Laos. Tras una infiltración política y después de una importante concentración de tropas, en la que figuraban cuatro divisiones de infantería e importantes formaciones artilleras, el ejército comunista lanzó una ofensiva hacia Luang Prabang, capital de Laos. El 2 de mayo se luchaba en las proximidades de Luang Prabang mientras varios destacamentos y grupos guerrilleros amenazaban la importante posición de Pak Sane sobre el río Mekong. Sin embargo, no se completó la maniobra de aislamiento del norte de Laos porque la logística de los comunistas falló y tuvieron que replegarse. El mando francés relevó al general Navarre por el general Salan, que dispuso una serie de operaciones de limpieza, hostigamiento y contrapreparación que no tuvieron éxito.

Una de esas operaciones, la Castor, consistió en el lanzamiento de una potente formación aerotransportada precedida por seis batallones de paracaidistas, el 21 de noviembre de 1953, sobre las inmediaciones de Dien Bien Phu, en plena retaguardia enemiga, al noroeste de Tonkín. Allí establecieron las tropas francesas una posición de 12 kilómetros por 8, constituida por 50 puntos fuertes, dentro de los cuales quedaron las pistas de aterrizaje. Fue guarnecida con 10 000 hombres de las mejores unidades: legionarios, paracaidistas y batallones indígenas seleccionados, abundantes baterías de calibre medio y ligero y una decena de carros. Con esta posición se trataba de cerrar los accesos al territorio de Laos; atraer y fijar fuerzas enemigas importantes y forzar a una batalla frontal, rehuida hasta entonces por el ejército comunista. Tenía un inconveniente: tácticamente era defectuosa por hallarse en una depresión, circundada por alturas que no estaban englobadas en el perímetro defensivo.

El 26 de diciembre de 1953 comenzó la segunda ofensiva sobre Laos y sobre el extremo oeste de Tonkín. La maniobra proyectada se desarrolló en forma parecida a la de la anterior ofensiva: una serie de ataques en profundidad, de largo radio de acción, con bases de partida muy alejadas entre sí, lo que imponía a los franceses una gran diseminación de fuerzas. En la primera quincena de marzo de 1954, cuando los franceses esperaban un inminente ataque sobre Luang Prabang, la aviación informó que contingentes de tropas del Vietminh se trasladaban hacia el este, aunque quedaba la duda de si irían hacia el delta o contra Dien Bien Phu.

El 13 de marzo se disipó la duda. Un formidable ataque fue lanzado sobre la línea exterior de Dien Bien Phu. En las dos primeras jornadas, el ejército de Giap (de 40 000 hombres) desbordó el campo atrincherado después de dos semanas de ataques ininterrumpidos. En la noche del 6 al 7 de mayo acabó la resistencia francesa. La consecuencia política, como dijo el general Ely en un informe, fue que la victoria de Dien Bien Phu dio a las fuerzas comunistas más partidarios en unas semanas que en el curso de toda la guerra. A pesar de los efectivos comunistas empeñados en Dien Bien Phu, todavía les quedaron fuerzas regulares y partidas para llevar a cabo una ofensiva final sobre el delta. En enero de 1954 atacaban los sectores de Fat Dien y Fully. En marzo, una acción guerrillera contra los aeródromos próximos a Hanoi y Haifong resultó uno de los más duros golpes asestados contra los franceses (con 78 aparatos franceses destruidos). Tras la caída de Dien Bien Phu, la situación se agravó, porque a mediados de junio la totalidad del ejército de maniobra de Giap se hallaba desplegado frente a las defensas francesas del delta. El ejército lo componían cinco divisiones de infantería y una de artillería, a lo que se sumaba la actuación de

Paracaidistas franceses llegan a Dien Bien Phu. La batalla se convirtió rápidamente en un enfrentamiento en trincheras fangosas, que recordaban a Verdún y a la Primera Guerra Mundial. Refugios, trincheras, combate cuerpo a cuerpo. Los ataques fueron de una violencia increíble. Para avanzar 300 metros, murieron hombres por centenares. No se supo hasta mucho después que los franceses peleaban uno contra cinco.

los guerrilleros. En total, cerca de 100 000 hombres, a espaldas de las posiciones francesas.

En esta situación, la firma del armisticio fue considerada como una victoria para los comunistas. En la noche del 20 al 21 de julio de 1954 se ultimó el Convenio de Ginebra, que obligaba a las tropas francesas a evacuar el país. Este se dividió en dos partes separadas por el paralelo 17. Entre ambas se estableció una zona desmilitarizada. El presidente Eisenhower, por su parte, declaró: «Cualquier nueva agresión comunista que pudiera perturbar la paz en el sur de Asia sería considerada por los Estados Unidos como *casus belli* e implicará la intervención de las naciones libres».

La Guerra de Vietnam (1954-1975)

La frontera de Vietnam era convencional y artificial. Llevaba en sí misma el fermento de un nuevo conflicto. Por una parte, quedó Vietnam del Norte, con capital en Hanoi, con una extensión de 150 000 kilómetros cuadrados y 17 millones de habitantes. Por otra, Vietnam del Sur, con capital en Saigón, una extensión de 171 000 kilómetros cuadrados y 16 millones de habitantes. La Guerra de Vietnam se puede dividir en las tres clásicas fases de la doctrina revolucionaria de Mao Tse Tung; llevada a cabo por su discípulo, el cerebro director y maestro de defensa de Vietnam del Norte, el general Nguyen Giap.

—Fase de subversión: creación del ambiente propicio a la subversión, a cargo de la propaganda y el terrorismo, que tiende esencialmente al debilitamiento del régimen político vigente y a conseguir la adhesión a su causa de la población civil.

—Fase de guerrillas: caracterizada por la acción operativa de unidades de guerrilleros sin abandonar la acción de la primera fase.

—Fase final: encaminada a obtener la solución definitiva del conflicto.

La primera y segunda fases se desarrollaron desde 1954 hasta 1964, sin que sea posible señalar una separación en el tiempo entre una y otra. La tercera fase comenzó en el año 1964, cuando los dirigentes norteños consideraron que era el momento propicio para iniciar esta etapa definitiva. Siguiendo siempre la senda de Ho Chi Minh, entraron en liza unidades del ejército regular norvietnamita y guerrillas agrupadas en unidades tipo regimiento. Saigón, por sí sola, no podía contrarrestar el ataque comunista y por ello pidió ayuda a los Estados Unidos, de quien recibió cooperación política y militar.

El 8 de abril de 1966 la República Democrática del Vietnam y el Frente Nacional de Liberación presentan la propuesta de paz con los «cuatro puntos de Hanoi» que englobaban la ratificación de los derechos fundamentales del pueblo vietnamita, respeto a los acuerdos de Ginebra, independencia de los asuntos del Vietnam y la reunificación de los dos Vietnam sin injerencias internacionales. En enero de 1967 se llevaron a cabo conversaciones (no negociaciones propiamente dichas) para que los norteamericanos cesaran sus bombardeos definitivamente, así como las demás acciones bélicas contra la República Democrática del Vietnam y fuesen retiradas del Vietnam del Sur todas las tropas estadounidenses. Uno de los postulados de la escalada norteamericana era la convicción de que la Unión Soviética no intervendría en Vietnam.

Desde ese año hasta entrado el año 1973 se desarrollaron combates en toda la zona que dieron origen a una guerra cruenta para ambos bandos. El 28 de septiembre de 1973 se firmó en París el acuerdo de alto el fuego y, por una ley aprobada por el Congreso norteamericano en junio del mismo año, se prohibió desarrollar cualquier tipo de actividad dentro, sobre o desde las costas de cualquiera de las cuatro naciones, los dos Vietnam, Camboya y Laos, aunque eso no impedía que se pudiese prestar ayuda, material y económica, a Vietnam del Sur y Camboya. El domingo 15 de marzo de 1975 comenzó la anunciada ofensiva por parte del Vietnam del

La lucha en Vietnam fue parte de una Guerra Fría más amplia entre el bloque comunista encabezado por la Unión Soviética y sus antiguos aliados durante los tiempos de guerra en Occidente. Para aquellos que sirvieron en Vietnam, la guerra dejó un legado abrasador. Los veteranos de todas las naciones occidentales que participaron tuvieron que adaptarse a las diversas consecuencias de luchar en una guerra sumamente impopular. Nunca recibieron el reconocimiento adecuado por su servicio.

Norte y del Vietcong. El presidente de Vietnam del Sur dio órdenes de hacer una maniobra de retirada para acortar su frente defensivo convirtiendo la estrategia survietnamita en una desbandada general que dejó Vietnam del Sur cortado en dos, con lo que se llegó el 2 de abril a combatir a las puertas de Saigón.

El 30 de abril de 1975 cayó Saigón y quedó consumada la derrota definitiva de Vietnam del Sur y de los ejércitos de los Estados Unidos. El sábado 15 de noviembre se inició en Saigón la Conferencia para la Reunificación de los dos Vietnam, que pasaron a ser dos regiones de la renovada nación, cuya capital fue establecida en Hanoi.

Aspecto militar

Corea

Al terminar la guerra con Japón en 1945 las fuerzas rusas penetraron en la península de Corea por el norte y, poco después, lo hicieron las norteamericanas por el sur. Ambas potencias convinieron en que el paralelo 38 dividiese las respectivas zonas de ocupación. Al año siguiente, se celebraron elecciones que dieron el triunfo a los comunistas en la zona Norte y a los demócratas en la zona Sur. Las fuerzas militares ocupantes se retiraron del país entre los años 1948 y 1949. En la zona Norte, los comunistas (con el apoyo de la Unión Soviética) organizaron un ataque con el propósito de ocupar el territorio de influencia norteamericana.

El 25 de junio de 1950, las cuatro divisiones surcoreanas de vigilancia en la frontera fueron aniquiladas por las 15 de Corea del Norte. Los norteamericanos reaccionaron desembarcando una de las cuatro divisiones que tenían en Japón, la cual pudo sostener una cabeza de puente en Fusán. Hasta septiembre no pudieron recibir los norteamericanos refuerzos formados por efectivos procedentes de su país, porque, aun cuando Estados Unidos actuó en nombre de las Naciones Unidas, las fuerzas de otros países fueron tan reducidas en número que solo tuvieron un carácter simbólico.

Un desembarco norteamericano en Inchon, seguido de una marcha sobre Seúl, cogió desprevenidos a los norcoreanos que, ante la audaz maniobra, se retiraron hacia el paralelo 38. La batalla de aniquilamiento de Pyon-Yang (capital de Corea del Norte), ganada por los estadounidenses, impuso una pausa a las operaciones. Los restos del ejército de Corea del Norte fueron reforzados por seis divisiones chinas y gran cantidad de aviación que obligó a MacArthur, el general norteamericano que mandaba el contingente, a retirarse ante el peligro de ser envuelto. Se combatió a 30 grados bajo cero, en condiciones desfavorables para cualquier soldado. MacArthur fue destituido por manifestar que la guerra no podía terminar sin una intensa acción aérea sobre las bases chinas más allá del río Yalú y la ocupación íntegra de Corea del Norte. Se emplearon en esta guerra las operaciones anfibias de desembarco y reembarque, contando con el factor sorpresa y el dominio absoluto del mar y del aire. Como ejemplos de operaciones se pueden citar el desembarco de la división norteamericana en Inchon, en quince oleadas sucesivas de camiones y carros anfibios sobre la playa Azul, y el reembarque en el puerto de Hungnam de 105 000 combatientes aliados, 91 000 refugiados: 11 500 vehículos y 350 000 toneladas de material. Los cañones sin retroceso para acompañamiento de la infantería y contracarros resultaron muy eficaces, así como los lanzagranadas de 90 mm.

En abril de 1951, la guerra se detuvo dos años y finalmente concluyó con la firma del armisticio de Pan-Mun-Jon de 27 de julio de 1953. La guerra de Corea no alteró la doctrina militar de los aliados. Las fuerzas de las Naciones Unidas, con mentalidad y superioridad aeronaval, hicieron amplio uso de desembarcos y apoyo de fuegos desde el aire y el mar. Se relegó, en cambio, el empleo de grandes unidades acorazadas, ya que el terreno no se acomodaba demasiado a ello. Norcoreanos y chinos pusieron en juego grandes efectivos que a modo de marea amenazaban anegar los frentes, pero sin pretensiones de maniobrar ágilmente.

Indochina

Los japoneses ocuparon Indochina durante la Segunda Guerra Mundial, para evitar que los aliados pudieran abastecer a China. Con la rendición nipona se produjo un vacío en el sudeste asiático que los franceses, sus antiguos colonizadores, intentaron llenar. En su intento tuvieron la oposición del Partido Comunista dirigido por Ho Chi Minh, que defendía la independencia del país y contaba con el apoyo de la Unión Soviética y China. Durante los años 1945 a 1948 Francia siguió una política vacilante acompañada de la ocupación militar, a la que las fuerzas nacionalistas no se podían oponer en campo abierto. Debido a esto mantuvieron una guerra de guerrillas amparados en las condiciones favorables del terreno. En 1949 la situación cambió radicalmente, ya que, China apoyó con decisión a Ho Chi Minh y eso se tradujo en ataques a los dispersos núcleos franceses de guarnición en el norte del país.

El desastre de Cao Bang, en cuya posición los franceses perdieron la totalidad de su guarnición

Soldados del ejército imperial japonés avanzan sobre Lang Son, en la Indochina francesa, en septiembre de 1940.

(más de 4000 hombres), provocó la retirada general de la zona Norte. El mando francés intentó todos los procedimientos conocidos hasta entonces: instalación de fuertes posiciones sobre las vías de comunicación y creación de contingentes móviles distribuidos en campamentos fortificados como bases para la limpieza de zonas, pero ninguno de estos sistemas dio resultado. Las grandes bases fueron pronto aisladas, teniendo que ser abastecidas por el aire. Los pequeños destacamentos, dispersos, consumían grandes efectivos y, al ser atacados sucesivamente por enemigos muy superiores en número, eran eliminados con facilidad. Las fuertes columnas móviles francesas no encontraban enemigo al que atacar. Los franceses carecían de información, por lo que siempre eran atacados por sorpresa por un enemigo que conocía perfectamente todo sus dispositivos y movimientos.

La táctica ofensiva empleada a gran escala, seguida en los años 1952 y 1953, no dio tampoco resultado, ya que el enemigo esquivaba siempre el choque, respondiendo con ataques a pequeños objetivos y siempre por sorpresa. Con este sistema los franceses tuvieron 30 000 bajas, de las cuales 1200 fueron oficiales. Las fuerzas nacionalistas eran ocho divisiones organizadas y un número aproximado de 60 000 guerrilleros. La operación militar más conocida en esta etapa de la guerra del sudeste asiático fue la de Dien Bien Phu. El mando francés intentó atraer al enemigo a un combate en una posición favorable a los franceses y a la vez descongestionar el asedio a que tenían sometida a Hanoi, la capital. Dien Bien Phu era una posición en forma de rombo de 12 kilómetros de norte a sur por 8 kilómetros de este a oeste. Sobre esta posición se fueron concentrando los puestos de la región ante la amenaza de quedar aislados, hasta conseguir una guarnición que, reforzada por fuerzas paracaidistas, ascendió a 10 000 hombres. Su primera línea se apoyaba en cuatro centros de resistencia, encontrándose en el centro el aeródromo y el puesto de mando, todos ellos protegidos por importantes obras de fortificación.

El 13 de marzo de 1954 comenzó el ataque a las posiciones francesas por parte de un ejército de 30 000 hombres que consiguieron aislar el centro de resistencia del sur e inutilizaron con la artillería el campo de aviación. Los franceses reforzaron la guarnición con tres batallones de paracaidistas. La aviación norteamericana apoyó la defensa, pero los atacantes, para evitar las numerosas bajas que esta les causaba, se acercaron al pie de las fortificaciones francesas, lanzándose al asalto desde muy corta distancia y sin reparar en las pérdidas humanas.

El 30 de marzo cayó el aeródromo y, sucesivamente, los aislados centros de resistencia. Después de diez días sin recibir abastecimiento por aire a causa del mal tiempo, el 8 de mayo, el enemigo penetró en el puesto de mando. El asedio duró cincuenta y seis días, y se tomaron numerosos prisioneros. Después de esta derrota la situación empeoró en todo el territorio norte, obligando a Francia a negociar un armisticio. La guerra terminó dividiendo el país en dos partes entre los paralelos 17 y 18, y reconociendo ambos bandos la independencia de Laos y Camboya.

Vietnam

Esta guerra, denominada solo conflicto en las referencias estadounidenses, significó un gran esfuerzo logístico, dada la distancia existente entre los Estados Unidos y el sudeste asiático. En Vietnam no había puertos, carreteras ni recursos para sostener un ejército expedicionario.

Los norteamericanos tuvieron que construir 10 puertos de gran calado, centenares de kilómetros de carreteras, 32 aeropuertos, 200 helipuertos, grandes depósitos de suministros y 40 bases para albergar tropas. Desde 1965 hasta 1975, los Estados Unidos llegaron a tener en Vietnam más de medio millón de hombres (2 divisiones de marines y 4 divisiones de ejército) que se unieron a los 300 000 vietnamitas encuadrados en las filas regulares más un número indeterminado de combatientes en las milicias y guerrillas.

Soldados del ejército de Vietnam del Norte. Estados Unidos denominó oficialmente a los vietnamitas como Viet Nam Cong San. *Los soldados estadounidenses se referían al Vietcong como* Victor Charlie *o VC. Victor y Charlie son letras del alfabeto fonético de la OTAN. Finalmente,* Charlie *quedó para referirse a las fuerzas comunistas en general, tanto el Vietcong como el ejército norvietnamita.*

Por su parte Vietnam del Norte puso en combate 300 000 hombres regulares integrados en 6 o 7 divisiones más las bandas incontroladas del Vietcong. Dentro del apoyo norteamericano a las fuerzas citadas hay que añadir 175 buques de su flota desde cuyos portaaviones llegaron a despegar centenares de aviones con una cadencia de 100 a 150 en cada oleada. Junto a los Estados Unidos y los survietnamitas también lucharon combatientes filipinos, australianos, neozelandeses y surcoreanos. También prestaron ayuda diferentes naciones como Tailandia, Japón, Francia, Gran Bretaña, Canadá, Irán e Italia. Esta guerra tuvo aplicaciones inmediatas en el empleo de los helicópteros a gran escala. En febrero de 1965 los Estados Unidos dieron comienzo a su famosa «escalada militar» con un doble aspecto de bombardeos masivos sobre el Norte y total compromiso del ejército norteamericano en el Sur.

En el año 1966 tuvo lugar el primer bombardeo de Hai Phong por los norteamericanos. Después se inició una fase de estancamiento (en donde aumentaban considerablemente las bajas fruto de las escaramuzas), hasta iniciar los acuerdos de paz. Su saldo fue muy elevado: más de 59 000 bajas norteamericanas frente a dos millones de vietnamitas. Para los norteamericanos supuso una derrota tanto militar como psicológica de la que tardaron varias décadas en reponerse, e, incluso les obligó a modificar su esquema de reclutamiento, cambiando del servicio militar obligatorio a un ejército formado por profesionales. Como características comunes a las guerras de Corea, Indochina y Vietnam se pueden citar:

El hombre y el armamento, que recibieron distinta valoración. Por un lado, el hombre necesitaba los modernos medios de combate para que su esfuerzo le permitiese alcanzar los objetivos previstos en el tiempo señalado. Por otro lado, el armamento y, concretamente, el fuego por él producido, no fue suficiente para doblegar la actitud del adversario en el campo de batalla. En todos los escalones, los valores morales, la convicción profunda de por qué se lucha y la fe en la victoria fueron el imprescindible sustento del combatiente. De forma concreta se extrajeron las siguientes lecciones:

—Un país que defiende como ideal su independencia puede sostener una guerra larga, si es apoyado desde el exterior.
—El combate de guerrillas es el medio más eficaz para un bando sin organización militar.
—La fuerza aérea es capaz de mantener puentes aéreos si domina el aire.
—La infantería mantiene el papel preponderante.

—Los carros de combate tuvieron poca utilidad.

—Las unidades paracaidistas no resultan útiles en este tipo de escenarios.

—El helicóptero resultó eficaz para la evacuación rápida de bajas y para el ejercicio del mando.

Aspecto cinematográfico

Las películas bélicas sobre los conflictos acaecidos en estas zonas de la tierra siempre han estado marcadas por un sello diferente a las restantes. Hay una frontera entre las producciones que abordan la Segunda Guerra Mundial y las que se sitúan en las guerras posteriores a ella. En unos casos las realizaciones iban a caballo, cronológicamente, con el desarrollo de la contienda, como en el caso de Corea e incluso de Indochina, pero en el caso de Vietnam la distancia fue mayor.

La década de los años sesenta trajo muchos cambios y uno de ellos fue el rechazo de gran parte de la sociedad norteamericana al conflicto de Vietnam. Fue una actitud muy distinta a la de veinte años atrás cuando películas como *El sargento York* catapultaron a la opinión pública hacia la intervención armada en la Segunda Guerra Mundial. En el caso del conflicto de Vietnam la sociedad estadounidense dio la espalda a la política exterior norteamericana y con ella gran parte del cine, a excepción de la película de John Wayne, *Boinas verdes* (*The Green Berets*, 1968).

Sobre la guerra de Corea se pueden destacar las producciones siguientes:

LA CIMA DE LOS HÉROES

Título original: *Pork Chop Hill.*
Director: Lewis Milestone.
Intérpretes: Gregory Peck, Harry Guardino, Rip Torn, George Peppard, Harry Guardino, Carl Benton Reid, James Edwards, Bob Steele, Robert

La cima de los héroes. *Sombría historia de una de las principales batallas de Corea, mientras los negociadores, reunidos en Panmunjom, tratan de llevar el conflicto hacia un final pacífico.*

Blake, Martin Landau y Woody Strode.
Guión: James R. Webb.
Montaje: Lynn Stalmaster.
Música: Leonard Rosenman.
Fotografía: Sam Leavitt.
Nacionalidad: Estados Unidos. 92 minutos. Blanco y Negro. Año 1951.

El argumento está basado en hechos reales vividos por el general Marshall y recogidos en un libro del mismo título. La acción se sitúa en las vicisitudes de un teniente de infantería norteamericano durante la guerra de Corea.

Gregory Peck interpreta al teniente Joe Clemens, un oficial experto que lidera una sección en el frente de Panmunjom. Al principio de la película contemplamos varias secuencias de soldados norteamericanos aseándose y desayunando mientras escuchan por la megafonía del enemigo, a modo de guerra psicológica, sugerentes invitaciones para deponer las armas. El teniente Clemens recibe la orden de ocupar la colina Pork Chop, estribación fuertemente defendida por tropas coreanas. A la dificultad de la misión se une el problema de la deserción del sargento Franklin y el desánimo que cunde en la unidad. La acción va transcurriendo de forma paralela entre el frente de batalla y las mesas de negociación en donde se intenta poner fin a la guerra, pero, mientras tanto, la misión del oficial sigue siendo tomar la colina Pork Chop. Una excelente banda sonora da paso a una fotografía nítida y plagada de buenos efectos especiales. No hay que olvidar que Lewis Milestone fue el director de la mítica *Sin novedad en el frente* y con este filme obtuvo una excelente acogida de crítica y público.

Corea hora cero

Título original: *One Minute to Zero.*
Director: Tay Garnett.
Intérpretes: Ann Blyth, Wally Cassell, Richard Egan, Eddie Firestone, Eduard Franz, Charles McGraw, Robert Mitchum, Robert Osterloh, Roy Roberts, Margaret Sheridan, William Talman, Stuart Whitman, Peter M. Thompson y Robert Bray.
Guión: William Wister Haines y Milton Krims.
Montaje: Robert Belcher.
Música: C. Bakaleinikoff.
Fotografía: William Snyden.
Nacionalidad: Estados Unidos. 105 minutos. Blanco y Negro. Año 1952.

Producción norteamericana que entremezcla una historia de amor en un entorno bélico en los primeros días de la guerra de Corea, concretamente, en la primavera de 1950, cuando las tropas de Corea del Norte empiezan a bombardear e invadir Corea del Sur. Una joven oficial idealista e ingenua (interpretada por Ann Blyth) descubre los horrores de la guerra a la vez que se enamora del coronel estadounidense Steve Janowski, encargado de poner a salvo al personal no combatiente, para lo cual llevará a cabo el traslado hacia el Sur buscando rebasar el paralelo 38.

Convincente interpretación del actor Robert Mitchum como el coronel norteamericano, veterano de la Segunda Guerra Mundial, asesor militar de las fuerzas de Corea del Sur y con la misión de evacuar a personal antes de que se produzca el ataque norcoreano. Varias secuencias pertenecen a documentales de guerra de la época. La película es el origen de una de las grandes baladas de todos los tiempos *When I fall in love*. Destacable la escena en donde el coronel debe decidir sobre el bombardeo de una columna de refugiados y el reconocimiento de las tropas de la ONU.

LA COLINA DE LOS DIABLOS DE ACERO

Título original: *Men in war*.
Director: Anthony Mann.
Intérpretes: Robert Ryan, Aldo Ray, Robert Keith, Vic Morrow, James Edwards, Race Gentry, L. Q. Jones, Robert Keith, Walter Kelley, Adam Kennedy, Scott Marlowe, Michael Miller, Vic Morrow, Robert Normand, Nehemiah Persoff, Phillip Pine, Aldo Ray, Anthony Ray y Victor Sen Yung.
Guión: Philip Yordan.
Montaje: Richard C. Meyer.
Música: Elmer Bernstein.
Fotografía: Ernest Haller.
Nacionalidad: Estados Unidos. 100 minutos. Blanco y Negro. Año 1957.

La colina de los diablos de acero. *Una intensa cinta, de pulso electrizante y magnífico reparto, que ahonda en los aspectos más duros de la guerra.*

Tell me the story of the foot soldier and I will tell you the story of all wars. («Contadme la historia de un soldado raso y os contaré la historia de todas las guerras»).

Con esta frase sobreimpresionada en los títulos de crédito comienza esta cinta netamente bélica. Con las primeras imágenes escuchamos:

—Recodo 2 para Sonrisa 6. Recodo 2 para Sonrisa 6.

—Conteste, Sonrisa 6.

Durante los cien minutos siguientes podremos conocer los avatares del teniente Benson, las relaciones con el sargento Montana y los cambios que se van produciendo en los dos a consecuencia de las adversidades de la guerra. Esta película marca la frontera entre dos tipos de filmes dentro del género bélico. Por un lado, es el final de las llamadas películas de «hazañas bélicas», en las cuales el héroe, el combatiente, parecía no sufrir y, sobre todo, no tener miedo. Es el comienzo de un nuevo tipo de cine bélico, en donde el soldado sufre, padece y es, en definitiva, de carne y hueso. Incluso se puede llegar a aventurar que es la primera película que empieza a recoger las secuelas de la falta de convencimiento de los que combaten, declive que alcanzará su máximo exponente en la guerra de Vietnam.

El filme encierra detalles increíbles. De auténtica instrucción; desde el amunicionamiento de granadas, lanzagranadas y ametralladoras, hasta el paso de un campo de minas, incluidos los conflictos de mando entre el teniente y el sargento. Se puede afirmar que es de obligada visión, por la cantidad, calidad y riqueza de los temas tratados.

Otros títulos de interés que pueden reseñarse son:

Número	Título	Año
01	*A bayoneta calada*	1951
02	*A hill in Korea*	1956
03	*A yank in Korea*	1951
04	*Battle flame*	1959
05	*Battle taxi*	1959
06	*Battle zone*	1952
07	*Campo de batalla*	1953
08	*Combat Squad*	1953
09	*Dragonfly Squadron*	1953
10	*El campo del honor*	1986
11	*El mensajero del miedo*	1962
12	*El paso de la muerte*	1960
13	*Evasión del norte*	1988
14	*Flight nurse*	1954
15	*Here come the jets*	1959
16	*Hodback the night*	1956
17	*Hook*	1963

18	*Inchon*	1982
19	*Korea patrol*	1951
20	*La colina del adiós*	1955
21	*Labios sellados*	1957
22	*Los puentes del Tokori*	1954
23	*Marines let´s go*	1961
24	*Men of the fightting lady*	1954
25	*Mission over Korea*	1953
26	*Operation Dames*	1959
27	*Paralelo 38*	1952
28	*Prisioner of war*	1954
29	*Retreat hell*	1952
30	*Sabre jet*	1953
31	*Sargento Ryker*	1968
32	*Sky Commando*	1953
33	*Sniper´s ridge*	1961
34	*Tank Battalion*	1957
35	*Target Zero*	1955
36	*The bamboo prison*	1954
37	*The Glory Brigade*	1953
38	*The Nun and the Sergeant*	1962
39	*Traidor a su patria*	1956
40	*War hunt*	1962
41	*War is hell*	1963
42	*Young and the brave*	1963

Películas sobre la guerra de Indochina y Vietnam:

Sangre en Indochina

Título original: *Sangre en Indochina.*
Director: Pierre Schoendoerffer.
Intérpretes: Jacques Perrin, Bruno Cremer, Pierre Fabre, Manuel Zarzo y Boramy Tioulong.
Guión: Arturo Rigel y R. Laudenbah.
Montaje: Armand Psenny.
Música: Gregorio García Segura.
Fotografía: Raoul Coutard.

Nacionalidad: España-Francia. Blanco y Negro, 100 minutos. Año 1965.

Raoul Coutard, con una espléndida fotografía, nos introduce dentro de una sección de infantería. La sección 317, protagonista de esta narración. Esta película también es conocida por los títulos de *317th Platoon* o *317th Section*, la acción se desarrolla durante la guerra de Indochina. La sección 317 (patrulla compuesta por cincuenta hombres, cuatro de ellos europeos) recibe la orden de retirarse hacia Dien Bien Phu, y abandonar su posición al norte de Laos. Las previsiones de contactar con una columna francesa que trata de abrirse paso hacia ese importante puesto fracasan ante las dificultades que presenta la jungla y la violenta ofensiva enemiga.

En el transcurso del repliegue, Dien Bien Phu cae, la patrulla queda atrapada en la selva, teniendo que abandonar todo tipo de impedimenta. Mientras tanto la tragedia en forma de fiebre, lluvia, mosquitos, sanguijuelas y emboscadas en las que no se ve al adversario complementan la agonía de los heridos, la angustia y el sufrimiento que se cierne sobre ellos. Al final, solo unos escasos supervivientes conseguirán llegar a las montañas.

—Esto es asqueroso —dice un combatiente.

—No —sentencia el suboficial —, es la guerra.

Magistrales interpretaciones de actores de la talla de Manuel Zarzo, que encarna de manera convincente a un operador de radio. Quizás sea la mejor película sobre la guerra de Indochina.

Sangre en Indochina. *Antiguo fotógrafo de guerra, Schoendoerffer ha evocado en varios films sus experiencias durante la guerra de Indochina. Este fue el primero, realizado en curiosa coproducción con España. Tiene una voluntad de documental, pero su estructura no se aparta de las más convencionales hazañas bélicas.*

Boinas verdes

Título original: *The Green Berets*.
Director: John Wayne y Ray Kellogg.
Intérpretes: John Wayne, David Jansen, Jim Hutton y Aldo Ray.
Guión: James Lee Barret y Kenneth B. Facey.

Montaje: Otho Lovering.
Música: Miklos Rozsa.
Fotografía: Winton C. Hoch.
Nacionalidad: Estados Unidos. 136 minutos. Color. Año 1968.

Narra la historia de un coronel del ejército norteamericano enviado a Vietnam para realizar una importante misión tras las líneas enemigas. El oficial invita a un escéptico periodista a que le acompañe y vea de primera mano el motivo de la lucha. John Wayne asumió el papel del coronel protagonista, además de ser director y productor de la cinta. Con esta intensa participación Wayne quiso levantar la moral a las tropas norteamericanas, en particular, y a la sociedad en general.

El actor David Jansen, famoso por la serie de televisión *El fugitivo*, emitida en España durante los últimos años de la década de los sesenta, encarnó al incrédulo periodista. El veterano Aldo Ray dio vida a un duro sargento boina verde. La película cuenta con una excelente banda sonora y la realización tiene un ritmo narrativo fluido que en ningún momento decae.

La crítica tanto en Estados Unidos como en Europa fue muy dura. Se acusó a la producción de hacer apología del conflicto de Vietnam. John Wayne quiso realizar un homenaje a las Fuerzas Armadas de su país, en un momento duro del enfrentamiento, con la opinión pública manifiestamente en contra de este.

Cartel del estreno en Francia de Boinas Verdes. *La crítica internacional no fue benévola con la película, tildada de militarista.*

Para muchas personas, civiles y militares, es una película inoportuna, que hizo que muchos estadounidenses miraran para otro lado, pero no hay duda de que es una película militar y expresa como ninguna otra de aquella época la admiración y el respeto que John Wayne sentía por su Ejército.

El cazador

Título original: *The Deer Hunter.*
Director: Michael Cimino.
Intérpretes: Robert De Niro, John Cazale, John Savage, Christopher Walken, Meryl Streep, George Dzundza, Chuck Aspegren, Shirley Stoler, Rutanya Alda, Pierre Segui, Mady Kaplan, Amy Wright, Mary Ann

Haenel, Richard Kuss y Joe Grifasi.
Guión: Deric Washburn.
Montaje: Peter Zinner.
Música: Stanley Myers.
Fotografía: Vilmas Zsigmond.
Nacionalidad: Estados Unidos. 175 minutos. Color. Año 1975.

El relato se centra en tres jóvenes amigos, residentes en Pennsylvania, trabajadores de una fundición en la «América profunda». Robert De Niro interpreta a Michael, un tranquilo y solitario líder de este grupo, cuya mayor afición es cazar. Michael perderá gran parte de su autoestima al regresar de Vietnam. John Savage encarna a Steven, que quedará marcado físicamente para el resto de su vida a raíz de su cautiverio en Vietnam. Christopher Walken da vida a Nicky Chevoteravich, quizás, el más afectado de los tres por el horror de la guerra.

Una película desalentadora y depresiva en la que contemplamos lo bajo que puede caer la condición humana cuando la vida está pendiente del ritmo que marca la ruleta rusa. Nominada en nueve categorías, logró cinco Óscar: mejor director (Michael Cimino), mejor película, mejor actor secundario (Christopher Walken), así como mejor sonido y mejor montaje. Una historia sobre los sentimientos y la deshumanización en la guerra. Filme de gran calidad y dureza, al ser el primero en abordar de una forma sería los acontecimientos y repercusiones de la guerra de Vietnam sobre el pueblo norteamericano.

Michael Cimino se atrevió a abordar el conflicto bélico de su país contra Vietnam apenas tres años después de que la contienda terminara.

La batalla de Inglaterra, *dirigida por Guy Hamilton y producida por Harry Saltzman y S. Benjamin Fisz en 1968. Su realización no hubiera sido posible sin contar con la contribución del Ejército del Aire español, que aportó los aviones protagonistas del filme: Messerschmitt-109 (H.A. 1112 Buchón) Heinkel 111 Pedro (CASA 2111) y Junkers-52 (CASA 352). Buena parte del rodaje, además de en suelo británico, se realizó en Sevilla, y también en los cielos de San Sebastián, Ondarribia y Zarauz.*

¡Hundid al Bismarck!, *película británica de 1960 dirigida por Lewis Gilbert, con guión basado en la novela de C.S. Forester. Una eficaz mezcla de efectos especiales montados sobre filmaciones reales del buque. La trama alterna entre la estrategia de los despachos y la acción a bordo de los barcos, tanto británicos como alemanes.*

Un puente demasiado lejano, *dirigida por Richard Attenborough, con guión de William Goldman. Fue la segunda película basada en un libro de Cornelius Ryan, después de* El día más largo, *y la segunda basada en los eventos de la fallida operación Market Garden de la Segunda Guerra Mundial (después de* Theirs is the Glory, *de 1946). Las escenas alrededor del puente «Arnhem» se filmaron en Deventer, donde todavía había un puente similar sobre el Ijssel.*

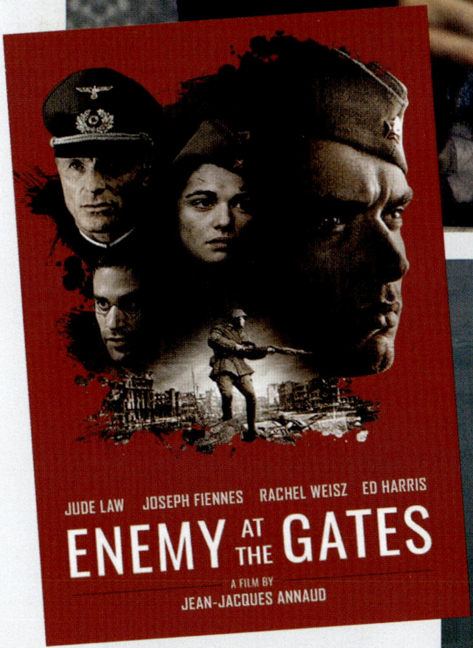

Enemigo a las puertas, *dirigida por Jean-Jacques Annaud en 2001. La historia de un duelo de francotiradores durante la batalla de Stalingrado.*

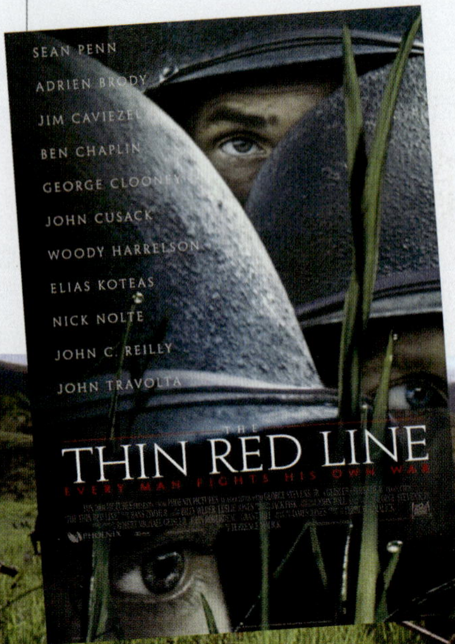

La delgada línea roja. *La mirada de su director, Terrence Malick, hace más hincapié en las consecuencias de la guerra sobre el ser humano que en la guerra misma. Basada en la novela de James Jones, es un análisis de los horrores del combate, lo que lleva al hombre a perder la idea de sí mismo y del mundo que le rodea. Los soldados, nos viene a decir en su película, no luchan por motivos patrióticos ni por el mundo exterior y sus conflictos, sino por su propia supervivencia y la de los hombres que tienen a su lado.*

Banderas de nuestros padres, *dirigida en 2006 por Clint Eastwood, más que narrar la contienda del Pacífico en sí, se centra en sus consecuencias para todo un país, necesitado de grandes héroes. Consecuencias para aquellas madres que perdieron a sus hijos y, sobre todo, consecuencias para un grupo de muchachos, compañeros en un pelotón, que no pidieron ser héroes.*

Dos versiones cinematográficas de un mismo hecho histórico. Arriba, Stalingrado*, de 2013, dirigida por el ruso Fedor Bondarchuk, una película de acción patriótica, relativamente sencilla, que presenta imágenes gloriosas. Abajo, el filme de 1992 del mismo título, dirigido por Joseph Vilsmaier; a través de las experiencias de un puñado de soldados alemanes, la batalla se convierte en una poderosa y desgarradora película contra la guerra.*

Los cañones de Navarone *cuenta con un excepcional reparto encabezado por Gregory Peck, Anthony Quinn, Anthony Quayle y David Niven, y una inolvidable banda sonora. Estrenada en 1961 y dirigida por J. Lee Thompson, fue galardonada con el Óscar a los mejores efectos visuales y nominada a mejor película, mejor dirección y mejor adaptación.*

Una de las producciones más entretenidas y logradas del cine bélico ambientado en la Segunda Guerra Mundial. Un reparto de lujo, ritmo calculado y eficaz despliegue de efectos especiales.

My Way *es una película coreana ligeramente inspirada en la verdadera historia de Yang Kyoungjong. El protagonista se ve obligado a ingresar en el Ejército Imperial Japonés; será capturado por los soviéticos en la batalla de Khalkyn Gol, reclutado para luchar contra los alemanes, capturado en el Frente Oriental y, finalmente, incorporado a la* Wehrmacht *a tiempo para el Día D. Si bien la trama a veces se complica, contiene diversas escenas de combate en muchos de los frentes de la Segunda Guerra Mundial.*

Creadores de sombras, *de 1989, se sumerge en la vida del alemán Julius Robert Oppenheimer y en el Proyecto Manhattan, del que salieron los dos artefactos que barrieron Hiroshima y Nagasaki.*

El hundimiento, *película dirigida por Oliver Hirschbiegel, protagonizada por Bruno Ganz. Casi toda la cinta se desarrolla en un único escenario: el búnker en el que Hitler pasó sus últimos días junto a su círculo de confianza. Una recreación histórica basada en los libros* El hundimiento, *del historiador Joachim Fest, y* Bis zur letzten Stunde, *de la secretaria del führer, Traudl Junge.*

MacArthur, el general rebelde, *de 1977. El discurso final del general en West Point enmarca este relato sobre sus hazañas durante la Segunda Guerra Mundial.*

Versión italiana de Embajadores en el infierno, *dirigida en 1956 por José María Forqué, con guión de Torcuato Luca de Tena basado en su novela homónima. Es el principal filme de la trilogía cinematográfica dedicada a la División Azul, de la que forman parte* La patrulla, *dirigida en 1954 por Pedro Lazaga, y* La espera, *dirigida por Vicente Lluch en 1956.*

A bayoneta calada, *película estadounidense dirigida y escrita por Samuel Fuller, veterano de la Segunda Guerra Mundial, que adapta con bastante libertad la novela de igual título de John Brophy. Fue una de las primeras obras de Fuller, aunque antes ya había dirigido un filme de idéntica temática,* Casco de acero.

Dien Bien Phu. *Épica visión del escritor y director Pierre Schoendoerffer, estrenada en 1992, de los últimos días de Francia en Indochina*

Mando perdido, *película estadounidense de 1966, está ambientada en las guerras de independencia de Indochina y Argelia. Gran parte de las secuencias se rodaron en la provincia de Almería, en el puerto de Málaga y en el cuartel del Conde-Duque, de Madrid.*

La batalla de Argelia. *Uno de los títulos clave del cine bélico de los 60, en el que se reconstruye con rigor documental el proceso de independencia de Argelia. No elude remarcar la brutalidad de ambos bandos, y constituye un documento de primer orden para comprender uno de los episodios más controvertidos y complejos de la historia contemporánea.*

La colina de la hamburguesa, *estrenada en 1987, la historia de los diez días críticos de una división aerotransportada para asegurar su posición estratégica en Vietnam.*

Platoon. *Con gran habilidad, sencillez y convicción, Oliver Stone, su director, se dedica a narrar lo que él vivió en Vietnam en 1968: la vida en un pelotón. El barro, las caminatas, los mosquitos, la amargura, la soledad; pero también, la valentía y la dignidad. Filmada en salvajes localizaciones de Filipinas, con una brillante fotografía de Robert Richardson.*

Hanoi Hilton. *Filme dirigido y escrito por el británico Lionel Chetwynd, que se adentra en las duras cárceles para prisioneros estadounidenses durante la Guerra de Vietnam.*

Éxodo. *La crónica del nacimiento del estado de Israel, dirigida con mano maestra por el director Otto Preminger, basándose en la novela homónima de Leon Uris. El filme abarca el movimiento judío en toda su complejidad, fijándose en las diferentes facciones involucradas, desde la más moderada Haganah, hasta la terrorista radical, Irgún.*

La bestia, *también conocida como* La bestia de la guerra, *es una película estadounidense dirigida por Kevin Reynolds en 1988. Situada en 1981, durante la Guerra de Afganistán (1978-1992), narra la historia de la tripulación de un tanque soviético. Una de las pocas ocasiones en que el cine ha tocado el conflicto afgano desde la perspectiva de la Unión Soviética.*

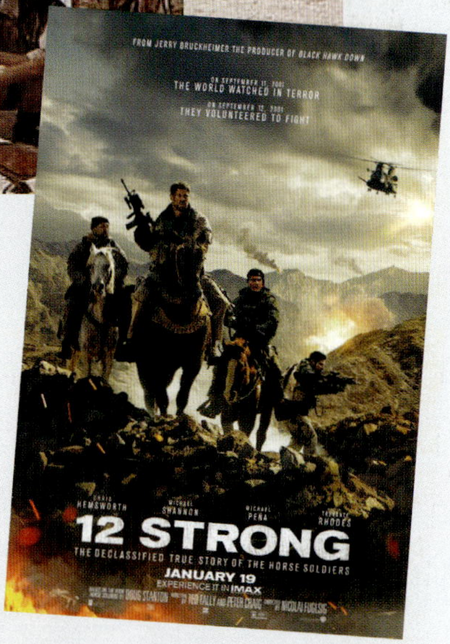

Tropa de héroes, *un película bélica cuya acción, ubicada a partir del 11 de septiembre de 2001, se aleja muy poco del cine de propaganda. Basada en un hecho real consignado en el* bestseller Horse Soldiers, *de 2009.*

La noche más oscura (*Zero Dark Thirty) una película estadounidense de 2012, acerca de la labor de inteligencia previa al asalto de las fuerzas de operaciones especiales que terminó con la muerte de Osama bin Laden. Dirigida por la ganadora de un Óscar, Kathryn Bigelow, con guión de Mark Boal.*

El muro. *El relato de un duelo en medio de un paraje desértico entre un francotirador estadounidense y otro iraquí. Todo ocurre en un pueblo desolado durante la Guerra de Irak, en 2009. Rodada con profesionalidad, pero minamalista y con pocos recursos.*

Pacífico. *Historias entrelazadas de tres infantes de marina de los Estados Unidos, quienes lucharon contra los japoneses en el teatro de operaciones del Pacífico durante la Segunda Guerra Mundial. Una miniserie de 10 capítulos que, junto con su antecesora* Hermanos de Sangre, *describe de forma brillante los acontecimientos de la Segunda Guerra Mundial*

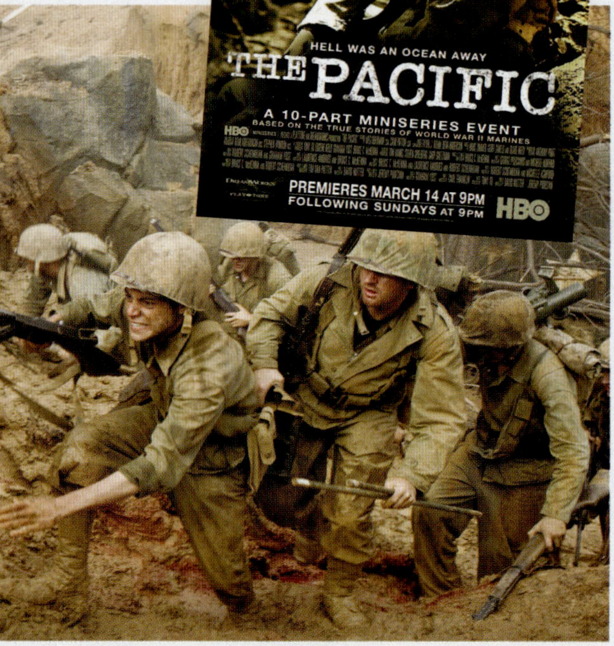

Generation Kill. *Una miniserie que sigue el esquema marcado por otras como* The Corner *y* The Wire*: historias extremadamente duras, ficción hiperrealista sin voluntad de hacer una obra épica y una historia coral rellenada con personajes vulgares de orígenes y destinos mediocres, que, en este caso, diseccionan el Ejército, una parte muy importante de la sociedad estadounidense.*

Apocalypse Now

Título original: *Apocalypse Now.*
Director: Francis Ford Coppola.
Intérpretes: Martin Sheen, Marlon Brando, Dennis Hopper, Robert Duwall, Frederic Forrest, Albert Hall, Sam Bottoms, Laurence Fishburne y Harrison Ford.
Guión: John Milius y Francis Ford Coppola.
Montaje: Blackie Malkin y Evan Lottman.
Música: Carmine Coppola.
Fotografía: Vittorio Storaro.
Nacionalidad: Estados Unidos. 153 minutos. Color. Año 1979.

El capitán Willard es un oficial de los servicios de inteligencia del ejército estadounidense al que se le ha encargado ir a Camboya en una peligrosa misión, avanzando río arriba para eliminar a Kurtz, un coronel estadounidense renegado que se ha vuelto loco durante la guerra de Vietnam. Excelentes interpretaciones de Martin Sheen como el capitán Willard (papel que en un principio iba a ser para Harvey Keitel) y Robert Duvall (interpretando al coronel «surfista»). En la profundidad de la selva, en un campamento sembrado de cabezas cortadas y cadáveres putrefactos, la enorme y enigmática figura de Kurtz manda como un ser superior despótico sobre los miembros de la tribu Montagnard, que le adoran como a un dios. Durante el trayecto, Willard comienza a sentirse fascinado por el currículum de Kurtz, al tiempo que empieza a conocer aspectos de la guerra que le harán comprender mejor las razones de ese hombre al que tiene que asesinar. Adaptación libre de la novela de Joseph Conrad que Coppola convierte en alegato antibelicista y cuyo metafórico viaje está jalonado por etapas que siempre parecerán ser definitivas. Un espectáculo grandioso, desbordante y destructivo, que muestra el horror de la epopeya bélica. En el año 2002 se estrenó comercialmente, bajo el título *Apocalypse Now Redux*, una versión con 49 minutos más de duración que contenía escenas no incluidas en el montaje inicial. Al igual que la anterior, se centraba en enseñar el desgaste psicológico que sufrían los soldados inmersos en una guerra sin sentido. La locura que se apoderaba de ellos, la paranoia e incluso la pérdida de su propia identidad (reflejada sobre todo en el coronel Kurtz, que rompe radicalmente con todo su pasado, y en el capitán Willard, que afirma que sería incapaz de readaptarse a la vida «normal» después de todo lo que ha visto en la guerra). La película tiene tres secuencias sobresalientes:

—El comienzo, con el tema *The End* de Jim Morrison, acompañado de imágenes espectaculares de uso de napalm, con el rostro del personaje de Martin Sheen evidenciando la demencia provocada por la guerra.

—Los helicópteros sobrevolando comandados por el actor Robert Duvall, acompañado por la música de *La cabalgata de las valkirias* de Wagner.

—La aparición del coronel Kurtz, personaje interpretado de Marlon Brando, un hombre al borde de la locura.

Este título, mítico dentro de la historia del cine, fue galardonado en 1979 con dos Óscar a la mejor fotografía y al mejor sonido. En el festival de Cannes consiguió la Palma de Oro.

La chaqueta metálica

Título original: *Full Metal Jacket*.
Director: Stanley Kubrick.
Intérpretes: Matthew Modine, Vincent D'Onofrio, Adam Baldwin, R. Lee Ermey, Dorian Harewood, Arliss Howard, Kevyn Major Howard, Ed O'Ross, Gary Landon Mills, Sal López y John Stafford.
Guión: Stanley Kubrick, Michael Herr y Gustav Hosford.
Montaje: Martin Hunter.
Música: Abigail Mead.
Fotografía: Douglas Milsome.
Nacionalidad: Estados Unidos. 120 minutos. Color. Año 1987.

La película muestra dos partes bien diferenciadas. En la primera, un grupo de reclutas llega a Parris Island (centro de entrenamiento norteamericano) para recibir instrucción militar previa a su partida a la guerra de Vietnam. El instructor de los reclutas es el sargento Hartman (interpretado por el actor Lee Ermey), hombre malhablado, duro e implacable. A los reclutas les cambia los nombres por apodos despectivos como *Bufón* (interpretado por el actor Matthew Modine), *Pedazo de animal* (Adam Baldwin) o *Patoso* (encarnado por el actor Vincent D´Onofrio), a quien el sargento Hartman martiriza por su sobrepeso.

En la segunda parte, los reclutas, convertidos ya en soldados, se encuentran en Vietnam. Uno de ellos, *Bufón*, trabaja para el periódico de las Fuerzas Armadas *Barras y Estrellas*, y le han asignado llevar a cabo un reportaje sobre las operaciones en el frente.

Stanley Kubrick ha sido uno de los más famosos directores cinematográficos. Solo dirigió dos películas de guerra, con treinta años de separación, la primera fue *Senderos de gloria* (*Paths of Glory*, 1957). No obstante, también retrató la guerra desde filmes históricos como *Espartaco* (*Spartacus*, 1960) e incluso la Guerra Fría con realizaciones como *Teléfono rojo: volamos hacia Moscú* (*Dr. Strangelove, or: How I Learned to stop Worrying and Love the Bomb*, 1964). Kubrick nos muestra el lado oscuro del ser humano, el salvaje, al que responsabiliza de las miserias de nuestra sociedad. Hablando de

Dirigido por Stanley Kubrick, la premisa del filme era ofrecer una visión realista de la guerra de Vietnam y la brutalidad de lo que fue el conflicto. Fue nominado a un Óscar —mejor guión adaptado—, dos BAFTA —mejor sonido y efectos especiales— y un Globo de Oro —mejor actor de reparto, para R. Lee Ermey por su papel del sargento Hartman—.

esta película, comentó en cierta ocasión: «No es el rifle el que mata, sino un corazón endurecido».

Está considerada, a pesar de su carga antimilitarista y antibelicista, por la crítica especializada, una de las mejores películas sobre la guerra de Vietnam. La música es tan variopinta que podemos contemplar a la patrulla superviviente mientras se alejan cantando una canción de Mickey Mouse o la canción de los Rolling Stones *Paint it Black* (*Pintado de negro*).

Esta realización contó con un grupo de actores jóvenes y prácticamente desconocidos en aquel momento, como Matthew Modine, Adam Baldwin o Vincent D'Onofrio. El papel de sargento de instrucción de la primera parte de la película fue interpretado por R. Lee Ermey, un auténtico exmarine que debutó como actor, no tuvo que memorizar los diálogos plagados de tacos de su papel, simplemente se puso de decir todo lo que se le ocurría. Son destacables las siguientes secuencias:

—Al comienzo, los primeros planos plasman cómo todo

rasgo de individualidad es borrado con la acción de cortar el pelo al cero a los reclutas, siendo espectaculares los improperios e insultos que el sargento instructor expele; tengamos en cuenta que no tuvo que memorizarlos, ya que le salían espontáneamente.

—El coronel se indigna con el soldado al verle con una chapa pacifista al tiempo que en su casco luce *Born to Kill* ("nacido para matar").

—Los soldados supervivientes de un combate observan a sus compañeros caídos y realizan sarcásticos comentarios.

Una película brutal, pesimista, desagradable y emocionante.

Cuando éramos soldados

Título original: *We Were Soldiers.*
Director: Randall Wallace.
Intérpretes: Mel Gibson, Madeleine Stowe, Sam Elliott, Greg Kinnear, Chris Klein, Barry Pepper y Keri Russell.
Guión: Randall Wallace.
Montaje: William Hoy.
Música: Nick Glenne Smith.
Fotografía: Dean Semler.
Nacionalidad: Estados Unidos. Color. 138 minutos. Año 2002.

Se narra la experiencia vivida por el teniente coronel de caballería Harold Moore. Fue el jefe del primer batallón del mítico séptimo regimiento de caballería de los Estados Unidos. Se enfrentó al mando de 400 hombres en una cruenta batalla a 2000 vietnamitas.

La película tiene un gran ritmo narrativo, fue realizada en condiciones atmosféricas muy parecidas a las que las tropas encontraron allí, con alto índice de humedad y temperaturas cercanas a los cuarenta grados centígrados.

La historia del teniente coronel Moore es un hecho real y está recogida en una novela que escribió junto con el corresponsal de guerra Joseph Galloway. Los combates están desarrollados con precisión y excelente fotografía.

Un aspecto importante, casi inédito en las anteriores películas bélicas, es el papel de la mujer: la historia también está narrada desde el punto de vista de las mujeres que esperan en sus casas el regreso de sus maridos y el sufrimiento que les atenaza. En palabras del director, la película «Habla de la lucha de alguien por hacer las cosas bien, alguien cuyo mundo queda reducido a un campo de batalla del tamaño de un terreno de fútbol, y que tuvo que tomar decisiones continuas que afectaban tanto a su vida como a la de los que le rodeaban».

Para el actor protagonista (Mel Gibson), interpretar a gente viva es algo insólito. «Hay que ser muy preciso, hacer que se sientan orgullosos y reivindicarlos, porque a muchos

Aparte de la brillantez de algunas de sus secuencias bélicas, Wallace expone con acierto la angustia de aquellos que parten a combatir y la de sus familias, que esperan en el hogar y conocen el fallecimiento de sus maridos a través de una simple carta.

de esos soldados les trataron muy mal al volver de la guerra».

Otros títulos de interés que pueden reseñarse de este periodo son:

Número	Título	Año
01	*A yank in Vietnam*	1964
02	*Air América*	1990
03	*Bat 21*	1988
04	*Beyond the Call of Duty*	1992
05	*Braddock desaparecido en combate III*	1987
06	*Brian soldado de primera clase*	1983
07	*Cabeza de pelotón*	1988
08	*Camino al infierno*	1987

09	*China Gate*	1958
10	*Cobra Mission*	1985
11	*Combat Shock*	1986
12	*Corazones de hierro*	1989
13	*Dear America*	1987
14	*Death Force*	1978
15	*Deathdream*	1972
16	*Desaparecido en combate*	1984
17	*Desaparecido en combate II*	1984
18	*Dien Bien Phu*	1992
19	*Eighty-Four 84 Charlie Mopic*	1989
20	*El americano impasible*	2002
21	*El Cielo y la Tierra*	1993
22	*El regreso*	1978
23	*El Triángulo de Acero*	1989
24	*El vuelo del Intruder*	1990
25	*Eye of The Eagle*	1986
26	*Eye of The Eagle 2: Inside the Enemy*	1989
27	*Faith of my Fathers*	2005
28	*Five Gates to Hell*	1959
29	*Good Mornig Vietnam*	1987
30	*Hearts and Minds*	1974
31	*In the Year of the Pig*	1968
32	*Jardines de piedra*	1987
33	*Kill Zone*	1993
34	*La colina de la hamburguesa*	1987
35	*La guerra*	1994
36	*La patrulla*	1978
37	*Last stand at Lang Mei*	1990
38	*Limbo*	1972
39	*Los gritos del silencio*	1984

40	*Los valientes visten de negro*	1978
41	*Los chicos de la compañía C*	1978
42	*Más allá de las líneas enemigas*	1986
43	*Más allá del valor*	1983
44	*MASH*	1970
45	*Mentiras de guerra*	1998
46	*Nacido el 4 de julio*	1989
47	*Nam Angels*	1989
48	*Nam´s Angels*	1970
49	*Nineteen Sixty Nine*	1969
50	*The odd angry shot*	1979
51	*Off limits*	1988
52	*Operation Warzone*	1991
53	*Platoon*	1986
54	*Playas de China*	1988
55	*Rambo*	1985
56	*Soldier´s Sweerheart*	1998
57	*Strike Commando*	1987
58	*Strike Commando 2*	1989
59	*Stryker´s War*	1985
60	*The big shave*	1967
61	*The expendables*	1988
62	*The Hanoi Hilton*	1987
63	*The purple hearts*	1984
64	*The quiet american*	1958
65	*The walking dead*	1995
66	*War Bus*	1986
67	*War Dog*	1986
68	*Yank in Indochina*	1952
69	*Zona de guerra el parque*	1986

12

La sartén. Oriente Medio

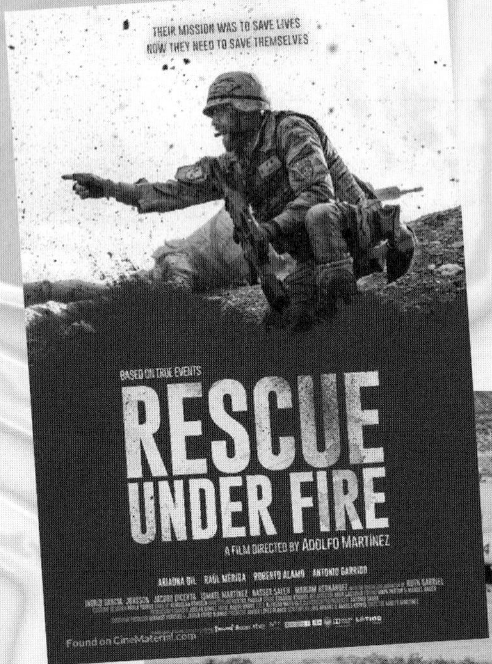

Cartel del estreno internacional de Zona hostil, *película bélica española basada en un suceso real del ejército español en Afganistán. Además de en España, la película se ha visionado en cines de Francia, China, Corea del Sur y Japón. Rodada en diferentes puntos de España, contó con la colaboración en el rodaje de las Fuerzas Armadas.*

Zona hostil *(2017)*

Película dirigida por Adolfo Martínez Pérez, afincado en Los Ángeles desde hace años, donde trabaja como ilustrador. Ha participado en una veintena de producciones.

Recibió la proposición de rodar este filme de cine bélico español y, desde el primer momento, marcó la hoja de ruta a seguir. Según sus palabras:

> Paradójicamente, en España estamos más familiarizados con las fuerzas armadas de los Estados Unidos, por su cine, que con las nuestras. Mi objetivo desde un principio fue olvidarnos de lo que hemos visto doblado en el cine extranjero y que nuestro punto de partida fuesen nuestros propios soldados. Captar su verdad era mucho más importante para mí que reconstruir la anécdota de la película de forma literal. Y la responsabilidad de lograr este objetivo recayó en el grupo de actores, así como en los soldados encargados de su adiestramiento.

El rodaje comenzó el 8 de febrero de 2016 en diferentes escenarios de Almería, como Viator y el desierto de Tabernas. Esta fase duró cinco semanas. Posteriormente continuó en Madrid y Tenerife. En la filmación participaron cerca de 500 extras y soldados profesionales. Contó con el apoyo del Ejército de Tierra.

Durante una semana los actores recibieron instrucción militar general todos juntos. Además, se envió a cada uno a entrenar con los miembros del cuerpo al que iban a encarnar. A los legionarios se les envió con la Legión, donde emparejaron a oficiales con oficiales, y a la tropa con la tropa; al personal médico se le entrenó con personal médico, y a los pilotos de helicópteros se les adiestró en los mismos simuladores con que se entrena a los futuros pilotos. Al parecer, aprendieron asombrosamente rápido. El director recalcó:

> Lo más importante de este entrenamiento no fue que aprendiesen a resucitar a un herido o a despegar un helicóptero, sino que durante el proceso conviviesen con los soldados, los conocieran, escuchasen sus voces, sus bromas, sus anécdotas, los vieran moverse, saludar y se imbuyesen de sus ademanes, de sus gestos... Además, aunque los personajes principales fuesen interpretados por actores, el resto de los personajes fueron interpretados por soldados verdaderos.

Es una película atípica de cine bélico español en la mejor tradición norteamericana, en el sentido de que nuestros soldados no son los malos, sino los protagonistas; hemos intentado retratarlos como los seres humanos que son, con los mismos defectos y virtudes que el resto de nosotros.

Aspecto histórico

La Segunda Guerra Mundial llevó al mundo al borde del abismo, de la destrucción. Aparecieron nuevas fronteras y con ellas nuevos Estados. Como consecuencia de la política antisemita del régimen nacionalsocialista alemán, la Europa liberada del yugo opresor se encontró con un pueblo, el judío, que, aunque parezca increíble, carecía de un territorio común. Sobre una franja de Oriente Medio, concretamente en la zona Palestina, se fundó el Estado de Israel, y con ello el germen del resentimiento de los pueblos árabes que rodeaban al nuevo país. Todos los problemas pasados y presentes de Oriente Medio —esperemos que los futuros no— tienen su raíz en los acuerdos del final de la Segunda Guerra Mundial. Desde 1948 hasta la actualidad, se han sucedido cuatro guerras entre árabes e israelíes, una entre Iraq e Irán y dos en el Golfo. Siete guerras que, brevemente, son:

—La primera confrontación, que tuvo lugar entre los años 1948 y 1949 al atacar los árabes el recién creado Estado de Israel.

—El segundo enfrentamiento, continuación del anterior, se desarrolló entre 1956 y 1957. Fue conocido como la Guerra de Suez. Se produjo la nacionalización del canal de Suez y se le cerró a Israel, lo que provocó el ataque israelita a Egipto con intervención de fuerzas de la ONU para intentar la mediación.

—En 1967 se produjo la tercera guerra, denominada «de los Seis Días». Al finalizar, Israel

Palestina en 1948. El plan de la ONU para la partición del territorio no llegó a aplicarse debido al inicio de la primera guerra árabe-israelí.

extendió sus fronteras y ocupó la ciudad de Jerusalén.

—En 1973 nuevamente entraron en conflicto árabes e israelíes durante la Guerra del Yom-Kippur. Para ser más exactos, sería preciso decir en el «cuarto ciclo de operaciones» del enfrentamiento que mantenían desde 1948. Como en los casos anteriores, se caracterizó por su brevedad y dureza. El cierre del canal, como consecuencia de la guerra de 1967, privó a Egipto de los ingresos necesarios para abonar los gastos de la presa de Asuán, pero también encareció el transporte del petróleo árabe. El canal, cerrado por la presencia israelí en su orilla oriental, interesaba abrirlo a todos. Las grandes potencias mundiales no deseaban un enfrentamiento armado que fuese el detonante de una Tercera Guerra Mundial.

El 17 de octubre, el primer ministro de la URSS, Kosygin, tuvo conversaciones de carácter secreto con el presidente egipcio Sadat y, tres días más tarde, el secretario de Estado norteamericano, Kissinger, se entrevistó en Moscú con el secretario del Partido Comunista, Breznev, y en Tel Aviv con la primera ministra israelí, Golda Meir, para tratar de establecer contactos directos e intentar detener el conflicto de Oriente Medio. Esta actividad diplomática culminó en la resolución presentada el 22 de octubre. Egipto e Israel aceptaron de inmediato la propuesta y Siria también lo hizo días después. Se estima que las bajas árabes fueron 15 000 (entre muertos y heridos) y las israelíes 5000.

—Casi sin haber podido llegar la calma a la zona, Iraq e Irán comenzaron una guerra en 1980, la llamada Guerra de las Aguas, debido al litigio por sus zonas de influencia en el golfo Pérsico. Combatieron durante una década y fue campo de pruebas de todo tipo de armamento fabricado por Estados Unidos y la Unión Soviética.

—A finales de los años ochenta, los dos países estaban económicamente exhaustos, y la zona, la «sartén de Oriente Medio», seguía sin enfriarse. Cuando nuevamente se intentó encontrar el sendero de la paz, en julio de 1990, se desarrollaron las conversaciones de Yeddah entre Iraq y Kuwait. En ellas, el gobierno iraquí, con Sadam Hussein a la cabeza, pidió la cancelación de las deudas contraídas con los países exportadores de petróleo, sobre todo con Kuwait, aludiendo a que debía ser una manera de ayudar a la causa árabe frente a los persas de Irán, contra los que habían luchado. Kuwait se negó a condonar la deuda e impidió la subida del precio del crudo que proponía Hussein. Iraq invadió Kuwait en agosto de 1990. Meses después, una coalición internacional liderada por los Estados Unidos inició la primera guerra del Golfo. Fue una auténtica prueba de fuego para los norteamericanos, ya que, constituyó su primera operación de envergadura en el exterior desde la guerra de Vietnam. En marzo de 1991 se inició el ataque, en el que predominaron los sistemas de mando y control, para permitir a las unidades acorazadas progresar. Antes del verano del año 1991 el ejército iraquí estaba fuera de combate, y se inició, por enésima vez, la acción de pacificar —enfriar— la zona.

—Los ataques terroristas del 11 de septiembre de 2001 a los Estados Unidos provocaron tanto una segunda guerra en la región como la ocupación de Afganistán.

Como resumen se puede afirmar que han sido demasiadas guerras en muy poco tiempo, lo que ha impedido el progreso de todas las naciones involucradas.

Aspecto militar

Conclusiones de las guerras árabe-israelíes

El tesón y el empeño en la instrucción, en unión de una moral inquebrantable y una disciplina férrea, continúan siendo los pilares en los que sostener un ejército, como lo demostró el egipcio. La dependencia logística del exterior puede producir un colapso en las operaciones que solo deben planearse de acuerdo con los recursos disponibles dentro del territorio nacional. La doble operación de cruce del canal de Suez, la efectividad de los misiles antiaéreos y el elevado número de carros de combate empleados fueron las características tácticas más dominantes. La ayuda de estadounidenses y soviéticos, así como la alerta nuclear de los primeros, temerosos del envío de unidades de los segundos, resultaron los acontecimientos exteriores de mayor relieve.

La Guerra de Yom-Kippur fue la más importante y merece analizarse en mayor detalle. Los objetivos por parte de Siria eran liberar los territorios perdidos en 1967 volviendo a dominar la zona fronteriza con Israel, ocupar los llanos de Houlch para evitar cualquier futura amenaza israelí sobre los afluentes del rio Jordán y ocupar la orilla del lago Tiberiades. Todo ello, contando con la participación soviética para imponer un alto el fuego en el

Entre el 5 y el 10 de junio de 1967, en una guerra muy corta que duró apenas seis días, se cambió el mapa de Oriente Medio. Carros israelíes Super-Sherman delante de la mezquita de Omar en Belén, Cisjordania, el 10 de junio.

momento oportuno. Por parte egipcia, los objetivos se focalizaban en recuperar parte de los territorios perdidos en la península del Sinaí, con objeto de liberar la zona del canal de Suez, permitiendo su reapertura y, si fuera posible, expulsar a los israelíes del resto de la península. El plan de maniobra presentaba las lógicas dificultades derivadas de la imposibilidad de fijar objetivos «combinados» a ambos ejércitos.

Después de 1967, los ejércitos egipcios, sirio y jordano se encontraban en el punto más bajo de su eficacia operativa. Destruidos sus medios, quebrantados sus efectivos y disminuida su moral, era precisa una etapa de recomposición y puesta a punto que exigía recurrir al exterior, ya que sus propios medios militares, tecnológicos e industriales no eran capaces de proporcionar los recursos necesarios para volver a estar operativos.

El problema presentaba características diferentes, según la ideología de los distintos países: Jordania, conformista pese a la pérdida de ricos territorios, se inclinaba siempre a favor de Occidente; ni participaba en la idea de revancha, ni decidió empeñarse en el esfuerzo de prepararse de forma eficaz para la guerra. Egipto y Siria, de cara a la Unión Soviética, potencia que financió grandes obras hidráulicas en el río Nilo y en el Éufrates, se rearmaron con su ayuda, que principalmente se concretó en armas antiaéreas capaces de contrarrestar a la eficaz aviación israelí.

Las fuerzas enfrentadas eran muy superiores a conflictos anteriores: Israel, 330 000 hombres, 1100 carros de combate y 500 aviones;

Egipto, 300 000 hombres, 2000 carros de combate y 420 aviones; Siria, 130 000 hombres, 1300 carros de combate y 320 aviones. Además de los países citados, intervinieron Marruecos e Iraq, que enviaron contingentes de tropas; Jordania, aunque ausente como protagonista, también envió unidades al frente; Kuwait y Argelia lo hicieron en menor proporción, y la gran ausente fue Libia, que, pese a las manifestaciones de su líder, Gadafi, observó simplemente, sin comprometerse.

Los acontecimientos comenzaron el 6 de octubre de 1973 sin que ninguna declaración política o acto hostil lo hiciera sospechar. Ese día del Yom Kippur, la fiesta hebrea del perdón, la oración y el ayuno, el mundo conoció que se combatía encarnizadamente en el canal de Suez y en los altos del Golán. Dos frentes distantes que obligaban a Israel a ejercer un esfuerzo divergente, pero no tan lejanos como para dificultar el movimiento por líneas interiores ni para obligar a fraccionar el despliegue de sus fuerzas aéreas.

Durante días se esperó inútilmente la intervención de Jordania, que, de haber atravesado el río Jordán, habría creado un tercer frente. Al medio día, el ejército egipcio lanzó un asalto anfibio y helitransportado sobre la orilla oriental del canal. Aprovechando la sorpresa, logró hacer pasar 400 carros de combate por once puntos diferentes y formó cinco cabezas de puente protegidas por el despliegue de los misiles antiaéreos, sin ser hostigados por la aviación enemiga, que combatía en el frente del Golán.

El 7 de octubre continuaron las operaciones de consolidación de las cabezas de puente y el día 8, tras la reconquista de la ciudad de El Kantara por los egipcios, se aseguró una faja de 100 kilómetros de anchura (de los 158 que tiene el canal) por 10 de profundidad. Esta diferencia de 58 kilómetros —los comprendidos entre los grandes lagos amargos, al sur de Ismaelia, y cuyo cruce resultaba desfavorable por hallarse bajo la observación y el fuego contrario— resultó de gran importancia posteriormente. Los días 9, 10 y 11 de octubre, las fuerzas egipcias atacaron en dirección este para ocupar la línea defensiva Bar Ler y, aunque consiguieron éxitos parciales, no lograron romperla por completo. En las fechas siguientes, hasta el 15 de octubre, los combates pasaron de ser un ataque a una posición fuertemente organizada, a una batalla de carros de combate (más de 1000 blindados por cada una de las partes). El 16 de octubre se produjo un hecho que modificó la, hasta ese momento, victoria egipcia: una unidad paracaidista y helitransportada israelí conquistó un enclave al sur de Ismaelia que fue rápidamente ampliado por una unidad acorazada y otra mecanizada. En el norte, un desembarco marítimo y aéreo is-

Tropas israelíes durante la Guerra del Yom-Kippur. Con la excepción de ataques aislados en territorio israelí, las acciones militares tuvieron lugar en territorio árabe, sobre todo en el Sinaí y los altos del Golán, posiciones que, respectivamente, querían recuperar Egipto y Siria. Además, el presidente egipcio Anwar Sadat deseaba reabrir el canal de Suez.

raelí obligó a replegar algunas unidades hacia El Kantara.

El 22 de octubre, tras los contactos entre Estados Unidos y la URSS, la ONU decretó el alto el fuego, resolución que, si bien fue aceptada, los israelitas no cumplieron, en principio, para conseguir posiciones más profundas que amenazaran a los efectivos egipcios al este del canal. El frente del Golán, mucho más próximo a las zonas neurálgicas de Israel, era más peligroso que el de Suez, que estaba separado por 200 kilómetros de desierto. Tras varios días más de combate se obtuvo la destrucción de 800 carros sirios y el avance israelí en dirección Kuneitra-Damasco, que alcanzó el 16 de noviembre la ciudad de Saca. El refuerzo iraquí y jordano, junto con la llegada de armas y municiones soviéticas, hizo posible el 19 de noviembre una contraofensiva en la parte norte y central del frente, aunque con escasa profundidad.

El alto el fuego del 22 de noviembre no fue aceptado por Siria y los combates continuaron con gran dureza, llegando en ocasiones a la lucha cuerpo a cuerpo. La acción israelí quedó bloqueada sin que se lograse ensanchar el eje de la penetración y, en esa situación, convencidos ambos contendientes de la imposibilidad de obtener triunfos territoriales de última hora, aceptaron el 24 de noviembre poner fin a las hostilidades.

Respecto a la guerra en el aire, hubo equilibrio con iniciativa aérea israelí, aunque contenida principalmente por los misiles de fabricación soviética.

En cuanto a las acciones navales, fueron pequeños encuentros entre cañoneras. En síntesis: actitud netamente ofensiva israelí en el Mediterráneo sin que sus contrincantes hicieran otra cosa que defenderse.

En cuanto al apoyo logístico, ambos contendientes no estaban sobrados de material para llevar a cabo operaciones de envergadura que les ocasionasen grandes desgastes. Desde los primeros días de la guerra se establecieron dos puentes aéreos: el soviético, por Hungría y Yugoslavia para cruzar el Adriático y el Mediterráneo hasta Egipto y Siria, y el estadounidense, una rama por el Atlántico y otra desde Centro-Europa, para alcanzar el Mediterráneo e Israel.

Conclusiones de las guerras del Golfo

En agosto de 1990, la invasión iraquí de Kuwait arrastró a las fuerzas armadas norteamericanas a su mayor operación después de la guerra de Vietnam. El ejército iraquí parecía impresionante con sus divisiones de la Guardia Republicana, de las que los medios de comunicación occidentales hablaban con temor. Pero la realidad era otra. Cada día entraban en los parques de vehículos más de 200 carros de combate iraquíes al objeto de ser reparados. Solo uno salía en condiciones de franca operatividad y efectividad. Es decir, la cadena logística no existía. La fuerza naval era casi inexistente y la fuerza aérea era anticuada, escasa de repuestos y con pilotos poco instruidos. Aun así, enfrentarse a Iraq no era una tarea fácil, por lo que la estrategia estadounidense se basó en la prudencia. Se buscó tener las menores bajas posibles dentro del ejército de tierra y, para ello, se procedió a la acumulación de efectivos hasta estar dispuestos a dar el golpe certero y definitivo. No se habló de estrategia, sino de acumulación gradual de fuerzas, a la vez que se apretaba el anillo de presión o bloqueo económico.

Cuando el general estadounidense Schwartzkopf comprobó en octubre que sus fuerzas no eran suficientes para una victoria sin excesivas bajas, pidió prácticamente doblarlas, lo que le fue concedido sin problemas, algo inédito en la historia militar. Además, el ataque terrestre, fue precedido de 38 días de ataques aéreos ininterrumpidos que destruyeron lo que quedaba de la infraestructura económica de Iraq, cortó las rutas logísticas hacia Kuwait y destruyó los sistemas de mando y control causando graves daños a las

El 24 de julio de 1990, Iraq envió 30 000 soldados a la frontera con Kuwait; el 16 de enero de 1991, una coalición internacional de 31 países, liderada por Estados Unidos y bajo mandato de la ONU, inició una campaña militar con el fin de obligar al ejército iraquí a replegarse. Para la batalla, la coalición reunió un ejército de 959 600 hombres, 2000 carros de combate, una flota de 100 barcos de guerra entre los que había seis portaaviones y 1800 aviones.

unidades desplegadas sobre el terreno. Después, se inició la operación terrestre, en la que la maniobra que el general Schwartzkopf eligió sería después mostrada como ejemplo de una nueva doctrina, aunque en realidad fue bastante previsible. El amagar en la costa y penetrar por los espacios desérticos del oeste kuwaití fue más brillante que avanzar sencillamente de frente, pero el resultado no hubiese sido muy diferente. Aisladas, ciegas y prácticamente clavadas al terreno, las fuerzas iraquíes no tenían ninguna capacidad de reacción. Pese a ello, la maniobra no fue lo suficientemente amplia o rápida como para conseguir destruir el centro de gravedad enemigo, el núcleo de la Guardia Republicana, que escapó al cerco, internándose en Iraq.

Estados Unidos ganó la guerra de forma relativamente rápida y, sobre todo, sin apenas bajas. Pero lo hizo mediante su modelo estratégico habitual: aislar al enemigo y destruir su infraestructura económica, acumulando después tal potencia de combate que el aplastamiento fuera el único resultado posible. La Guerra del Golfo mostró que los intentos por acercarse a un modelo de guerra de maniobra estaban descartados de antemano.

Conclusiones de las guerras del siglo XXI

Operaciones como la realizada en Libia mostraron formas diferentes de actuar en los conflictos, limitando la preponderancia de tropas del ejército de tierra. Dos profundas y nítidas conclusiones se pueden expresar como características de los conflictos del siglo XXI:

—La tecnología se encuentra ya a nivel del combatiente. Las próximas décadas nos mostraran, probablemente, la implantación de chips y sensores de manera generalizada.

—Los avances de la medicina a nivel de la regeneración de tejidos son y serán muy tenidos en cuenta por los ejércitos más modernos del planeta, ya que cada vez hay más apego a la vida humana.

Aspecto cinematográfico

El género bélico, al igual que el *western*, ha evolucionado y dado paso a géneros colaterales como el de acción. En la actualidad se hacen menos películas bélicas, y las que se realizan tienen el tinte de plantear, muchas veces, aspectos filosóficos o del engranaje mental del combatiente, que se pregunta una y otra vez por qué lucha. Para el mundo occidental las películas bélicas ambientas en Oriente Medio siempre tienen un grado de incomprensión, porque su acervo cultural, social y de vida es muy diferente al de las personas que han vivido en esa zona del globo terráqueo rodeadas de luchas fratricidas o vecinales, para las que la guerra puede acabar por ser algo habitual en su existencia.

Como películas alusivas a esta temática, se pueden destacar:

La sombra de un gigante

Título original: *Cast a Giant Shadow.*
Director: Melville Shavelson.
Intérpretes: John Wayne, Kirk Douglas, Frank Sinatra, Yul Brynner, Senta Berger y Angie Dickinson.
Guión: Melville Shavelson.
Música: Elmer Bernstein.
Fotografía: Aldo Tonti.
Nacionalidad: Estados Unidos. Color. 141 minutos. Año 1951.

La historia está basada en la novela *Cast a Giant Shadow*, de Ted Berkman, que narra con rigor casi documental la lucha que el Estado de Israel libró por su independencia de 1947 a 1949. Un elegante hombre de negocios entra en unos grandes almacenes para realizar compras navideñas. Cuando está mirando los expositores, un hombre con aspecto misterioso se dirige a él en tono militar y le pide ayuda para formar un ejército para el recién creado Estado de Israel. El hombre de negocios, interpretado por el actor Kirk Douglas, es Mickey Marcus, coronel del ejército norteamericano en situación de reserva, que, inicialmente, despide con cierto desasosiego al desconocido interlocutor. Semanas después, su identificación con la causa hebrea hace que deje todo en América y vaya a Israel al objeto de ayudar a la constitución de un ejército regular. El coronel Marcus se enfrenta a la difícil tarea de hacer comprender al poder político la necesidad de contar con un mando militar único. Meritorias las cortas pero intensas interpretaciones de John Wayne como el general Mike Randolph, superior de Marcus y de ideas militares opuestas. Angie Dickinson interpreta a la esposa del coronel Marcus, que no comprende la influencia que la causa hebrea ejerce en su marido. Destacan las escenas de ataque nocturno, el enfrentamiento con los blindados árabes y la construcción de la carretera para el acceso de los camiones.

La batalla de Hadiza

Título original: *Battle for Haditha.*
Director: Nick Broomfield.
Intérpretes: Elliot Ruiz, Yasmine Hanani, Andrew McLaren, Matthew Knoll, Thomas Hennessy, Vernon Gaines, Danny Martínez, Joe Chacon, Eric Mehalacopoulos, Jase Willete, Antonio Tostado, Tony Spencer, Nick Shakoour y Alysha Westlake.
Guión: Nick Broomfield, Marc Hoeferlin y Anna Telford.
Montaje: Stuart Gazzard y Ash Jenkins.
Música: Nick Laird-Clowes.
Fotografía: Mark Wolf.
Nacionalidad: Reino Unido. Color, 93 minutos. Año 2007.

La acción se desarrolla en noviembre de 2005 en Iraq. El paso de un convoy de tropas norteamericanas es atacado por insurgentes iraquíes. Como consecuencia muere un oficial, hombre muy querido y valo-

La batalla de Hadiza; *Broomfield, decidido a obtener realismo, optó por que el reparto estuviera compuesto de antiguos marines con alguna que otra dote actoral. El resultado es una especie de documental dramatizado que va más allá de lo que cuentan los medios de comunicación.*

rado entre la tropa. El suceso generará una ola de venganza que se saldará con la escalofriante cifra de 24 civiles muertos, algunos de ellos niños. Desde muchos aspectos puede considerarse una buena muestra de la conjunción de dos géneros: bélico y dramático, sobre la situación en Iraq.

Está actividad bélica la utiliza muy bien el director, Nick Broomfield, para representar las situaciones personales que suceden alrededor. El drama del soldado

La directora Kathryn Bigelow acude en En tierra hostil *a un material que fácilmente provoca tensión: el momento de desactivar una bomba. La película, bien ambientada, con una excelente puesta en escena, está contada de manera que no podamos despegar los ojos de la pantalla.*

iraquí resentido por perder su profesión, que se presta para el ataque terrorista arrepintiéndose tras ver con sus propios ojos las consecuencias de este. La del jefe terrorista, que fríamente expone y sacrifica a los civiles para su propio beneficio. La del soldado norteamericano, que llevado por el miedo no duda en disparar a civiles, olvidando su condición e incumpliendo toda clase de reglas. Y la de los civiles iraquíes, los más perjudicados.

Esta desalentadora historia está basada, por desgracia, en hechos reales. Recibió la Concha de Plata a la mejor dirección en el Festival de San Sebastián.

En tierra hostil

Título original: *The Hurt Locker.*
Director: Kathryn Bigelow.
Intérpretes: Jeremy Renner, Anthony Mackie, Brian Geraghty, Christian Camargo, David Morse, Guy Pearce, Ralph Fiennes y Evangeline Lilly.
Guión: Mark Boal.
Montaje: Chris Innis y Bob Murawski.
Música: Marco Beltrani y Buck Sanders.
Fotografía: Barry Ackroyd.
Nacionalidad: Estados Unidos. Color, 130 minutos. Año 2008.

La acción se enmarca en una unidad de artificieros del ejército de Estados Unidos con base en Iraq, empleada en tareas de desactivación de explosivos. A la compañía Bravo llega el sargento William James para sustituir al sargento Matt Thompson, fallecido al desactivar una bomba. Este nuevo jefe tiene un estilo diferente al anterior. Es arriesgado, genera desconfianza ante sus hombres y rechaza muchas imprescindibles medidas de seguridad. Podemos contemplar ligeros *flashbacks* para contar que el suboficial tiene una vida privada lejos de allí. Son destacables diversas escenas:

—La de los francotiradores —incluido el detalle del zumo—.

—La desactivación del explosivo en el coche o el intento sobre un ser humano.

Kathryn Bigelow es la primera mujer que ha ganado un Óscar a la mejor dirección. A pesar de los elogios de la crítica —seis Óscar recibidos—, esta producción parece ser que no ha recibido el visto bueno del departamento de Defensa estadounidense.

El francotirador

Título original: *American Sniper.*
Director: Clint Eastwood.
Intérpretes: Bradley Cooper, Sienna Miller, Luke Grimes, Jake McDorman y Kylle Gallner.

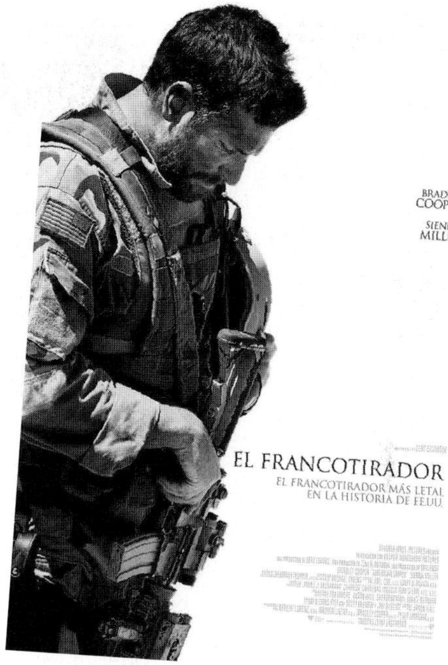

El francotirador, *la biografía de Chris Kyle. Un desgarrador e íntimo estudio de un personaje, que ofrece ideas bastante contundentes sobre el coste físico y psicológico que exige estar en primera línea.*

Guión: Jason Hall.
Música: Clint Eastwood y Ennio Morricone.
Fotografía: Tom Stern.
Nacionalidad: Estados Unidos. Color 132 minutos. Año 2014.

Chris Kyle, interpretado por Bradley Cooper, abandona Texas para unirse a los *Navy Seal*, grupo de operaciones especiales de la armada de Estados Unidos. Sirve en cuatro misiones en Iraq y llega a convertirse en el tirador más popular al abatir a 160 insurgentes. En el año 2009 se licencia con honores y regresa a su casa para iniciar el proceso de readaptación a la vida civil junto a su mujer y sus dos hijos. Posteriormente publicó el libro *El francotirador*. Unas memorias consideradas durísimas que sirvieron de base, después de ser suavizadas, para la elaboración del guion de esta película dirigida por Clint Eastwood. Destacan las escenas que muestran la visión del francotirador desde las azoteas, y cómo tiene que decidir en fracciones de segundo si aprieta el gatillo o no, frente a un ser humano, sea hombre, mujer o niño.

Queda patente la dificultad del combatiente al volver a su país con las escenas en las que Kyle se encuentra sentado en su casa frente al televisor apagado y con la mirada perdida. Clint Eastwood consigue mostrar la vida de un héroe americano, que salvó muchas vidas de sus compañeros, aunque, actualmente, parece que hay quien quiere mostrar a ese tipo de personas, desde algunas posiciones, como inadaptados.

ZONA HOSTIL

Título original: Zona hostil.
Director: Adolfo Martínez.
Intérpretes: Ariadna Gil, Raúl Mérida, Roberto Álamo, Antonio Garrido, Ingrid García-Johnson, Jacobo Dicenta, Ismael Martínez, Nasser Saleh, Mariam Hernández, Berta Hernández, David de la Torre y Ruth Gabriel.
Guión: Luis Arranz y Andrés Koppel.
Montaje: Mapa Pastor y Manuel Bauer.
Música: Roque Baños.
Fotografía: Alfredo Mayo.
Nacionalidad: España. Color, 93 minutos. Año 2017.

La película comienza con una visión del cielo donde empieza a distinguirse la silueta de un helicóptero que, al ritmo de la aparición de los títulos de crédito, desciende ante nuestros ojos. Sentimos la polvareda que se levanta y el ruido de los guijarros que saltan. Se trata de un helicóptero de evacuación sanitaria cuyos integrantes, médicos, intentar salvar la vida a un niño herido.

El eje central de esta historia se desarrolla en agosto de 2012, en Afganistán, un convoy de tropas norteamericanas es escoltado por una compañía de La Legión. Uno de los vehículos estadounidenses estalla por una mina y los ocupantes quedan mal heridos. La unidad de La Legión despliega y queda al mando del perímetro de seguridad el inexperto teniente Conte (interpretado por Raúl Mérida) a la espera de la llegada del helicóptero para atender y evacuar a los heridos. El helicóptero español llega a la zona con la capitana Varela, oficial médico (Ariadna Gil); pero en el aterrizaje el terreno cede y vuelca. En medio de las montañas afganas, la unidad de protección de La Legión, los dos heridos norteamericanos y la dotación del helicóptero medicalizado quedan al descubierto. La capitana comienza a atender a los heridos mientras, desde el puesto de mando avanzado, deciden iniciar una operación de rescate al mando del comandante Ledesma (interpretado por Antonio Garrido), piloto de helicóptero de transporte Chinook, que plantea recogerlos y también remolcar al helicóptero dañado. El puesto de mando da luz verde a la operación, pero deberá realizarse de día, lo que obligará al contingente español a mantener la posición durante una jornada completa, con la probabilidad de sufrir un ataque por parte de la insurgencia. Excelente película bélica que deja claro que la distancia entre el cine español y sus Fuerzas Armadas ha desaparecido.

Otros títulos de interés son:

Número	Título	Año
01	*Deadline*	1987
02	*El único superviviente*	2013
03	*Espías desde el cielo*	2015
04	*Éxodo*	1960
05	*Generation kill*	2006
06	*Green zone*	2010
07	*Jare head*	2005
08	*La noche más oscura*	2012
09	*Taking chance*	2009
10	*The Beast*	1988
11	*Victoria en Entebbe*	1976
12	*Warhead*	1974

Epílogo

Un nuevo orden: las series de televisión

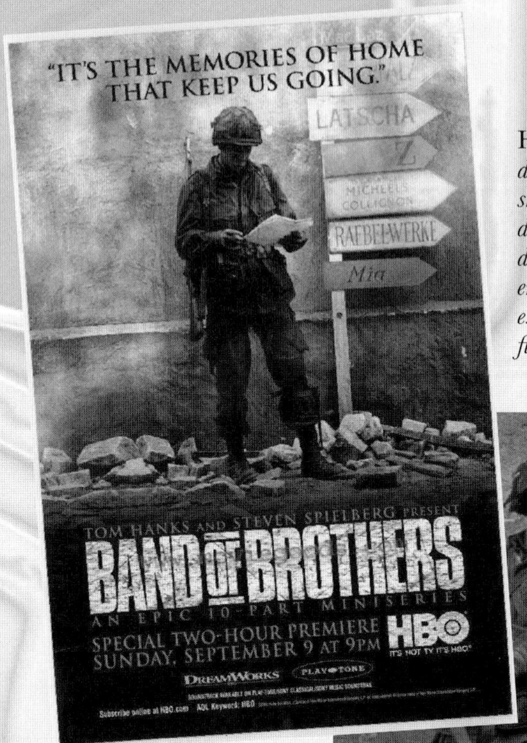

Hermanos de sangre. *La serie se rodó durante diez meses en el aeródromo de Hatfield, en Hertfordshire, Gran Bretaña. Se construyeron varias réplicas de ciudades europeas, para representar doce destinos diferentes, entre ellas Bastogne, en Bélgica; Eindhoven, en los Países Bajos; y Carentan, en Francia. Las escenas ambientadas en Alemania y Austria fueron filmadas en Suiza.*

Hermanos de sangre *(2001)*

La realización de esta miniserie llevó tres años de trabajo y tuvo un coste de 120 millones de dólares. Las cifras hablan por sí solas:

—El rodaje se desarrolló en Inglaterra, en una extensión de 440 hectáreas, equivalente a cinco veces la extensión de los terrenos de la película *Salvar al soldado Ryan*.

—El departamento de vestuario proporcionó 2000 uniformes de soldados alemanes y norteamericanos y 500 pares de botas de paracaidista.

—Se confeccionaron 1200 trajes de civiles de época.

—Trabajaron 10 000 extras, incluidos 500 con papeles hablados.

—El asesor militar, capitán Dale Dye, sirvió de observador para los temas históricos y entrenó a todos los actores durante 10 días de manera dura e intensa, incluidos saltos desde una maqueta de 12 metros de altura.

—Se emplearon cuatro aviones C47 de la época, que todavía funcionaban.

—Se utilizaron 700 armas auténticas de la época y 400 armas de goma.

—Se construyeron 6 carros de combate y se alquilaron 4.

—En el interior de un extenso hangar se construyó un bosque con 250 árboles reales.

—Para recrear las escenas y los paisajes invernales se utilizaron 136 000 kilos de nieve artificial a base de espuma de papel, la mayor cantidad empleada en un plató de cine y televisión.

Las series de televisión

Su principal característica es estar divididas en capítulos que siguen una unidad narrativa. No hay una fecha exacta que figure en los anales de la historia de la televisión como el arranque de la difusión de las series.

Como cronología se puede establecer que comenzaron en Estados Unidos a mediados de los años cincuenta, mientras que a España llegaron exportadas desde América multitud de ellas como *El fugitivo* o *Bonanza* durante los años sesenta.

En 1969, el realizador Pedro Amalio López revoluciono los cánones establecidos y adaptó en formato serie la novela *El conde de Montecristo*. El efecto en la sociedad española fue tremendo. Sirva como ejemplo que constaba de 17 capítulos y que, cuando se emitió en octubre, en esa media hora no había disponible en Madrid ni un solo taxi, ya que el público la seguía con auténtica pasión.

El cine, nos guste o no, ha sido desplazado por la influencia de las series. Hoy conviven los dos formatos, pero cada vez se ruedan menos películas y, al mismo tiempo, se graban más series. Algunas larguísimas, todas numeradas por capítulos y temporadas. Diseñadas para alimentar a un público ávido por acceder a historias prácticamente todos los días.

Incluso la tecnología actual permite ver las series por temporadas o agrupadas de una vez. En un fin de semana, o en una tarde, uno puede darse el «atracón» de ver varios capítulos seguidos o incluso una temporada completa.

Actualmente las series ni siquiera dependen de la televisión para su difusión, ya que el desarrollo de la revolución de internet ha supuesto un punto de inflexión, de tal forma que lo que antes era un capítulo ahora converge a lo que se conoce como una temporada.

Se han convertido en una extensión del lenguaje cinematográfico y ya no están consideradas como un género chico o menor en relación con el cine.

De todas las series que hoy podemos contemplar en los canales públicos o de pago hay tres de género bélico que considero destacables:

Curro Jiménez

Título original: *Curro Jiménez*.
Número de Temporadas: 3.
Número de Capítulos: 40.
Intérpretes: Sancho Gracia, Pepe Sancho, Álvaro de Luna, Eduardo García y Francisco Algora. En algunos capitulos aparecen actores como: Frank Braña, Aldo Sómbrelo, Terele Pávez, Elisa Ramírez, Patty Shepard, Alfredo Mayo, Charo López, Mirta Miller, Eduardo Fajardo, José Suárez, Juan Ribó, Emma Cohen, Bárbara Rey y Florinda Chico.
Guión: Sobre la base del libreto realizado por Antonio Larreta.
Música: Waldo de los Ríos.

Curro Jiménez *fue la primera ficción española basada en guiones originales y no en obras literarias previas. El personaje principal estaba basado en la mitología del guerrillero español.*

Nacionalidad: España. Color. Años 1976-1979.

Ambientada durante la Guerra de Independencia contra los franceses, el actor Sancho Gracia interpreta a Curro Jiménez, un célebre, justo y bondadoso bandolero que lucha contra el invasor. Acompañado del Estudiante, papel de Pepe Sancho y secundado por Álvaro de Luna como el Algarrobo. Los exteriores se rodaron en la serranía de Ronda, Doñana y el cabo de Gata.

Consta de cuarenta capítulos, divididos en tres temporadas, con diferentes directores.

Primera temporada (1976)

- *El barquero de Cantillana*, dirigido por Joaquín Luis Romero Marchent.
- *Un estudiante, un fraile y un algarrobo*, dirigido por Joaquín Luis Romero Marchent.
- *20 000 onzas mexicanas*, dirigido por Joaquín Luis Romero Marchent.
- *Aquí durmió Carlos III*, dirigido por Antonio Drove.

- *La gran batalla de Andalucía*, dirigido por Antonio Drove.
- *El secuestro*, dirigido por Francisco Rovira Beleta.
- *La Dolorosa*, dirigido por Francisco Rovira Beleta.
- *El destino de Antonio Navajo*, dirigido por Antonio Drove.
- *Carambola a tres bandas*, dirigido por Francisco Rovira Beleta.
- *Los rehenes*, dirigido por Pilar Miró.
- *La mujer de negro*, dirigido por Mario Camus.
- *En la loca fortuna*, dirigido por Mario Camus.
- *La muerte espera en Ronda*, dirigido por Mario Camus.

Segunda temporada (1977)

- *El retorno al hogar*, dirigido por Joaquín Luis Romero Marchent.
- *El péndulo*, dirigido por Joaquín Luis Romero Marchent.
- *La leyenda de Zacarías Mendoza*, dirigido por Mario Camus.
- *El servidor de la justicia*, dirigido por Joaquín Romero Marchent.
- *La trampa*, dirigido por Rafael Romero Marchent.
- *En la boca del diablo*, dirigido por Mario Camus.
- *Entierro en la serranía*, dirigido por Joaquín Romero Marchent.
- *El campeón de Almería*, dirigido por Mario Camus.
- *El fuego encendido*, dirigido por Mario Camus.
- *Los desalmados*, dirigido por Fernando Merino.
- *El míster*, dirigido por Joaquín Luis Romero Marchent.
- *La promesa*, dirigido por Rafael Romero Marchent.
- *Una larga ausencia*, dirigido por Joaquín Romero Marchent.

Tercera temporada (1978-1979)

- *El prisionero de Arcos*, dirigido por Mario Camus.
- *El tío Pedro*, dirigido por Rafael Romero Marchent.
- *En la palma de la mano*, dirigido por Joaquín Romero Marchent.
- *El indulto*, dirigido por Mario Camus.
- *Atrapados*, dirigido por Fernando Merino.
- *Con las horas contadas*, dirigido por Joaquín Luis Romero Marchent.
- *El bosque de las brujas*, dirigido por Joaquín Romero Marchent.
- *Los piadosos y los pícaros*, dirigido por Pilar Miró.
- *La media luna*, dirigido por Pilar Miró.
- *La noche de la garduña*, dirigido por Pilar Miró.

- *La mejor lección*, dirigido por Pilar Miró.
- *En la sierra mando yo*, dirigido por Fernando Merino.
- *La batalla del vino de Jerez*, dirigido por Fernando Merino.
- *El caballo blanco*, dirigido por Mario Camus.

Gozó de gran popularidad durante su emisión y ha sido en varias ocasiones reemitida. Una serie de colección.

HERMANOS DE SANGRE

Título original: *Band of Brothers*.
Número de temporadas: 1.
Número de capítulos: 10.
Intérpretes: Damian Lewis, Ron Livingston, Rick Gómez, Scott Grimes, Donnie Wahlberg, Michael Culdlitz, James Madio, Dexter Fletcher y Neal McDonough.
Guión: Sobre la base de la novela de Stephen E. Ambrose.
Música: Michael Kamen.
Fotografía: Remi Adefarasin.
Nacionalidad: Estados Unidos. Color, 700 minutos. Año 2001.

La combinación de una historia original, con la técnica utilizada por Steven Spielberg para rodar en 1998 *Salvar al soldado Ryan* dio como resultado una serie de televisión articulada en diez episodios, con más de diez horas de duración, que fue galardonada con un Globo de Oro.

Paracaidistas estadounidenses del 506º regimiento de la 101.ª División Aerotransportada, los representados en Hermanos de sangre, *sostienen una bandera nazi capturada el 6 de junio de 1944 en el asalto a la aldea de Marmion Farm en Ravenoville, Utah Beach, Francia.*

Al observar el cartel publicitario se aprecia también la similitud con el de *Salvar al soldado Ryan*, en el que, sobre el fondo del horizonte se recortan las siluetas de un grupo de soldados.

El argumento gira en torno a las vivencias de los hombres de la Compañía E del Regimiento 506 de la 101.ª División Aerotransportada del ejército de los Estados Unidos durante la Segunda Guerra Mundial. Todo recogido en un libro de Stephen Ambrose con el mismo título.

Se muestra un recorrido desde los primeros días de instrucción en un lejano 1942, hasta la captura final del Nido del Aguila, el refugio de Hitler en los Alpes bávaros en 1945. Pasando por el día D o la defensa de Bastogne.

La narración está realizada de forma intensa y emocionante, de tal modo que el tiempo y los episodios transcurren de forma rapidísima ante el espectador.

Temporada única (2001)

- *Currahee*, dirigido por Phil Alden Robinson.
- *El día D*, dirigido por Richard Loncraine.
- *Carentan*, dirigido por Mikael Salomon.
- *Reemplazos*, dirigido por David Nutter.
- *La encrucijada*, dirigido por Tom Hanks.
- *Bastogne*, dirigido por David Leland.
- *El punto límite*, dirigido por David Frankel
- *La última patrulla*, dirigido por Tony To.
- *¿Por qué combatimos?*, dirigido por David Frankel.
- *Puntos*, dirigido por Mikael Salomon.

En todos los episodios destacan muchas secuencias que poseen la riqueza de realizarse con la cámara en movimiento, lo que da una sensación de mayor movilidad. Al espectador le permite casi sentir que se encuentra en medio del combate.

Quizás entre las escenas más importantes esté una en la que no hay disparos: cuando el comandante (mayor) Winters se dirige a un grupo de sus hombres para decirles que la guerra ha terminado. Les indica que, a partir de ese momento, llevarán siempre en su interior lo que han sido: soldados. Luego, con un montaje excelente, una voz en *off* nos dice qué fue de cada uno de ellos durante los siguientes años.

La serie es un fiel reflejo y un reconocimiento tácito del ejército de reemplazo. Aquel en el que el ciudadano, procedente de las distintas capas sociales engrosaba las filas de la milicia. Servía en ella y se creaban unos vínculos que transcendían el periodo de tiempo que estaba en filas. Era el momento álgido de lo que se llamaba «la nación en armas», y de eso no hace mucho tiempo.

En varios capítulos aparecen antiguos combatientes que hablan de su experiencia militar. Muestran fotografías de cuando eran jóvenes y vestían uniforme.

Un libro magnífico y una serie excelente.

HIJOS DEL TERCER REICH

Título original: *Unsere Mütter, unsere Väter.*
Número de temporadas: 1.
Número de capítulos: 3.
Intérpretes: Volker Bruch, Tom Schilling, Katharina Schüttler, Miriam Stein y Ludwig Trepte.
Guion: Stefan Kolditz
Música: Michael Kamen.
Fotografía: Remi Adefarasin.
Nacionalidad: Alemania. 270 minutos. Color. Año 2013.
Dirección: Philipp Kadelbach.

Temporada única (2013)

- *Otro tiempo*
- *Otra guerra*
- *Otro país*

La acción se sitúa en Berlín, en 1941, cuando la Segunda Guerra

Lo interesante en esta serie no es tanto la realización como los personajes, sus historias, sus problemas de conciencia, la inocencia aniquilada de algunos, el sacrificio de otros. En definitiva, cómo la guerra cambia a todos y nunca para bien.

Mundial parece decantada a favor de los alemanes. Cinco amigos, Wilhelm, Frielhelm, Charlotte, Greta y Viktor, se reúnen con el deseo de volver a encontrarse cuando acabe la guerra.

Wilhelm (interpretado por Volker Bruch) parte hacia el frente oriental como competente oficial de infantería. En su misma sección sirve su hermano pequeño Friedhelm (Tom Schilling).

Charlotte (papel de Miriam Stein) se ofrece voluntaria como enfermera de un hospital de campaña. Greta (Katharina Schütter) comienza su carrera de cantante con la ayuda de un alto funcionario del partido nacionalsocialista. Viktor (Ludwig Trepte), de origen judío, es traicionado y deportado a un campo de concentración.

Excelentes escenas de combates en trincheras, en poblaciones del Frente del Este. El título original de esta serie —costó 10 años de trabajo rodarla—, *Nuestros padres, nuestras madres*, resulta más apropiado, ya que ofrece la visión de una generación de jóvenes alemanes inmersos en el conflicto. Visión que casi nunca ha ofrecido el cine salvo desde la perspectiva anglosajona.

Una de las mejores series de los últimos años, que ha sido vista en Alemania por más de siete millones de espectadores.

Un gran retrato de la derrota.

BIBLIOGRAFÍA

BACH, Steven: *Leni Riefenstahl*. Circe. Barcelona, 2007.

BAENA, Paco: *Soligó, Más allá del Technicolor*. F.B.P. Barcelona, 2001.

BARUDIO, Gunter: *La época del Absolutismo y la Ilustración*. Editorial Siglo XXI. Madrid, 1980.

BEEVOR, Anthony: *El día D. La batalla de Normandía*. Editorial Crítica. Barcelona, 2009.

BENGTSON, Hermann: *Griegos y persas*. Editorial Siglo XXI. Madrid, 1980.

BERGAN, Ronald: *The United Artist Story*. MGM. Londres, 1979.

CHURCHILL, Winston S.: *La Segunda Guerra Mundial*. La Esfera de los Libros. Madrid, 2001.

COMA SEMPERE, Javier: *Aquella guerra desde aquel Hollywood*. Alianza Editorial. Madrid, 1998.

DHONDT, Jan: *La alta Edad Media*. Editorial Siglo XXI. Madrid, 1980.

DÍAZ MAROTO, Carlos: *Cine del Oeste*. Alianza Editorial. Madrid, 2010.

DOUGLAS, Kirk: *Yo soy Espartaco*. Editorial Capitán Swing. Salamanca, 2014.

DOUGLAS EAMES, John: *The MGM Story*. MGM. Londres, 1975.

—*The Paramount Story*. MGM. Londres, 1985.

ESCUELA SUPERIOR DEL EJÉRCITO: *Lecciones de Historia Militar, Ciclo Teórico*. Escuela Superior del Ejército. Madrid, 1980.

—*Lecciones de Historia Militar, Tomo I*. Escuela Superior del Ejército. Madrid, 1980.

FERNÁNDEZ LÓPEZ, José Manuel: *Diccionario de películas: el cine bélico*. T&B editores. Madrid, 2009.

GÁRATE, José María: *Los intelectuales y la milicia*. Servicio de Publicaciones del Estado Mayor del Ejército. Madrid, 1983.

GILBERT, Martin: *La Primera Guerra Mundial*. La Esfera de los Libros. Madrid, 2004.

—*La Segunda Guerra Mundial*. La Esfera de los Libros. Madrid, 2006.

GONZÁLEZ, Óscar: *El ataque silencioso*. Galland Books. Madrid, 2011.

GRIMAL, Pierre: *El Helenismo y el auge de Roma*. Editorial Siglo XXI. Madrid, 1980.

HIRSCHHORN, Clive: *The Warner Bros. Story*. MGM. Londres, 1979.

—*The Universal Story*. MGM. Londres, 1983.

JORDÁN, Javier y CALVO, José Luis: *El nuevo rostro de la guerra*. Ediciones Universidad de Navarra. Pamplona, 2005.

KONERZKE, Richard: *América Latina II*. Editorial Siglo XXI. Madrid, 1980.

LE GOLF, Jacques: *La Baja Edad Media*. Editorial Siglo XXI. Madrid, 1980.

MAIER, Franz Georg: *Las transformaciones del mundo mediterráneo*. Editorial Siglo XXI. Madrid, 1980.

MAROTO DE LAS HERAS, Jesús: *Guerra de la Independencia; imágenes en cine y televisión*. Cacitel S. L. Madrid, 2007.

MÉRIDA, Pablo: *Michael Curtiz*. Ediciones Cátedra. Madrid, 1996.

MEYERS, Jeffrey: *Gary Cooper.* T&B editores. Madrid, 2001.

MOLYNEAUX, Gerard: *James Stewart. El americano tranquilo.* T&B editores. Madrid, 2000.

MONTANELLI, Indro: *Historia de los griegos*. Plaza & Janés. Barcelona, 1990.

—*Historia de Roma*. Plaza & Janés. Barcelona, 1990.

NOGUER-RIZZOLI-PURNELL: *Así fue la Segunda Guerra Mundial.* Noguer- Rizzoli- Purnell. Madrid, 1973.

ROCH, Edmon: *Películas clave del cine bélico*. Ediciones Robin Book. Barcelona, 2008.

SALES, José Miguel: *La Segunda Guerra Mundial en el cine*. Galland Books. Oviedo, 2010.

SCHULZ, Regine: *Egipto, el mundo de los faraones.* Ediciones Matthias Seidel. Madrid, 2015.

SEJOURNE, Laurette: *América Latina I*. Editorial Siglo XXI. Madrid, 1980.

THOMPSON, Frank T.: *William A. Wellman*. Filmoteca Española. San Sebastián, 1993.

URKIJO, Francisco Javier: *John Ford*. Ediciones Cátedra. Madrid, 1996.

VERDERA, Leoncio: *Lo militar en el cine español*. Ministerio de Defensa. Madrid, 1995.

WALSH, Raoul: *Autobiografía*. Ediciones JC. Madrid, 1998.

WOOD, Robin: *Howard Hawks*. Ediciones JC. Madrid, 2005.